継続する植民地主義とジェンダー

「国民」概念
女性の身体
記憶と責任

金　富子
KIM Puja

世織書房

2008年９月、沖縄県宮古島に、日韓の研究者・団体・個人により「アリランの碑」、その後方に３つの記念碑「女たちへ」が建てられた。碑文は、朝鮮人「慰安婦」をはじめアジア全域の被害女性の追悼と平和への祈りをこめ、12の言語で記されている。沖縄全体では140カ所以上、宮古島には少なくとも16カ所もの「慰安所」があったことが判明している。（写真提供：日韓共同「日本軍慰安所」宮古島調査団）

まえがき

私は今の北朝鮮 咸鏡南道・興南で、日本窒素肥料の社宅に住む女学生だった。空襲も食糧難もなく近代的な社宅。すべて日本人専用の学校、百貨店、飲食店などに囲まれ、朝鮮人とは全く交流がなかった。

敗戦で立場は逆転した。それまで私たちは、電気をふんだんに使って極寒の地でも薄着で過ごし、蛇口をひねれば湯があふれ、水洗トイレが当たり前だったが、その社宅を追い出され、朝鮮人住宅へ移転させられたのである。戸を開けると土間と狭い台所、ござに似たアンペラを敷いた四畳半ほどの二部屋からなる、一〇軒程度の長屋だった。

長屋の端に、足を乗せる板を渡しただけの共同トイレがあった。私はおびえた。井戸はかなり遠く、冬は凍てつくのでお湯で氷を解かして水をくんだ。その長屋も会社の社宅だったのである。

差別の上に成り立つ植民地。そのむごさを一四歳の私は初めて知った。父祖の地に住む朝鮮人が、これほど貧しく虐げられていなければ、やがて始まる日本人の引き揚げの際、朝鮮人からあれほどひどい仕打ちを受けなかったのではないか。

人が人を差別する恐ろしさを知ったことが、私の人生の起点となった。

〔「敗戦で知った差別のむごさ」無職　藤沢照子（東京都板橋区　七四歳）〕

以上は、たまたま目にとまり、切り抜いておいた新聞の投書である（「声」『朝日新聞』二〇〇五年八月一六日）。

植民地支配とは何だったのか。実際に植民地で日常を送った旧宗主国当事者の内省的な証言は重い。

本書は、近代日本が始まる明治時代（より限定的には大日本帝国憲法施行以降）から現在にいたるまでの間に、大日本帝国「臣民」／日本国憲法下の「国民」概念及び植民地教育に現れた民族・階級・ジェンダーの関係性、また「慰安婦」制度・公娼制度に現れた女性の身体とその言説に現れた民族・階級・ジェンダーの関係性、さらに一九九〇年代の「慰安婦」問題解決運動を取りまく日本社会や韓国社会に現れた継続する植民地主義とジェンダーとの関係性を分析した筆者のこれまでの論考を収録したものである。

そのため本書では、〈ジェンダー〉という分析カテゴリーを中心軸にしながらも、〈民族〉〈階級〉、さらに居住地などの諸カテゴリー、植民地主義、そしてそれらの輻輳性・相互構築性から分析していきたい。本書がジェンダー研究でありながら——であればこそ、と言い換えることもできるが——分析概念として〈民族〉カテゴリーや植民地主義を重視するのは、次のような意味からである。

国民国家に関する従来のジェンダー分析が多くの貴重な成果を生みながらも、〈民族〉カテゴリーへの分析を捨象したことによって日本人女性の「臣民／国民」を規定した大日本帝国／日本の版図内の〈民族〉が自然化されてしまったのではないかと考えるからである。たとえば、上野千鶴子氏は著書『ナショナリズムとジェンダー』で、近代日本の「女性の国民化」――正確には「女性の日本『臣民化』」とすべきだが――プロジェクトを論じながら、「国民」概念が男性中心的に構築されたことを論証した。しかし、その「国民」概念の捉え方は一面的であるといわざるをえない。

なぜなら、大日本帝国は「国民国家」であると同時に多くの植民地をかかえた「植民地帝国」であったし、日本国になっても「植民地帝国」の歴史的産物である在日朝鮮人・台湾人が日本社会を構成していたにもかかわらず、上野氏による「国民国家のジェンダー化」［一九九八：二四］分析から見えてくるのは、「国民国家」日本における「国民」概念の男性中心的構築性（女性排除的構築性）だけであり、「植民地帝国」であった日本「国民」概念がもつ他の側面である自「民族」中心主義的構築性（他民族排除的構築性）は見えてこないからである。むしろ、ジェンダーに特化した分析だけでは「民族」が「自明化」「自然化」されたままであるために、かえって「民族」――植民地主義とジェンダーの輻輳も含め――が隠蔽され日本人女性のあり方を構成した／する「植民地帝国」日本の過去と現在が見えなくなってしまうのである。

換言すれば「臣民／国民」という名の「他民族排除の暴力」――〝見えざる植民地主義の暴力〟ともいえる――に加担する結果になるのではないだろうか。これは、「民族」カテゴリーからだけで「国民国家」のあり方を分析する研究のあり方が、意図せずしてジェンダーを「隠蔽」してしまうことにも似ているかもしれない〔たとえば、〔田中 一九九三〕など多数〕。

ここでいう「民族」とは、とりあえず、「共通の祖先や文化をもつと想定され、歴史的政治的経験を共有する集団」、「国民」とは「近代に生まれた、民族を単位として選択的に統合された政治的共同体」と定義しておく。植民地主義とは、侵略国と被侵略国、宗主国と植民地における支配 - 被支配というレイシズムに基づく非人間的な諸関係の総体であり、とりわけ日本とアジア諸国の関係においては他民族に対する侵略や植民地支配を肯定する思想と行動の総体とも捉えておきたい。したがって、日本敗戦により植民地が独立したあとにもそれは継続しうるし、実際に現在進行形である。

したがって、本書が強調したいのは、近現代日本の「臣民／国民」化プロジェクトを読み解くために、〈ジェンダー〉のみならず〈民族〉という少なくとも両カテゴリー〔要因とも呼ぶ〕をふまえた視点をもちつつ、さらに両者の輻輳性・相互構築性を分析する必要があるということである。それ以外に〈階級〉要因や、〈居住地〉要因を取り入れることも企図したい。そのうえで、第二次世界大戦前・後の日本において、どのように植民地主義が創出、再構築、継続していったのかを問いたいと思う。

本書は、先行研究に多くを学んだことに感謝しつつ、先行研究への筆者なりの応答である。

本書の構成は、以下の通りである。

〈第Ⅰ部〉で扱うのは、一九四五年八月一五日までの戦前・戦時期の帝国日本と植民地朝鮮との関係性である。第1章では、戦前の大日本帝国「臣民」の成員資格〔メンバーシップ〕をめぐって、その指標としての兵役義務、参政権、義務教育制がジェンダーをはじめとする前述の諸要因によってどのように構築されたのか、それが日中全面戦争を契機にどう変化したのかについて、「内地」＝宗主国日本、「外地」＝植民地である台湾・朝鮮と比較・対比しながら分析することにしたい。第2章では、とくに植民地朝鮮での朝鮮人初等教育に重点をおいて、民族・階級・ジェンダー相互の関係性について、植民地教育とは何だったのかを再考する。そのうえで日本敗戦後＝「戦後」に日本「国民」との差異化を通じて「非国民」とされた在日朝鮮人との関係性を見ていきたい。第3章では第二次世界大戦後の日本で「国民」概念の再構築がどのようになされたのかを参政権、日本国憲法、社会保障、戦後補償を通じて検証する。以上の分析の焦点は、日本国家による「臣民」／「国民」構築のための政策においたことを予め断っておきたい。

〈第Ⅱ部〉では、女性の身体を誰が所有するのかをめぐって、植民地期朝鮮と解放後韓国における「慰安婦」制度と公娼制度に関して、見ていきたい。第4章では、植民地支配と侵略戦争のもとでの朝鮮人「慰安婦」動員の特徴を、朝鮮人戦時動員の一環として位置づけ、国外移送、性的奴隷、民族差別の三点から論じ、第5章では植民地朝鮮に導入された公娼制度が朝鮮人にどのように認識されてきたのかを、主に一九二〇年代、解放直後について検証することで、現在の「公娼」認識との違いを明らかにしたい。

〈第Ⅲ部〉で論じるのは、一九九〇年代以降に韓国女性運動の問題提起によって浮上して日本及び国際的に広がって行った「慰安婦」問題解決運動に関してである。一九九〇年代の同運動の集大成として、二〇〇〇年一二月に「日本軍性奴隷制を裁く女性国際戦犯法廷」が東京で開廷されたが、第6章はその経緯や意義、課題を論じたものである。第7章では、二〇〇〇年代に入り「慰安婦」問題をめぐって登場した「和解論」とそれへの呼応のなかに、どのように歴史健忘症や植民地主義への不問が繰り返されるのかに関して論じた。最後の第8章は、日本と韓国（あるいは朝鮮半島）の狭間にあって見落とされがちな在日朝鮮人女性運動に関して、筆者の経験もまじえて振り返ったものである。身びいきがあるかもしれないが、記録として残しておきたいと考えている。

二〇一〇年は、「韓国併合」一〇〇年、「慰安婦」問題が韓国女性運動から提起されて二〇年、女性国際戦犯法廷から一〇年という節目の年であったが、それでも解決していない「慰安婦」問題は、「植民地主義も戦争も終わっていない」ことを示している。本書が、二〇世紀の日本と朝鮮半島をめぐる植民地主義とその継続にジェンダーがどのように輻輳してきた／いるのかを歴史化することで、そうでない現在、そして未来を築くための思想と実践の一助になれば、幸いである。

継続する植民地主義
と
ジェンダー

目次

第7章　「慰安婦」問題と脱植民地主義――歴史修正主義的な「和解」への抵抗　161

第8章　在日朝鮮人女性と日本軍「慰安婦」問題解決運動――一九九〇年代のヨソンネットの運動経験から　195

継続する植民地主義とジェンダー

[redacted]

第Ⅰ部

日本「臣民」／「国民」概念をめぐる植民地主義とジェンダー

[redacted]

第1章

帝国／植民地における「臣民」とジェンダー

兵役義務・参政権・義務教育制

はじめに

一九一〇年「韓国併合」を契機として、朝鮮人は日本国籍をもつ大日本帝国「臣民」になったとされる。植民地の民である朝鮮人は、果たして宗主国の日本人と同じような「帝国臣民」のメンバーとして扱われたのだろうか？

本章では、宗主国と植民地における「臣民」の成員資格（メンバーシップ）の内実を検証するために、兵役義務・参政権・義務教育制という「日本人たる資格を有する者のみが享有出来る権利、利益、地位及負担する義務」［越川 一九四九：六六］の適用・運用において、〈ジェンダー〉や〈民族〉〈階級〉、〈居住地〉の差異がどのように作用しながら日本「臣民」概念を構築し、かつ変容させてきたのか、それらの関係性を考察していきたい。

1　内地人と外地人

この作業の前提として、まず金英達《キムヨンダル》［一九九一、二〇〇三・清宮 一九四四］などの分類に基づいて「内地」「外地」〈図1〉／「内地人」「外地人」〈図2〉という概念を整理しておこう。

〈図1〉にあるように、「内地」「外地」の区別は大日本帝国憲法（以下、「明治憲法」と記す）施行の当時（一八九〇年一一月二九日）に日本の領土であったか否かでなされ、このうち「外地」は憲法の効力の及ばない別個の「法域」とされた(1)。

「外地人」のうち日本国籍をもつのは、台湾人、朝鮮人、樺太のアイヌ民族であった。しかし同じ日本国籍をもっていても「内地人」「外地人」の区別は、本籍の所在地を示す日本独特の戸籍制度によって厳格になされた。ところが〈図2〉が示すように、帝国内での統一的な戸籍法規はなかった。もともと内地人である日本人に適用されていた「戸籍法」は、一九三三年に樺太のアイヌ民族に施行された。しかし朝鮮人には別枠で朝鮮民事令（一九一二年）・朝鮮戸籍令（一九二二年）が適用され、台湾では漢民族には戸籍に関する律令（一九三二年）及び台湾総督府令（一九三三年）・戸口規則（一九三五年）が適用されたが、台湾先住民族に特別な法令はないという複雑な構成になっていた［清宮 一九四四：四二〜四三］。

ここでいう内地人（日本人）とは「戸籍法の適用を受け、内地に本籍を有する者」、「外地人」とは「戸籍法の適用を受けずに、外地に本籍を有する者」のことである。「外地人」のうち「朝鮮人」とは

〈図１〉大日本帝国版図内の「地域」の名称

「内地」（帝国主義本国である日本本土）──→**「内地人」**＝日本戸籍保有者
大日本帝国憲法施行当時（1890年）、日本の領土であった地域
──本州、四国、九州、北海道、沖縄（琉球）、小笠原諸島

「外地」（併合領土あるいは植民地、租借地、委任統治領を含む）
──→**「外地人」**
1890年以降、日本の領土または準領土となった地域、「異法域」
台湾 ── 1895年「日清講和条約」により「割譲」
南樺太 ─ 1905年「日露講和条約」により「割譲」
朝鮮 ── 1910年「韓国併合条約」により「併合」
関東州（中国遼東半島の最南端部）─ 租借地
南洋群島 ─ 委任統治領

〈注〉１．関東州は租借地、南洋諸島は委任統治領であった。また国籍で見ると、台湾人・朝鮮人は日本国籍だが、関東州の在来民族は中国籍、南洋諸島では島民という地位である［百瀬孝 1990］。南樺太では先住民族のうち1933年アイヌ民族にのみ日本国籍が付与され兵役義務が課された［高木 1994］が、これは「日本国籍の付与」というより法的地位が「外地籍」から「内地籍」に変更されたとするのが正確であるという［水野 1996］。なお樺太は1943年に「内地」に編入された。
２．「外地」の呼称は1929年以降である。
〈出典〉［金英達 1991：23・清宮 1944：３］をもとに作成。

〈図２〉大日本帝国版図内の日本国籍保有者＝「人」の支配構造

地域籍
- 内地人 ─「戸籍法」の適用を受け、内地に本籍を有する者
  国籍法（1899年制定、1916年・1924年改正）適用
- 外地人 ─「戸籍法」の適用を受けない者
  - 台湾人 ─「台湾戸口規則」による戸口調査簿を「戸籍」に転用、台湾に本籍を有する者。国籍法適用
  - 樺太人 ─「樺太土人戸口規則」が適用されて樺太に本籍を有する者。国籍法適用
  - 朝鮮人 ─「朝鮮戸籍令」が適用されて朝鮮に本籍を有する者。国籍法を適用せず

〈出典〉［金英達 2003：32・栗原 2004］を参考に作成。

「戸籍法」の適用を受けず朝鮮に本籍を有する者をさす。また地域籍同士本籍の移動を意味する「転籍」は原則的に禁じられた。例外的に転籍が可能なのは、地域籍が異なる者同士の婚姻や養子縁組などだけであって、その場合は妻が夫の戸籍に、養子が養親の戸籍に異動した。

また天皇及び皇族は「皇籍」、王・公族は「王・公籍」をもつものとされ、日本国籍＝「臣籍」をもつ一般臣民とは区別された。戸籍は、内地人・外地人という民族を区別するだけでなく、身分上の所属を示す指標であった。

ここで注意を要するのは、「国籍法」は日本・樺太・台湾では施行されたが、朝鮮では施行されなかったことである。日本では「国籍法」を一九一六年に改正し国籍離脱が可能になったが、朝鮮人はその適用を受けないため日本国籍を離脱できない仕組みになっていた(2)。朝鮮人は、戸籍上は「日本人」になりえなかったが、国籍では日本人以上に「日本人」に縛られたことになる。

帝国日本が、朝鮮人／台湾人を日本国籍に組み込みながらも戸籍を通じて厳密に区分しなければならなかったのは、なぜだろうか。そこには、「万世一系」の天皇に帰一する「血統」集団としての「日本民族」意識、すなわち他民族排除的な「血族ナショナリズム」を見ることができるだろう［駒込 一九九六］。

帝国日本は戸籍を基準に、後で述べるように、日本国籍をもつ植民地の民に対する権利や義務を与えたり奪ったりした。戸籍は宗主国の民／植民地の民を区分することで、支配民族としての「日本民族」優位を確保するためのシステムとして、植民地の民にとっては差別的処遇を合理化するシステムとして、つまりは民族的序列化（民族秩序）を創出・維持するシステムとして抜群の威力を発揮した。

しかし本章が問題にしたいのは、以上のような国籍や戸籍による民族秩序・身分秩序ではない。これらの秩序を前提に、内地人か「外地人」か、内地居住か「外地」居住か、男性か女性かによって、あるいは階級の差異によって、大日本帝国「臣民」の成員資格（メンバーシップ）に、どのように具体的な差異や階層性があったのかということである。

それを検証するために、以下では兵役義務、参政権、義務教育制を指標に、日本「臣民」の成員資格が〈民族〉〈階級〉〈ジェンダー〉、さらには〈居住地〉それぞれに規定された要因によってどのように構築されていたのか、その関係性を分析してみたい。兵役義務、参政権、義務教育制を取り上げるのは、「日本人たる資格を有する者のみが享有出来る権利、利益、地位及負担する義務」［越川 一九四九］の核心であると考えるからである。

もちろん戦前の兵役義務や参政権を「権利義務関係」とすることには留保がいる。明治憲法の「臣民」概念は、現在の日本国憲法の「国民」概念とは異なるからである。明治憲法では「天皇主権」が明示されており、日本「国民」とは天皇の臣下を意味する「臣民」、戸籍上は「臣籍」として位置づけられた存在であった。したがって、兵役は「名誉ある義務」とされ、参政権などの権利も「兵役への報償」「国家への忠誠心への代償」として「付与」されるという性格をもっていた。さらに明治憲法の効力範囲は「外地」にまで及ぶという当時の日本政府の公式見解にもかかわらず、憲法が定める国民の参政権、法治主義、裁判権の独立などは事実上内地に限定され、植民地にまで憲法の効力は及んでいなかった。そのため、「外地」での参政権や義務教育制の実施も「報償」としての恩恵的な――かつ欺瞞的な――「付与」という性格がよりいっそう際立ったのである。

以上のことに留保しつつ、〈民族〉〈階級〉〈ジェンダー〉、〈居住地〉の差異に基づく兵役義務・参政権・義務教育制の変遷を見ていくが、これらは一九三七年七月の日中全面戦争から始まる戦時期（一九四五年八月の日本敗戦まで）の前と後では様相を変えるので、

第Ⅰ期　明治憲法下（一八九〇〜一九三七年）
第Ⅱ期　日中全面戦争・アジア太平洋戦争下（一九三八〜一九四五年）

に分けてみることにする。第Ⅱ期も明治憲法下にあったので、第Ⅰ期に含まれるのはいうまでもない。また日本では一九三一年九月に始まる「満州事変」から、一九三七年七月の日中全面戦争、四一年一二月のアジア太平洋戦争をへて四五年八月日本敗戦までを連続したものとして捉える「一五年戦争」史観、さらに最近はこの一連の展開を広い意味で「アジア・太平洋戦争」と呼ぶ歴史観(3)が有力になってきたようだが、帝国－植民地との関係で重大な画期になったのは一九三七年七月の日中全面戦争の勃発であるというのが筆者の見解である。なぜなら、日中全面戦争を画期に朝鮮人・台湾人の戦争動員が本格的に始まることにより、兵役義務・参政権・義務教育制に関して根本的な変更が余儀なくされたからである。

なお、本章で扱う「外地」「外地人」は、台湾（人）・朝鮮（人）とする。その場合、朝鮮・台湾のそれぞれの固有性、共通点、連関性にも配慮して論じるべきだが、さしあたり朝鮮を中心に分析することにする。また「内地」のなかでも北海道や沖縄県への施行に差異・階層性があったことに留意が必要だ

が、本章の論点が「内地」「外地」間のそれにあるので、最小限の指摘にとどめたい。また以下では、〈ジェンダー〉の差異に規定された要因を〈ジェンダー〉要因、〈民族〉の差異による規定要因を〈民族〉要因、〈階級〉の差異による規定要因を〈階級〉要因、「内地」居住か「外地」居住かによる要因を〈居住地〉要因と略記する。

2　明治憲法下（第Ⅰ期）の日本「臣民」の成員資格

〈兵役義務〉

まず兵役から見よう。一八七三（明治六）年の徴兵令布告によって、近代日本に初めて「国民皆兵」を理念とする徴兵制が導入された。さまざまな免役特権を含んでいた徴兵令はたび重なる改正をへて、一八八九年一月に大改正（「改正徴兵令」）され、免役条項はほぼ廃止された。その直後の二月に発布された明治憲法第二〇条「日本臣民ハ法律ノ定ムル所ニ従ヒ兵役ノ義務ヲ有ス」という規定に基づき、「日本臣民」の必任義務としての兵役制度が確立された。ただし「内地」のなかで北海道（全道）・沖縄県に徴兵制が施行されたのは、一八九八年からである。

しかし実際に兵役を担ったのは日本人男子に限られていたことが示すように、明治憲法第二〇条がさし示す「日本臣民」の定義から日本人女子はあらかじめ排除されていた。また日本人男子であれば、内地・外地のどこに居住しようと兵役義務を免れることはできなかった。

しかし日本が台湾（一八九五年）や朝鮮（一九一〇年）を植民地として獲得した後でも、台湾人男子・

朝鮮人男子に徴兵制が課されることはなかった。日本人男子だけが兵役対象にされたことは、一九二七年から施行された「兵役法」(「徴兵令」は廃止)において、「帝国臣民タル男子」(第一条)「戸籍法ノ適用ヲ受クル者」(第二三条)と明文化されることによっていっそう明確になった[田中 一九七四]。つまり兵役は〈ジェンダー〉・〈民族〉の差異によって、属人的に運用された。

このように「国民皆兵」といいながら、兵役義務から日本人女性、台湾人・朝鮮人男女は除外されていた。台湾人・朝鮮人男子が除外されたのは、兵役が国家に対する「高度の忠誠心」が要求されたからとされる[田中 一九七四:八二]。しかしそれだけではなく、朝鮮総督宇垣一成が「通弁付きの軍隊」は財政上「贅沢」なので、朝鮮人の兵役義務を「普通学校の完成、国語の普及」と連結させて構想(一九三四年)(4)していたように、日本語能力が不可欠とされた。これらには教育が関係する。後述するように、日本では一九〇〇年に小学校に授業料原則非徴収の義務教育制が施行されたが、当時の植民地台湾・朝鮮には義務教育制は施行されず、就学率も低かった。学校教育を通じて注入するはずの日本国家への「高度の忠誠心」、そして「国語の普及」をこの時期の台湾人・朝鮮人には期待できなかったことが背景にあったと考えられる。

このように、兵役義務から見る「帝国臣民」とは、日本人男子にほかならなかったのである。

〈参政権〉

次に参政権である。明治憲法発布と同時に公布された衆議院議員選挙法は、選挙権の資格要件を満二五歳以上、被選挙権は満三〇歳以上の男子とし、直接国税一五円以上の納税者に限定した制限選挙であった（第一回総選挙の実施は一八九〇年）。徴兵制と同様に参政権でも、北海道は一九〇三年に、沖縄県は一九一二年に遅れて施行されたので、日本全国一律ではなかった。

その後納税要件の二回にわたる緩和をへて(5)、一九二五年には納税要件、言い換えれば〈階級〉要件が撤廃されることによって、周知のように「男子」普通選挙法が成立した(6)。つまり、「帝国臣民タル男子ニシテ年齢二五年以上ノ者」を満たす者であれば参政権を獲得できるようになり、一九二八年にはそれに基づく衆議院議員総選挙が実施された。しかし、「外地」である台湾・朝鮮に居住する場合の参政権は、兵役義務とは違って、日本人男子といえども付与されなかった。もちろん「外地」居住の台湾人・朝鮮人男子も、同様であった。

一方、「韓国併合」によって新たに日本「臣民」に編入させられた朝鮮人は、玄海灘を渡って日本に来るようになった。一九二〇年代に入るや、朝鮮人は東京や大阪などの大都市に非熟練底辺労働者やその家族として、生活の場を本格的につくり始めた。一九二〇年に約三万人にすぎなかった在日朝鮮人人口は、一九三〇年には約三〇万人、一九三八年には約八〇万人へと急激にふくれあがっていく。当時の朝鮮人世帯の八割は農業であったが植民地支配政策による農村経済の破綻を背景とした、植民地難民としての渡日であった。ただし外村［二〇〇四］が指摘するように、朝鮮人が簡単に日本に渡れたわけではない。朝鮮人の渡日は日本国籍保有者の日本帝国内の移動であったが、渡日希望の朝鮮人に対しては地元警察当局による渡航証明書発行などによる選別的な渡航管理制度があったため、移動の自由が事実上奪われていた。また渡日朝鮮人の日本滞在期間は長期、短期、季節労働的などと実際にはかなりの多様性があった。

男子普通参政権は、「日本国籍」保有者・日本「内地」居住・「男性」を原則としたため、「内地」居住の日本人女性は対象外であったのに対し、逆に日本「内地」居住の「外地人」男性には付与された。参政権は兵役法と異なり、戸籍法適用有無が要件ではなかった。属人的に運用された兵役義務と異なり、参政権は属地的に運用されたのである。

しかし実際は、在日朝鮮人男性の選挙権取得・行使は容易ではなかった。彼らの有権者比率は、日本人有権者に比べて半分にすぎなかった〔松田 一九九五：三六～三七〕。ほとんどが流動性に富む底辺労働者であったため、在日朝鮮人にねらいを定めて居住要件が改悪されたり、またハングル（朝鮮文字）による投票も認められなかった（一九三〇年まで）(7)。

さて、日本「内地」での「男子」普選法成立（一九二五年）の背景には、一九二〇年代の大衆的な普選獲得運動があったが、同じ頃女性（婦人）参政権獲得運動が市川房枝や平塚雷鳥らを中心に盛り上がっていたのは、周知の通りである。

これらの普選獲得運動に呼応し、在日朝鮮人男性への選挙権付与を理由に、朝鮮への衆院選挙法施行や朝鮮の「自治」を求める運動を行ったのは、「親日派」と呼ばれる一群の朝鮮人であった。在日朝鮮人男性の多くは普選法成立前は普選運動や植民地朝鮮の参政権運動に無関心であったが、成立後には無産政党の日本人候補への積極的な投票行動をするようになる。一九三〇年代に入ると、地方議会選挙や衆院選挙に立候補・当選する朝鮮人男性も現れた。なかでも衆議院議員に唯一当選したのは、「親日派の巨頭」として知られる朴春琴であった〔松田 一九九五〕。

以上のように、日本人男性「臣民」の必任義務だった兵役義務から、日本人女性「臣民」はあらかじめ排除され、外地人男女「臣民」も排除された。しかし「内地」居住・日本人男性「臣民」のみに付与されていた参政権から、日本人女性「臣民」は排除されたが、一九二八年以降は「内地」居住の外地人男性「臣民」であれば「付与」されるようになった。

〈義務教育制〉

学校教育が日本「臣民」(「国民」)創出・統合の有力な手段であったことはいうまでもない。日本「内地」では一九〇〇年に、〈階級〉対立の緩和のために第三次小学校令を制定し、四年制の義務教育制を確立[駒込 一九九六:四六〜四七]した。義務就学の規定を明確化するとともに、授業料を原則徴収せず、貧困者には就学費補助を出すなど就学を督励したため、義務教育を六年制に延長した一九〇七年には、就学率が九七%に達し「国民皆学」がほぼ完成した。

内地の就学率急増の背景として見逃せないのは、日本人女児の就学が急増したことである。それは日清戦争(一八九四〜九五年)以降ようやく、明治政府が近代国民国家建設のために日本「臣民」として女子を育成する教育政策に本格的に乗り出したことにより生じた現象であった。「良妻賢母」という近代の思想により生まれた新たなジェンダー規範が、女子教育推進の大義名分になった[小山 一九九一]。また、沖縄県児童や北海道アイヌ児童の就学率もそれぞれ低かったが、沖縄では日清戦争を契機に一九〇〇年代には九〇%を超え[安里 一九八三:一五八〜一六〇]、アイヌ児童の場合も一九一〇年代には九〇%以上に達していた[小川 一九九七:一〇〜一二]。このように、台湾・朝鮮の植民地化を果たした大日本帝国の膨張期である一九〇〇年代後半から一〇年代にかけて、日本「内地」の小学校では女性、沖縄・北海道も含めて「国民皆学」をほぼ完成させたのである。

義務教育制度下の小学校を通じて注入されたのは、日本国家の指導層によって創出された「日本国」「日本人」像であった。網野善彦が指摘するように、「日本国自体について、神々の創った国土に天の子孫＝天皇の統治する国であるという記紀の神話を『事実』として『国史』の教育を行」い、「アイヌや琉球人の『民族』的な個性は無視」し「日本人を『万世一系』の天皇の支配下にあって、『血統』のうえでも天皇につながる均質的ですぐれた『大和民族』」と捉える「日本国」及び「日本人」への観念が確固たるものになっていった〔網野 一九九七（下）：一五一～一五二〕。

それでは、日本「内地」に居住した「外地人」子女への学校教育は、どのように扱われたのであろうか。急増する「内地」居住の朝鮮人子女に対して、一九三〇年の文部省見解により制度的には就学義務の対象となった。つまり義務教育制の運用に関しては、参政権と同様に属地的であったことになる。しかし実態を見ると、入学は申し出制であり設備に余裕がある場合に入学を許可するという措置であったため、「在日朝鮮人は自ら教育機関を見つけて働きかけなければ、すべての教育機会から排除」〔伊藤 一九八三：一五〕された。一九三一年には就学率は四六％に跳ね上がったが、それでも半分以上は不就学者であった。

一方、「外地」ではどうだったのか。「外地」居住の「内地人」や「外地人」児童に対しても、「国語」とされた日本語教育を中心とする「忠良ナル国民」育成〔日本人は一九一二年朝鮮公立小学校規則、朝鮮人は一九一一年朝鮮教育令、台湾人は一九一九年台湾教育令〕を目標に掲げて、「公教育」を通じた日本「臣民」創出がめざされた。朝鮮の場合を見ると、第二次朝鮮教育令（一九二二年）に「一視同仁」「差別撤廃」「内地と同一の制度」「朝鮮内に於ける教育に人種的区別を設けず」(同令発布時の政務総監水野錬太郎「声明」)の看板が掲げられた。

ところで、「外地」では義務教育制は「内地人」「外地人」に関わりなく、施行されなかった(前述の属地的運用)。また植民地支配全期間を通じて、民族の差異によって通学する学校が異なる別学教育であった。「外地」在住日本人児童には「小学校」が、台湾人(漢民族)児童には「公学校」が、朝鮮人児童には「普通学校」という名称と施設が割り当てられた。

そのうえで重要なのは、「外地」における日本人児童と朝鮮人・台湾人児童では、就学機会の有無や就学状況が非対称的であったことである。たとえば「外地」在住日本人児童の小学校就学率は、一九二〇年代以降九七~九九%であった。そのため、在朝日本人児童の場合「就学歩合ハ九九・八七ニシテ……実質上義務教育制ヲ実施セルト同様ノ状態」(8)と認識されていた。つまり「外地」居住の日本人児童に対しては、実態的には「内地」居住の日本人児童と同様の「義務教育」に準ずる措置がなされていたといえる。

一方、「外地」居住の「外地人」児童の場合は、どうだったのだろうか。

第一に、〈民族〉別に通学する学校が別学体制のもと修業年限やレベルが低く抑えられていた。朝鮮では日本人児童はすべからく六年制小学校に通学したが、朝鮮人児童では四年制・六年制普通学校が併存した。普通学校では「国語」＝日本語と農業実習が重視される簡易実用の教育が行われた。第二に、義務教育制が施行されなかった植民地では、日本人児童以上に高額な授業料を徴収したため就学できる階層が限定されていた。第三には、女子の場合にはこうした要因以外に学校教育に関して消極的・否定的なジェンダー規範による〈ジェンダー〉要因が重なり、就学率はさらに低かった。また植民地権力によって在来の教育機関（朝鮮＝書堂《ソダン》、台湾＝書房）や朝鮮人や台湾人が独自に設立した初等教育機関（朝鮮＝私立学校や夜学等）の自主的発展が抑圧された（台湾に関しては［鍾 一九九三］、朝鮮は［呉 二〇〇〇・金 二〇〇五］参照）。

朝鮮の場合、総督府が「同化」をめざした「忠良なる国民」の「育成」対象とは、授業料を支払う経済力のある中流〈階級〉以上の〈男児〉だったことになる。さらにいえば、食糧供給基地として位置づけられた朝鮮の場合、教育の最高目標は、総督府の意向にそって営農を行う「国語を理解する順良なる農民」の育成であった。しかしそもそもこの時期には「不就学」の方が圧倒的であった。普通学校就学率は一九二八年段階で一七・二％（男子二八・二％、女子五・八％）にすぎず、とくに女子に著しかった［呉 二〇〇〇：一三三］。植民地権力は朝鮮人の「就学」に対し抑制的であったのであり、学校の門をくぐったことのない不入学者が入学者や中途退学者よりはるかに広範囲に存在していた。それは「常態的な不就学」といえるものであり、これこそが朝鮮人の初等教育の現実であった（第2章で詳述）。

すなわち「外地」である植民地朝鮮では日本人と朝鮮人の就学機会は、階級とジェンダーの差異を伴って民族別に序列化されていた。先述のように日本に居住した朝鮮人児童の場合は一九三〇年の文部省通知により義務教育の対象とされたが、実態は入学申し出制・許可制(9)であったため、日本「内地」でも民族別に就学機会が序列化されていた。換言すれば、義務教育制は宗主国日本でのみ属地的に施行されたように見えながら、実態的には帝国日本‐植民地朝鮮をまたいで「日本人／朝鮮人」というカテゴリーに基づき属人的に施行されていたといいうるのである。

3　日中全面戦争以降（第Ⅱ期）の日本「臣民」の成員資格

しかし、一九三七年七月七日に日中全面戦争が始まり、戦時下（〜一九四五年八月一五日まで）に入ると、様相は一変する。

〈兵役義務〉

兵役に関して、次のような重大な制度改変があった。日中全面戦争の勃発を機に朝鮮では、朝鮮人を「兵員資源」として渇望していた朝鮮軍の主導の下に、一九三八年二月「陸軍特別志願兵令」が公布され「戸籍法ノ適用ヲ受ケザル年齢十七年以上ノ帝国臣民タル男子」（同令第一条）を対象に、「志願の強制」が始まった。「志願の強制」といえるのは、総督府の下部機構で志願者数が競われるなど強力な志願強制策が実施されたからである［宮田 一九八五・樋口 二〇〇二］。台湾でも太平洋戦争勃発の翌年一九四二年四月より同じく始まった。植民地出身男子が「天皇の軍隊」に組み入れられたのである。さらに一九四三年七月から台湾・朝鮮は同時に「海軍特別志願兵令」による海軍「志願兵」が強制された。同年一〇月には朝鮮人学徒への「志願の強制」が始まった［姜徳相 一九九七］。

これらを準備段階として、アジア太平洋戦争開戦と軌を一にして陸軍省軍務局の主導の下で「我が人的国力の消耗を極力回避」するため「外地民族の活用」という方針がとられ、朝鮮人への徴兵制の施行が焦眉の課題となった［宮田 一九八五］。しかし朝鮮人青年の多くは学校「不就学」などにより、日本語習熟度や基礎学力、「高度の忠誠心」を期待できる水準ではなかった。「外地民族」の皇民化の達成を待つ余裕もないまま、ついに「戸籍法の適用」を要件とした「兵役法」を改正し徴兵制を施行（朝鮮は一九四三年八月、台湾は一九四四年九月）したことにより〈民族〉の差異によって規定された要件がはずされ、一九四四年四月には朝鮮に対し、一九四五年一月には台湾に対し徴兵検査が実施され植民地の青年が戦場に駆り出されたのである。

〈参政権〉

参政権にも重大な変更があった。兵役義務への反対給付として、一九四五年四月一日に「衆議院議員選挙法」「貴族院令」が改正され、国政参政権が朝鮮人・台湾人男子に付与された。しかしその内実を見ると、貴族院議員は四月三日に一〇人（朝鮮人七人、台湾人三人）が勅任されたが、衆議院選挙については朝鮮二三人、台湾五人の議員定数が設けられ、選挙人資格には納税要件、すなわち〈階級〉要件（「直接国税一五円以上」）がつく制限選挙であった。しかし、衆議院議員選挙は日本の敗戦により実施されなかった［田中 一九七四、他］。

一方、日本人女性たちが参政権獲得をめざして一九三〇年に始められた全日本婦選大会は、当初は反戦決議（一九三二年）を出していたが、一九三八年には「皇軍感謝決議」を出すにいたった。女性参政権獲得運動は、一五年戦争の後半期に入ると戦争協力への傾斜を深めていった［西川 二〇〇〇：一六〇～一九〇］。結局、日本「内地」の女性参政権は敗戦にいたるまで付与されなかった。

〈義務教育制〉

義務教育制ではどうか。一九三七年七月の日中全面戦争勃発後、台湾・朝鮮では「志願兵」制度導入とセットで、「同化」教育の極限である「皇臣化」教育が始まった。「兵役法を安心して実施し得る」ためにこそ、朝鮮民族の完全なる「皇臣化」がめざされなければならなかった〔宮田 一九八五：五六〕。「皇民化」の「皇民」とは「皇国臣民」の略語であるが、朝鮮総督南次郎のブレーンであり「半島のヒットラー」と呼ばれた学務局長塩原時三郎のつくった「新造語」であった。その塩原が会長だった当時の朝鮮教育会が描く「皇国臣民」像とは、天皇のために「笑って国に殉ずる人間」、つまり理想の「皇軍兵士」像であった〔宮田 一九九一：四二～四四〕。それを具現しようとしたのが一九三八年三月の朝鮮教育令の改正（第三次朝鮮教育令）である。まず三七年七月、「内鮮学校名称統一」が発表され（翌年四月から正式に「小学校」に統一された）、翌年改正された「小学校規程」では初等教育の最高目標を「忠良なる皇国臣民」の育成に置き、朝鮮語は廃止された。朝鮮人には日本人以上に「より厳しい皇民化を強制」〔宮田 一九九一〕されたのである。皇国臣民を大量に養成するため男女別に就学率アップが図られ、修業年限も四年制が急減し六年制が圧倒するようになった。これまで放置してきた朝鮮人女性に対しても「皇国の母」たることが求められ、教育振興策がようやく本格化した。

さらに一九四一年四月、日本・台湾・朝鮮で初等教育の名称が「国民学校」に改称され、戦争遂行のための「皇民錬成」がいっそう強化された。同年一二月のアジア太平洋戦争勃発に伴い、台湾には「南方建設の一大拠点」(10)、朝鮮には「(中国)大陸兵站基地から更に前進して大東亜兵站基地」(11)という新たな役割が加わり、目前に迫る徴兵制度実施のために「身も心も日本人」(12)になることが求められた。

ここにおいて戦争動員・戦争遂行のために、義務教育制度実施が具体的な日程にのぼった。

ただし義務教育制の実施には、台湾と朝鮮で差異があった。台湾では一九三九年度から準備され、一九四三年四月から六年制の義務教育制度が実施された(13)。一方、朝鮮では徴兵制の実施決定と呼応して、一九四三年一月に朝鮮総督府学務局によって「義務教育制度実施計画」が発表され、六年制の義務教育制度の一九四六年施行と初年度就学率目標「男子学齢児童の九割、女子五割」が掲げられた。しかしながら国政参政権と同様に、義務教育制実施も帝国崩壊により空手形に終わったのである。

4　帝国「臣民」概念と〈民族〉〈階級〉〈ジェンダー〉

以上見てきた通り、兵役義務、参政権、義務教育制の三点セットは、兵役義務を軸にして緊密で相互規定的な関係にあった。これらをまとめると、表〈1〉〈2〉のようになる。

〈兵役義務の変容〉

まず兵役を〈表1〉から見てみよう。「兵役法」施行当初から男性のみを対象としたことから〈ジェンダー〉要因が作用していた兵役は、日本が植民地をもってからは「帝国臣民タル男子」「戸籍法ノ適用ヲ受クル者」＝日本人男性に限定され〈民族〉要因も強く作用していた。つまりI期の「兵役」義務には〈ジェンダー〉要因によって「男性」のみが、〈民族〉要因によって「日本人」のみが、すなわち「日本人」「男性」のみが対象とされていた。

〈表1〉第Ⅰ期：日中全面戦争まで（～1937年）

	居住地	日本人（内地人）		朝鮮人・台湾人（「外地人」）	
		男性	女性	男性	女性
兵役義務（属人的）	内地在住	○	×	×	×
	「外地」在住	○	×	×	×
参政権（属地的）	内地在住	△→○（1928年～）	×	制限的に○（1928年～）	×
	「外地」在住	×	×	×	×
義務教育制（属地的→属人的）	内地在住	○（1900年）		恩恵的に○（1930年～）	
	「外地」在住	△		×	

〈注〉 1．網掛けしたところは、その民族が主要に居住している地域を表す。
2．「内地」「内地人」のなかでも北海道アイヌ・沖縄に対しては処遇が異なった。たとえば、1890年の衆議院議員選挙時には北海道・沖縄県には選挙権は付与されず、北海道は10年後、沖縄県は22年後であった。また、徴兵制の施行も北海道・沖縄県では1898年であった。
3．内地在住の朝鮮人・台湾人（外地人）の参政権を「制限的に○」としたのは、居住要件や識字の問題により選挙権獲得・行使が容易ではなかったためである。事実、在日朝鮮人の有権者比率は、日本人の半分だった［松田 1995］。
4．内地在住の朝鮮人・台湾人（外地人）の義務教育制を「恩恵的に○」としたのは制度的には対象とされたが、申し出制であり設備に余裕がある場合に入学を許されたからである（在日朝鮮人児童の場合［伊藤 1983］）。
5．義務教育制の箇所で△としたのは、「外地」では義務教育制が施行されなかったが、日本人児童の場合は1920年代以降の就学率が97～99%に近く、事実上「義務教育」的処遇であったことを表すためである。

しかし〈表2〉が示すように、戦時期であるⅡ期になると変容した。女性は一貫して兵役に就くことはなかったので、〈ジェンダー〉要因は敗戦まで解除されなかった。

一方前述したように、日中全面戦争後の一九三八年朝鮮に陸軍志願兵制度、アジア太平洋戦争開始後の一九四二年には台湾でも同志願兵制度が施行された。四三年には朝鮮・台湾で同時に海軍特別志願兵制度が閣議決定され、施行されるようになった。戦争末期である一九四四年に朝鮮、四五

〈表２〉第Ⅱ期：戦時期（1938年～1945年８月15日）

	居住地	日本人（内地人）		朝鮮人・台湾人（外地人）	
		男性	女性	男性	女性
兵役義務	内地在住	○	×	台湾人＝1945年○ 朝鮮人＝1944年○	×
	「外地」在住	○	×	台湾人＝1945年○ 朝鮮人＝1944年○ （朝鮮は1938年から陸軍特別志願兵制度、台湾は1942年から同制度を実施）	×
参政権	内地在住	○	×	制限的に○	×
	「外地」在住	×	×	×（1945年「納税」要件付きの法改正、実施に至らず）	×
義務教育制	内地在住	○		恩恵的に○	
	「外地」在住	△		台湾　1943年○、朝鮮× （＊1943年朝鮮総督府学務局「義務教育制度実施計画」発表するも、実施に至らず）	

〈注〉表１に同じ。

〈表３〉旧植民地出身の軍人・軍属

（人）

	復員兵	戦没者	合計
台湾	176,877	30,306	207,183
朝鮮	220,159	22,182	242,341
合計	397,036	52,488	449,524

〈出典〉厚生省援護局業務一課調べ（1990年９月）［田中 1995：117］。

年に台湾で徴兵制度がそれぞれ施行され、朝鮮人・台湾人の青年が対象とされた。

〈表３〉が示すのはその結末である。朝鮮人・台湾人男性併せて約四五万人が軍人・軍属として宗主国の戦争に動員され、五万名以上が戦死した。侵略戦争の戦力不足を補い、

「日本民族の損耗を最大限に回避」〔宮田 一九八五：一〇三〕する「弾丸よけ」にするためにこそ、〈民族〉要因があからさまに解除されたのである。

〈参政権の変容〉

次に参政権を見ていこう。〈表1〉から、参政権には〈ジェンダー〉要因が、〈階級〉・〈民族〉要因以上に強く作用〔舘 一九九四：一二七〕したかのように見える。しかし〈民族〉要因が解除されたのは、内地在住の「外地人」男性、すなわち在日朝鮮人／台湾人男性に限定されている。しかも内実を見ると、在日朝鮮人男性にとっては厳しい居住要件や識字率の低さ（日本文・朝鮮文両方）により選挙権取得や行使は容易ではなかった。

それが〈表2〉でわかるように、戦争末期の一九四五年四月に「外地」居住の朝鮮人・台湾人男子に国政参政権が付与されるよう法が改正された。しかしこの参政権付与には納税要件、即ち〈階級〉要因が強く作用する制限的なものであり、しかも実施されなかった。

ここで注意すべきことは、「外地」男性への参政権付与が「朝鮮人、台湾人を異なる民族と認めたうえで、日本社会の構成員としたわけではな」く、「兵役に対する報償」「国家の秩序統制」のため必要と判断されて付与された〔舘 一九九四：一二七〕にすぎなかったことである。しかも徴兵制実施と参政権付与には時差があり、参政権は付与されることはなかった。兵役についた四五万名の朝鮮人・台湾人男性は生命を差し出したにもかかわらず、参政権という「報償」は実現されなかった。しかし戦死、傷病という代償はあまりに大きかった（戦後、傷痍軍人軍属、ＢＣ級戦犯とされた朝鮮人・台湾人男性が、日本人とは違って国家補償から戸籍を使って巧妙に排除されたのは周知の通りである)。

このように朝鮮人・台湾人男性への国政参政権の制限的「付与」は、あくまでも「『日本人』の利益と特権の保持をこそ最優先させる植民地主義の統治方針」〔駒込 一九九六:三六〇～三六一〕にそったものであったといえよう。

〈義務教育制度の変容〉

最後に義務教育制で比較する。〈表1〉にあるように、一九〇〇年の授業料原則非徴収の義務教育制の確立によって、「内地」在住の日本人子女間の〈階級〉・〈ジェンダー〉要因(アイヌ民族、沖縄人等を含めれば〈民族〉要因も)がとりあえず解除され「国民皆学」が実現した。「内地」居住の朝鮮人子女も一九三〇年から原則的に義務教育制の対象になり、その内実は恩恵的に入学を許可するというものだったので、〈民族〉要因は「内地」に限定して解除というより緩和されたといえよう。

またI期には「外地」に義務教育制は導入されない建前になっていたが、「民族」別に学校体系は異なっており、「外地」在住の日本人児童は義務教育に準じた措置がとられた。一方、朝鮮人・台湾人児童で初等学校へ就学できたのは、授業料を負担できる中流〈階級〉以上の男児という〈ジェンダー〉にほぼ限られた。すなわち、「外地」の日本「臣民」育成のための学校教育には、〈民族〉〈階級〉〈ジェンダー〉要因が相互に作用していたのである。

しかし戦時期(II期)に入ると、「外地」でも就学率アップと女子教育振興策が図られ、義務教育制導入が検討されるようになる。植民地への義務教育制導入の動機は、異民族である朝鮮人・台湾人を侵略戦争に安心して巻き込むため「身も心も日本人」化した「皇国臣民」を緊急に創出する必要からであった。〈表2〉で示されるように、義務教育制が台湾で実施されたのは一九四三年から(14)であり、朝鮮では導入が計画されたが結局実現されなかった。義務教育制における〈民族〉要因は、台湾では解除、朝鮮では緩和されたことになる。

しかし「外地」での学校教育の内実を見ると、第一に、〈民族〉別だった学校名が戦時期になると日本・朝鮮で「小学校」(一九三八年)、日本・朝鮮・台湾で「国民学校」(一九四一年)と名称が統一されたものの、就学先は相変わらず〈民族〉別に異なっており、第二に、就学率にも民族格差・ジェンダー格差が存在(15)し、第三に義務教育制といっても無償化=授業料の撤廃を必ずしも意味しなかった(朝鮮に関しては[呉 二〇〇〇:九九~一〇二]参照)。朝鮮人・台湾人への学校教育を通じた「臣民」化は、戦争末期でも〈民族〉〈階級〉〈ジェンダー〉要因が全面的に解除・緩和されたとはいいがたかったのである。

5　日本帝国「臣民」とは誰か

以上のように、天皇を頂点とする帝国日本の身分秩序・民族秩序は、たとえ「外地人」男性に参政権が付与されても内地人たる日本人の優位が保てるシステムになっていたので、決して揺らぐことはなかった。ここにジェンダー秩序も加わった。帝国日本の中核部には「内地」在住の日本人男性が、最周縁部には「外地」在住の朝鮮人女性・台湾人女性の「位置」が固定されていた。そのことは、日本「帝国臣民」のなかで「内地」に住む日本人男性がもっとも優位な「特権」保有者であり、最劣位に置かれたのが「外地」に住む「外地人」である朝鮮人女性・台湾人女性（義務教育制まで含めれば朝鮮人女性）であったことを意味する。

つまり、一八九〇年明治憲法施行時に日本国籍・戸籍保有者――このなかにも沖縄県民やアイヌ民族というマーキングがあったことは見逃せないが――であった男性とその「血統」を受け継ぐ「内地人」男性だけが「帝国臣民」の体現者であり、「日本人という特権」の最大の受益者であった。

しかし戦前において参政権から排除された日本人女性がこの「特権」に無関係であったかというと、そうではない。確かに、戦前の日本人女性たちは、「家」制度に象徴される男性優位の家父長的な家族秩序・ジェンダー秩序のなかで法的に無権利状態に置かれていた。しかし日本人女性は、宗主国日本の女性として「日本人としての特権」を享受できる立場にあったのであり、とくに植民地においては顕著であった［山田 一九九六］。

なぜなら第一に、女性も含めて日本人一人ひとりの背後には「大日本帝国」という国家権力が張り付いていたのであり、第二に、帝国日本にとって日本人女性たちは「良妻賢母」として、あるいは「軍国の母」として、均質的な支配「民族」の再生産のために不可欠な存在だった。このことは、日本人女性に兵役・参政権を付与しなかった半面、義務教育制に関しては内地・「外地」を問わず課した理由へとつながる。義務教育制を通じて日本人女性を「臣民」化したのは、日本男性「臣民」を育成する次代の「母」を育成し、私的領域にまで天皇制国家を支えるイデオロギーを浸透させる役割を期待したためであったと考えられる。天皇制国家が日本人女性に求めたのは、兵役義務を遂行する日本「臣民」男性のための「妻・母」役割、とりわけ「母役割」であったことを示している。

日本の女性参政権運動も、こうした国家の要求に応答するかのように、女性参政権獲得の論理（この場合、全日本婦選大会の決議文）を、当初の男女平等の権利要求という立場から、その「本務」＝「産む能力」に基づく要求、すなわち「母として妻として兵士とは異なる銃後の役割を担う」ことへの報償へとスライドさせていった［西川 二〇〇〇：一八四～一八五］。

その一方で、帝国日本は朝鮮人・台湾人女性の就学に対して、戦時期に入るまで抑制的であった。それは、この時期まで朝鮮人・台湾人男性に兵役を課さなかったことと密接に関連する。朝鮮人・台湾人女性に対して、日本人女性のような「母」役割を期待して「同化」教育を施す必要性がなかったためと考えられる。しかし戦時期に入ると一変する。「外地人」男性への志願兵制・徴兵制が施行されると、日本内地以上に熾烈な皇民化教育と女子就学率のアップが図られた。しかし戦争末期に実施されたこと、無償制ではなかったこと、学齢児童に限られたために、大量の朝鮮人女性・台湾人女性――とりわけ朝鮮人女性――は不就学・非識字のままであった。一九四二年段階でも朝鮮人男子の三人に一人、女子の三人に二人が学校不入学という意味での完全不就学であった［金 二〇〇五］。

そのことは一面では教育を通じての「皇国の母」への包摂という暴力に巻き込まれずにすんだことを意味するが、別の一面では戦時期に頻発した「慰安婦」徴集における就業詐欺等のような暴力に無防備のまま、さらされることでもあった。この双方は、朝鮮人女性・台湾人女性への植民地支配という構造的暴力のコインの表裏であり、日本敗戦＝ポスト植民地期になってもさまざまな禍根を残すことになった。

おわりに

「韓国併合」下の朝鮮人は日本「臣民」とされたが、日本人とは違って日本国籍の離脱を認められず日本人以上に日本国籍に縛られながら、戸籍によって朝鮮人というカテゴリーからも逃れられなかった。そのうえで、植民地の民を含む日本「臣民」という概念は、「内地人」（日本人）か「外地人」か、外地人でも台湾人か朝鮮人か、「内地」在住か「外地」在住か、男か女かによって、兵役・参政権・義務教育制の適用・運用には差異があり、〈民族〉〈ジェンダー〉〈階級〉等の諸要因それぞれによって相互的に構築されていたのであり、それぞれは対等ではありえなかった。

兵役・参政権・義務教育制の適用・運用から見て、日本「臣民」の正式なメンバーは（「内地」居住の）日本人男性だけであったといってよいだろう。台湾人・朝鮮人女性の多くは、学校教育からも排除された。すなわち、日本帝国「臣民」には階層があり、内地在住の日本人男性を頂点に置き、外地の台湾人女性・朝鮮人女性を底辺に置きながら、露骨に序列化されていた。戦時期になって植民地には皇民化教育が強力に推進され、兵役を課された朝鮮人・台湾人男性は戦場に行き生命を差し出しながら、その「報償」ともいうべき参政権さえ実現しなかった。しかしたとえ実現したとしても〈階級〉要件が強い制限的なものであり、日本人（男性）の優位性を揺るがさないシステムになっていた。

日本「臣民」の義務を果たすことを強いられても、日本「臣民」としての恩恵や権利をえることはなかった朝鮮人・台湾人という植民地の民は、「帝国」最期の日まで日本「臣民」の正式なメンバーとして扱われることはなかったのである。

第2章
植民地教育とジェンダー
教育版植民地近代化論批判

はじめに

日本による朝鮮支配のなかで、朝鮮人への「近代教育の普及」は植民地近代化論の要の一つであったといってよい。植民地支配終結六〇年を迎えた今日にいたるまで、この言説は繰り返されてきた。新しきは、二〇〇三年五月、麻生太郎・自民党政調会長（当時）が講演で「ハングル文字は日本人が教えた。義務教育制度も日本がやった。正しいことは歴史的事実として認めた方がいい」と発言した（『毎日新聞』二〇〇三年六月一日付）。古くは、一九七四年一月、田中角栄首相（当時）が国会答弁で、朝鮮統治の功績の一つに義務教育制度を敷いたことをあげ、また一九七九年三月桜田武日経連会長（当時）も韓国ソウルで「韓国の現在の経済的発展は日本の統治時代の教育のおかげ」と発言し舌禍事件となった［旗田 一九七九］。なお、植民地朝鮮では義務教育制は施行されなかったので、麻生・田中発言は〝正しい歴史的事実〟ではない。

問題は、こうした言説が日本の政治家に留まらず、韓国人を含めた研究者間でも共有されていることである。韓国人経済史研究者の安秉直《アンビョンジク》は二〇〇五年に発表した論文のなかで、植民地経済発展の背景に「植民地教育の普及があった」と位置づけながら、「教育の普及においては植民地当局がその制度を整備して施設を供給するなど重要な役割を果たした。……植民地当局は朝鮮社会の発展に対する教育事業の貢献について相当の自負心をもっていたようだ」とし、そのうえで「近代教育に対する朝鮮人の姿勢は一九一九年の三・一運動前後に抵抗的なものから指向的なものに変わった」ことにより朝鮮人が植民地教育に積極的に対応したと述べている［安 二〇〇五：一四］。

しかしながら、果たして朝鮮総督府は植民地朝鮮の「近代教育の普及」に、どれだけ「重要な役割」を果たしたのか？　この場合の「近代教育」とは何をさすのだろうか？　そもそもどれだけ「普及」したのだろうか？　「朝鮮人」のなかに、ジェンダーの差異はどれだけ意識されているのだろうか？

本章の目的は、巷間に流布されている教育版植民地近代化論を、ジェンダーの視点から、「就学」よりも「不就学」に焦点化して問い直すことにある(1)。なお、本章では一九一〇年「韓国併合」から一九三七年七月の日中全面戦争開始以前を取り上げることにしたい。

1　「常態的不就学」こそが朝鮮人教育の現実

〈図〉は、植民地期の朝鮮人男女別児童の普通学校「完全不就学」(2)の推移を示したものである。普通学校とは、朝鮮総督府が設立した、日本の小学校に相当する朝鮮人初等教育機関の名称である。ここでいう「完全不就学」とは、一度も生徒として学校の門をくぐったことのない〝学校不入学者〟をさしている。

〈図〉が明らかに示すように、男女ともに学校不入学者、すなわち完全不就学者は入学者や中途退学者よりもはるかに広範囲に存在していた。

先行研究［呉 二〇〇〇・古川 一九九三］が指摘するように、一九一九年の三・一独立運動後の一九二〇年代初めには朝鮮人男子の普通学校就学者数が急増し、さらに一九三〇年代からは男女ともに就学者数が増加したのは確かである。しかしながら植民地末期である一九四二年段階においても、朝鮮人男子の三人に一人、女子の三人に二人が「完全不就学」であった事実を見逃すことはできない。

その意味で、植民地期の朝鮮人教育の現実は、「教育の普及（あるいは就学の増加）」というよりは、「常態的な不就学」にあったと見るべきであろう。植民地期における「教育の普及」というとき、圧倒的な「不就学」の現実を踏まえることが必要なのである。

さらにいえば、「不就学」は識字習得機会からの排除を意味したため、他の教育機会を獲得しない限りは「非識字」に帰結せざるをえなかった。普通学校以外の初等教育機関としては、朝鮮王朝後期から発達した在来の漢文教育機関である書堂《ソダン》（日本の寺子屋に相当、主に男子が通った）、「併合」前から朝鮮人やキリスト教団体が設立した私立各種学校（女学校も多数あった）、一九二〇年代から発達した朝鮮人設立による私設学術講習会（夜学など、女子夜学も多かった）があった。しかし民族的で自主的な教育を嫌った朝鮮総督府の巧妙な統制策によって、いずれの機関の発展もはばまれてしまった。

〈図〉公立普通学校への朝鮮人男女の完全不就学率

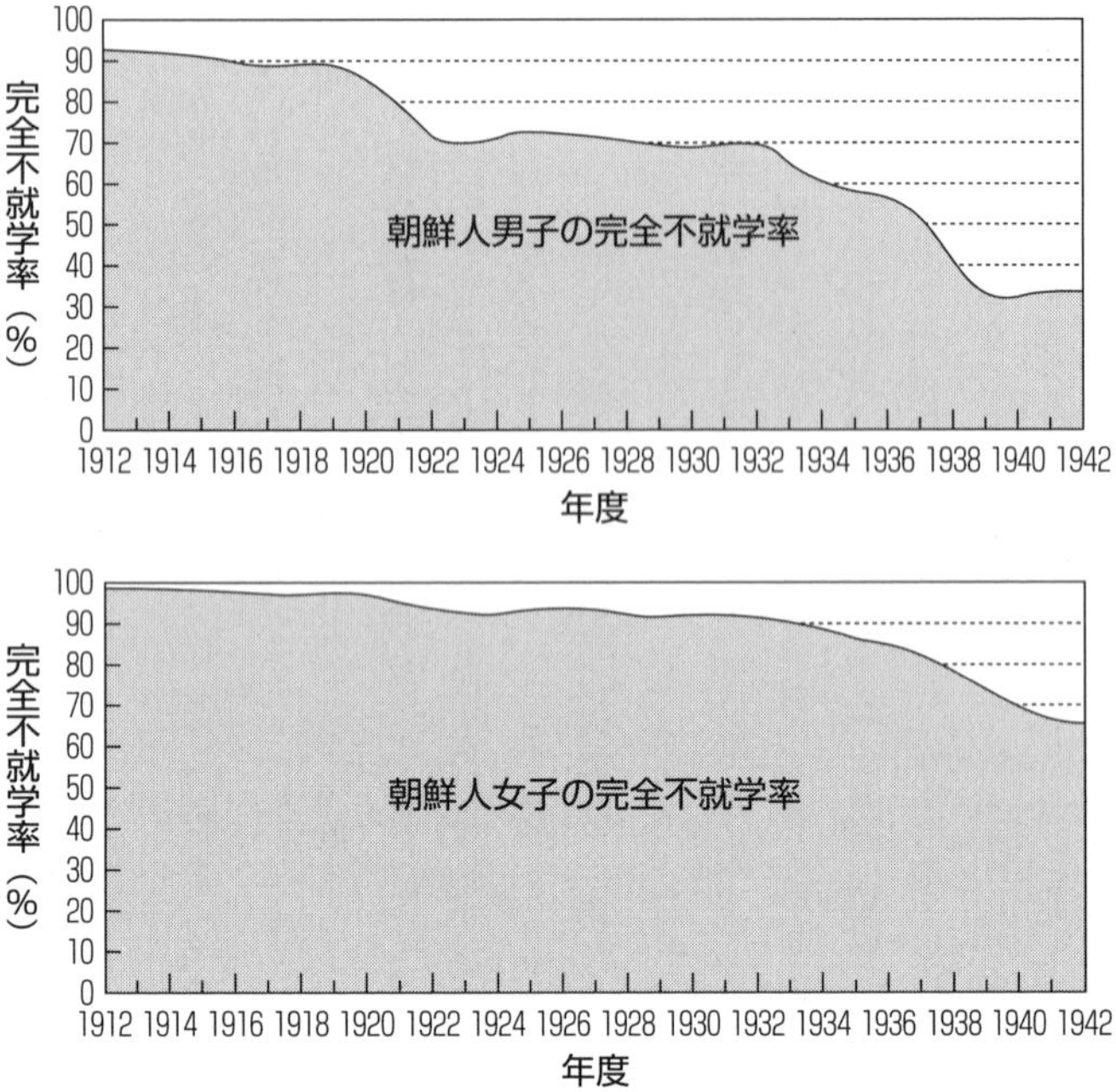

〈注〉１．「推定６歳人口」＝総人口×2.6%（『昭和５年朝鮮国勢調査報告』朝鮮人総人口に対する６歳児人口比2.6%より算出）。
２．詳しい数値は、［金 2005］巻末〈付表１〉を参照。
〈出典〉人口は朝鮮総督府『朝鮮総督府統計年報』各年度版、入学者数は朝鮮総督府学務局『朝鮮諸学校一覧』1936年度（1912〜1934年）、1943年度（1935〜1942年）の「第一学年生徒数」（五月末現在）より算出。

就学者数で比較すると、普通学校は一九一五年に私立各種学校を追い越し、一九二三年に書堂をも追い越し［呉 二〇〇〇・古川 一九九三］、以後植民地支配が終焉するまで生徒数・機関数とも他の諸機関を圧倒した。そのため普通学校への入学可否が識字獲得を左右したのである。

そのうえで強調したいのは、〈図〉が示すように、この膨大な数の普通学校「不就学」、そして「非識字」は、主に朝鮮人女性に配分されたことである。植民地期の女性にとって、普通学校への就学可否が識字能力の有無に結びつき、その後の境遇に大きな違いを招いた。ジェンダーの差異を無視できない理由はここにある。

これらを踏まえて、以下では朝鮮人の教育経験が一様ではないこと、すなわち、民族間、階級間だけでなく、性別間においても非対称性、序列化、権力関係が重層的に構築されたことを可視化するために、第二次朝鮮教育令期（一九二二～三七年）を中心に就学機会を規定した社会関係を〈民族〉や〈階級〉、そして〈ジェンダー〉という諸要因とそれらの関係性から分析することを試みてみたい。あわせて、植民地朝鮮の教育が「近代性」だけではなく、「植民地性」を帯びていたことを見ていきたい。

2　民族間の就学格差をもたらした〈民族〉要因

まず、〈民族〉要因とは、「日本人／朝鮮人」というカテゴリーに基づいて児童の就学機会を民族別に序列化した植民地教育政策がもたらす就学規定要因のことである。

植民地期を通じて朝鮮には、宗主国日本とは異なり義務教育制度は施行されなかった。そのことを前提に問題にしたいのは、植民地期の在朝日本人と朝鮮人はともに日本「臣民」とされ、とりわけ第二次朝鮮教育令以降には「一視同仁」「差別撤廃」「内地と同一の制度」「朝鮮内に於ける教育に人種的区別を設けず」（同令発布時の政務総監水野錬太郎「声明」）(3)が標榜されたにもかかわらず、実態的には植民地支配全期間を通じて別学教育であり、民族別に異なる就学政策がとられたことである。具体的には、植在朝日本人児童には「国語を常用する者」として「小学校」が、朝鮮人児童は「国語を常用せざる者」として「普通学校」が割り当てられ別学とされた(4)。また、一貫して六年制であった小学校と異なり、普通学校には六年制と四年制があり、それ以外にも一九三四年からは二年制簡易学校も創設された。普通学校では、日本語習得と職業教育(主に農業実習)を主とする「簡易実用」教育が中心であり、初等教育止まりの終結教育がめざされた。すなわち、別学原則のもとで朝鮮人教育は明らかに低水準に設定されていた。

加えて、総督府は、民族別に異なる授業料徴収額規定などに見られるように、在朝日本人児童には「就学歩合ハ九九・八七ニシテ……実質上義務教育制ヲ実施セルト同様ノ状態」を前提とする就学政策を、他方で朝鮮人児童には「義務教育ノ制……早急ノ実施ハ不可能」(5)とする就学政策をとった。実情に即していえば、在朝日本人児童には就学優遇策、朝鮮人児童には就学抑制策がとられたのである。日本人居住地すべてに小学校が設置され、生徒数が二人でも小学校が設置された例(6)があった一方で、朝鮮人児童の場合は一九一〇年代(女子は一九二〇年代の一時期も)を除いて、つねに募集定員よりも入学志望者数が上回っていた(7)。つまり、朝鮮人は学校に入学したくても学校施設が少なかったのである。そのため、一九三〇年時点での就学率は在朝日本人児童九九・七九%に対して、朝鮮人児童は一七・三%と極端に低かった(8)。なおここでいう朝鮮人児童の就学率は、一九九〇年代以降の実証研究により算出された推定就学率にすぎない。そもそも朝鮮総督府『朝鮮総督府統計年報』には、内地に準じて「内地人学齢児童」の「就学歩合」(=就学率)の記載は登場するが、朝鮮人児童の就学率に関する記載はない。このことは先述のように在朝日本人には事実上、義務教育制が運用されたが、朝鮮人は対象外であったことを示している。

したがって、安秉直の「教育の普及においては植民地当局が……重要な役割を果たした」という記述には、疑問が残る。総督府は朝鮮人教育に対して積極的ではなく、むしろ抑制的であったからである。植民地当局が朝鮮人就学に積極的になったのは、朝鮮人を戦争に動員する必要が生じた日中全面戦争（一九三七年七月）後の皇民化教育期（一九三八年〜）からである。

むしろ総督府以上に重要な役割を果たしたのは、呉成哲《オソンチョル》［二〇〇〇］がみごとに分析したように朝鮮人の教育行為であった。植民地教育機関への就学に朝鮮人が積極的にならざるをえなかった理由を、植民地社会の歴史的な文脈から明らかにすることが重要である（後述）。

3　階級間の就学格差をもたらした〈階級〉要因

〈階級〉要因とは、授業料負担可否を左右した朝鮮人家庭の経済的基盤をさすが、具体的には階級の差異（「地主／自作農／自小作農／小作農」）による就学規定要因をさす。

「韓国併合」以降、朝鮮総督府が推進した「土地調査事業」（一九一〇〜一八年）、「産米増殖計画」（一九二〇〜三四年）によって、朝鮮人世帯の八割内外を占めた農民層の階級分解が進んだ。自作農は小作農へ没落し自小作農もまた激しく転落した。このような朝鮮人の貧窮化とともに、就学可否を規定したのが授業料負担問題であった。

第二次教育令期の授業料徴収額の上限には、民族別に差異があった。朝鮮人は月額「一円以内」、日本人は「五〇銭以内」と定められており、より脆弱な経済的基盤しかもたない朝鮮人家庭の方がより高額な授業料を負担しなければならなかった。そのため、高額授業料の設定自体が朝鮮人の「就学」に抑制的な作用をもたらし、結果的に授業料負担に耐えられる階級の出身者以外は「就学」からの排除＝「不就学」（不入学・中途退学）の要因となった。二〇年代末には朝鮮人の間でも「授業料は就学上最も重大な問題」(9)と認識されるにいたった。しかも授業料以外に教科書代、通学費、学用品代、入学費、後援会代等の負担があった。

〈表〉は、延禧専門学校教授・盧東奎による「朝鮮農村学齢児童の就学状況（一九三二年調査）」(10)に基づき作成したものである。これによれば、全農家比率で三・三％を占めるにすぎない地主階級の就学率は六八・三％と高いが、全農家比率四二・一％を占めるいわゆる「小作農」（小作農＋窮農・A）で就学できたのは二二・三％にすぎない。全農家比率で三〇・二％を占める「自小作農」を含めても（B）、就学率二九・二％である。貧農層に属するほど一目瞭然に就学率は低い。このように就学率は、階級別に明白に序列化していたのである。

それでも注目すべき変化が生じていた。一九二〇年初頭には地主階層・富農以上が独占した普通学校［金 二〇〇五：八四、表3］は、一九三〇年代初頭には自小作・小作階級のなかからも就学する集団が部分的に輩出し始めたからである。自小作・小作・窮農という下層（全体で七二・三％）が就学し始めたことが、一九三〇年代以降の就学率全体を押し上げたのである。ここから導き出されるのは、一九三〇年代には普通学校就学が全階層に拡大しつつあったこと、すなわち普通学校就学に関する〈階級〉要因が緩和されたことである。貧農集団からも就学者を輩出し始めたからこそ、「授業料の多寡」が就学可

〈表〉朝鮮農村学齢児童の就学状況（1932年調査）

（比率＝％）

	児童数（人）	比率	階級別戸数（戸）	全農家戸数比率	農家戸数に対する就学者比率
地主	28	6.9	41	3.3	68.3
自作農	97	24.1	212	16.9	45.8
自作兼小作農	147	36.5	379	30.2	38.8
小作農	107	26.6	386	30.7	27.7
窮農	11	2.7	143	11.4	7.7
非農家	13	3.2	95	7.6	13.7
合　計	403	100.0	1,256	100.1	32.1
A・小作農＋窮農（いわゆる「小作農」）	118	29.3	529	42.1	22.3
B・自作兼小作＋小作農＋窮農	265	65.8	908	72.3	29.2

〈注〉１．原文には「農家学齢児童（７歳以上15歳以下）の就学状況」とある。また、初等学校名の記載はないが、「普通学校」と思われる。

２．以下は「原注」より。

「地主」には「所有土地全部を小作させている地主」（総督府統計の地主甲）、「所有土地の一部は自作し、大部分を小作させている自作を兼ねた地主」（総督府統計の地主乙）も包含される。

「自作農」には「所有土地の小部分を他人に小作させている地主を兼ねた自作農」も含む。

「窮農」とは「家族の生活を保障するための最小限度の小作地をも持たない小作農」をさし、この窮農概念は、総督府の定義「春窮時に農糧が不足する農家」と「全然概念が違う」とする。

「非農家」とは、「大部分は……賃労働や副収入におく農村プロレタリア分子」をさす。

３．盧東奎論文108頁の総督府統計との比較によれば、本調査の「小作農」と「窮農」の合計数が総督府統計の「小作農」に相当すると思われる。そのため本表では、小作農・窮農計を「いわゆる『小作農』」と記した。詳しくは拙著［金 2005：125］参照のこと。

〈出典〉盧東奎「朝鮮農家経済実相調査解剖（１）」『韓』Vol.５－№１、1976年１月より作成。原典は、学海社発行『学海』（編集兼発行人洪炳哲、1937年12月）所収の同名論文。

否や就学継続上の大問題にならざるをえなかったのである。

しかしながら、男子就学者急増に比して女子就学者が少なかった現象を見ると、朝鮮人は経済的に困難な家計のなかでも男子を優先させていた。生活難と授業料負担という同じ経済的状況に置かれながら、就学をめぐって女子は男子と異なる経験をしなければならなかった。それは、性別への偏りを教育に関して規範化した〈ジェンダー〉に基づいていたのである。

4　男女間の就学格差をもたらした〈ジェンダー〉要因

〈ジェンダー〉要因とは、「男性／女性」というカテゴリーによる偏向を学校教育に関して規範化したジェンダーの就学規定要因のことである。ここでは、総督府の女子教育政策理念と、朝鮮社会における学校教育をめぐるジェンダー規範の双方から分析してみたい。

まず、朝鮮総督府から見ていこう。総督府は「韓国併合」直後の第一次朝鮮教育令期に朝鮮人女子の初等教育に対し、理念的に「貞淑温良の徳」の涵養（普通学校）を謳い、具体的には日本的な良妻賢母主義教育の導入を企図した。しかしながら、宗主国日本の女子教育政策と根本的に異なるのは、総督府が就学奨励などの具体的な女子初等教育振興策をとらなかったことである。たとえば日本では女子就学奨励のために女性教員が増員されたが、朝鮮ではそのような政策は実施されなかった(11)。総督府の女子教育に対する施策は、キリスト教各宗派が朝鮮布教のなかで女子教育を重視し私立女子校（初等教育）を続々と設立していったのとは、対照的であった。

総督府が企図した「忠良ナル国民」（第一次朝鮮教育令）の「育成」対象は、事実上朝鮮人男子であったのである。換言すれば、普通学校という教育空間は男性優位にジェンダー化されて構築されていたことになる。就学するのも男子ならば、教員も男性が圧倒的に多かった。日本国内の小学校教員の男女比が六対四に対して、朝鮮では八・六対一・四（一九三五年）であった(12)。また、日本では重視された裁縫教育なども、女性教員不在のため放置されたようである。

次に、朝鮮社会の学校教育へのジェンダー規範はどうだろうか。

一九二七年『朝鮮日報』掲載「普通学校の女子教育」と題する金振国《キムジングッ》の分析を見てみよう(13)。金振国は、女子教育不振の理由を「女性を蹂躪して来た男権中心の封建的旧思想が現今朝鮮社会の家庭を大部分支配してゐるのが最も有力なる原因」（傍点引用者）と分析する。これをさらに具体的に分析したのが、次である。

1、学校にやれない方
① 生活難で経済的余裕のないこと
② 距離遠くして通学難の為め
③ 家事手伝ひの為め
2、学校にやらない方
① 女子は教育する必要がなく嫁入りさへすれば満足なること
② 教育を受けた女子は家事の実務に疎くして遊び好きであり書信の往復頻繁なること（以上

は根本的に女子教育を必要なしと認むる者）

③　学校で教育を受けた女子は針仕事紡績等が不足であり夫に事へ舅に孝行を盡す婦徳に薄いこと

④　学校教育を受けた女子は大部分貞操観念薄弱であり随つて個人を堕落させると共に家門に迄疵を付けること

ここからは、女子教育に対する当時の興味深い認識が浮かび上がってくる。第一に、「学校にやれない方」という消極的な理由が経済問題や普通学校の未整備をあげているのに対して、「学校にやらない方」という積極的否定論では、「家事の実務に疎く」「婦徳に薄い」「貞操観念薄弱」という「封建的旧思想」に基づくジェンダー観に関する理由をあげていることである。

第二に、見逃せないのはそれらが、「教育を受けた女子」「学校で教育を受けた女子」との対比で強調されていることとである。新式教育を受けたごく少数の女性たちは当時「新女性」と呼ばれたが、「貞操」に関する従来のジェンダー規範に反する場合も少なくなかった彼女たちの行動が、ここでは学校教育から女子を遠ざける有力な理由になっている。金振国の分析が出された一九二七年頃は、「新女性」の奢侈や女子学生の不勉強、断髪、心中事件、貞操問題などがたびたび社説・記事で批判的・否定的に取り上げられた頃であり、「新女性」への見方が肯定的なものからセクシュアリティを焦点に否定的なそれへと移り変わった時期に当たる。このことは、学校教育に関する否定的なジェンダー規範が、一九二〇年代に顕在化した「新女性」との対比のなかで新たに構築されたことを意味する。

以上のような朝鮮社会の女子教育不要論に現れた〈あるべき朝鮮人女性〉像を要約すると、「女子は教育する必要がなく嫁入りさへすれば満足なること」「夫に事へ舅に孝行を盡す」こと、すなわち女性を「愚かな存在」とし、妻・嫁役割としての従属を求める儒教的な女性像であり、それが学校教育を受けた「新女性」との対比によって改めて言説化されたといえよう。

このように、女子教育をめぐって植民地権力と朝鮮社会・家庭の家父長権力との間では、双方のナショナリズムやジェンダー規範のあり方が葛藤しあうことによって、朝鮮人女子の就学に対しネガティブに作用しあい、学校教育からの女子の排除という女子教育不振状況を構築していたと考えられる。言い換えれば、植民地権力と家父長権力の〝意図せざる共犯関係〟によって、朝鮮人女子の不就学がもたらされたといえよう。もちろん女子教育の政策的な枠組みを決めるのは前者であったので、両者は対等ではありえなかった。

それでも一九三〇年代に入ると、普通学校への就学が制度化していくなかで、朝鮮人女性のなかから授業料負担可能な〈階級〉を中心に就学者を輩出していく。その理由は、①一九二〇年代以降の「賢母良妻」というジェンダー規範の構築による女子就学の正当化、②男子就学者の急増により彼らに見合う結婚の要件として、女子の学歴取得の必要性の増大、③一九三〇年代農村振興運動（官制の自力更生運動）の過程で生じた総督府の女子就学政策の変化などが考えられるが、紙幅の関係上詳しくは省略する（[金 二〇〇五] 参照）。

5　「近代」の衣をきた普通学校制度の「植民地性」

以上のように、朝鮮人の普通学校への就学／不就学について〈ジェンダー〉を分析軸に〈民族〉・〈階級〉諸要因の重層的な相互作用関係を分析したことにより、第一に、その就学機会は「日本人」というカテゴリー、「富」という経済的基盤、「男性」というカテゴリーに対して優先的に配分されたこと、第二に、こうした階級限定的かつ男子優先的な就学構造のもとで、普通学校に「就学」という形で〝包摂〟された朝鮮人児童が増加したのは確かだが、その外部に膨大な数の児童が「不就学」という形で〝排除〟され続けたこと、第三に、男子優先的にジェンダー化された就学構造のなかで、経済力の有無を分岐点に一九三〇年代には朝鮮人女性間の就学／不就学の分化と階層化が鮮明化していったこと、第四に、朝鮮人女性の不就学を正当化する際に女子にのみ課されるジェンダー規範が構築され作用したことが明らかになった。

とりわけ問題にしたいのは、新たに〈ジェンダー〉を導入することで「就学」の外部にあって不可視化されてきた「不就学」を可視化できたために、「教育の普及（就学の増加）」よりも「不就学の常態化」が朝鮮人初等教育の現実であったこと、さらに男性優位にジェンダー化された普通学校就学構造の構築過程で就学／不就学がそれぞれ男性／女性に配分されたことである。

このように、植民地教育の全体像と朝鮮人個々の教育経験の異質性や階層性を把握するためには「就学」＝〝包摂〟（あるいは〝同化〟の対象化）された朝鮮人児童だけではなく、「不就学」＝〝排除〟された児童をも対象にすることが求められるのである。

以下では、「就学」あるいは「不就学」がもたらしたものを、「近代性」だけではなく、「植民地性」との複合的連関――植民地近代性――に着目しながら考察してみたい(14)。

まず、「就学」という〝包摂〟のなかでの植民地近代性についてである。

一九一〇年の「韓国併合」によって朝鮮人が自立的「近代化」を切り開く可能性が断たれたことにより、「近代化」は不可避的に「日本化」を伴って帝国日本から植民地朝鮮に移植された。その過程とは日本的「近代」が生み出した諸制度が「植民地」というフィルターをへて導入される過程であり、ここには「日本人／朝鮮人」という民族秩序と「同化のうえで排除する」という朝鮮人にのみ適用された二重基準が巧妙に作用した。学校教育制度もその一つである。

これを制度的な側面から見てみよう。学年制、教科課程、学年・教科別教科書、有資格教師の存在という点で「近代的」な学校教育制度が朝鮮に導入されたのは確かである。しかし、朝鮮人児童対象の修業年限を見ると、日本人児童が一貫して六年制であったことに比して、低水準に置かれ続けたことに注意が必要である。

それが露骨化したのが一九二九年以降である。一九二二年の第二次教育令・普通学校規程の制定時に「一視同仁」「差別撤廃」(政務総監水野錬太郎)が掲げられ、それまでの四年制を改め六年制を「本体」とした制度改変が行われたにもかかわらず、一九二九年の「一面一校計画」では農村部に四年制普通学校が復活し、一九三四年には「僻地」農村に二年制簡易学校が創設された。その集大成というべき一九三五年策定の第二次計画(一九三七年〜)で打ち出されたのも四年制普通学校・二年制簡易学校の増設であった。

実際に、四年制学校数の変遷をたどると、一九二二年（第二次教育令時）に六〇・八％を占めた四年制は、一九二九年（一面一校計画開始年）に二八・一％にまで減少したにもかかわらず、一九三六年（同計画終了年）には四六・八％へと急増する［呉 二〇〇〇：一二二］。さらに六年制普通学校においても、朝鮮人が求める上級学校への準備教育は否定され、職業教育に重点を置いた初等教育止まりの終結教育がめざされた。

つまり一九二九年以降、とくに農村振興運動期（一九三二年～）には〈六年制普通学校（都市部）―四年制普通学校（農村部）―二年制簡易学校（「僻地」農村部）〉という朝鮮人の経済力や居住地域に対応した袋小路的な就学体系が整備された。このように朝鮮人初等教育では、上級学校進学を予定しない終結教育がめざされた。これらのことは、日本人教育には見られないものであり、制度面での「近代性」と「植民地性」の接合が見出されるのである。

また、両者の接合は教育内容面にも見出される。前述の袋小路的な就学体系とセットで、一九二九年以降には職業教育が必修化・「徹底」されたことである。職業教育は実業教育という名で第一次教育令期から存在したが、一九二二年の第二次教育令を前後して一時的に後退したものの、一九二六年以降に事実上必修科目として復活［井上 二〇〇〇］し、一九二九年以降に名実とも必修科目化した。とりわけ、一九三〇年代以降の職業教育、実態的には農業強制教育こそが、宗主国日本にもない、「朝鮮教育ノ特異性」（政務総監今井田清徳）を示すものであった。それは植民地権力が朝鮮人児童を、日本人児童とは異なる人間像に仕立て上げようとしたためであった。朝鮮総督宇垣一成のいう「頭や口の働きは少々劣つても、腹の据つた確かりした、腕に働きのある、コセコセしないゆとりのある人物」(15)がそれである。

すなわち、一九二九年以降の「職業科」必修化に基づく農業教育の制度化とは、卒業後に上級学校進学や所謂近代的な職業的地位達成などは考えず、支配者の言語を理解しうる程度の識字・言語能力をもちながら、農村に張りついて総督府の意向にそって営農を行う「農業国の国民」、すなわち「国語を理解する純良なる農民」（忠清南道保寧公立普通学校の教育方針）あるいは「勤労自営の忠良なる帝国臣民」（平安南道中和公立普通学校の教育方針）を初発の段階から安価に育成しようとした、教育内容における植民地主義を露骨に示すものであった。そのため、農村振興運動期には「職業科が学校施設の中心を為すの観」、さらには「簡易農学校」とさえ称されたのである。

第一次～二次教育令期（一九一一～三七年）に、「近代」の衣をきた学校制度のなかで行われたのは、帝国日本の利益に忠実で支配言語を理解できる植民地農業人の養成であった。普通学校への〝包摂〟（あるいは〝同化〟）はとりもなおさず民族的序列化構築の場であったのであり、ここに「近代」的な普通学校制度の「植民地」的様式があると思われる。したがって、普通学校を「近代教育」という場合、そこに不可避的に付着していた「植民地性」にこそ着目する必要がある。

それでも朝鮮人が普通学校を就学先として選択せざるをえなかったのは、第一に、植民地権力が私立各種学校や書堂、私設学術講習会などの朝鮮人（及び宗教団体）が設立した諸教育機関を一九二〇年代後半までに次々と統制することによって、これらを普通学校の下位に位置する補助的機関へと改編したこと、それを背景にして第二に、脱農離村して近代部門への就職等の社会移動機会を捕捉するために、支配言語である日本語の言語・識字技能と学歴が必要とされた社会的背景のもとで、普通学校が日本語を習得し学歴を取得できる唯一の公的なルートとなったためである。

遅くとも一九三〇年代には、入学競争を勝ち抜き、授業料を負担してでも、普通学校という〝包摂〟の場に積極的に入ってゆかなければ、家族集団を含めて植民地社会を生き抜くことが困難な社会構造が構築されていたのである。一九三〇年代以降の普通学校への入学者急増は、このような植民地社会構造に朝鮮人が敏感に対応し、総督府もまた農村振興運動以降に朝鮮人児童を積極的に体制内に取り込む政策（一九三四年の普通学校授業料低減政策等）をとったことが相互的に作用することによって生じた現象であった。

6　普通学校への就学（包摂）と不就学（排除）の両義性

普通学校制度は、「一視同仁」「差別撤廃」（第二次教育令時）や「内鮮融和」（朝鮮総督宇垣一成）という植民地権力の掲げる額面とは異なり、実態的には属人的に展開された。すなわち、カテゴリーとしての「日本人」は本国・植民地という居住地を問わず義務教育制度下に置かれたが、「朝鮮人」は居住地を問わず義務教育制度不施行の下に置かれたことにより、植民地朝鮮では〈民族〉〈階級〉〈ジェンダー〉諸要因に規定された普通学校「就学」普及過程そのものがその外部に膨大な「不就学」を生み出し続けるという、小学校とは異なる普通学校就学構造が構築されたのである。

一九三〇年代初頭の朝鮮で農民の過半数を占める窮農、小作農及び自小作農のうち普通学校に就学できたのは二九・二％にすぎず、三分の二の朝鮮人児童は就学構造から〝排除〟され、その〝排除〟の大部分が朝鮮人女子であった。こうした就学構造の下で、むしろ教育が民族間・階級間・性別間、そして男性間・女性間にその後の社会的地位の格差や不平等な社会的諸関係を拡大再生産する役割を果たしたといえよう。

ここで留意すべきは、植民地教育機関である普通学校への〝包摂〟と〝排除〟の両義的意味である。朝鮮人就学者にとって普通学校とは、植民地社会を生き抜くための日本語能力と学歴の獲得ルートを意味するが、一方で日本語習得や学校儀礼等を通じて天皇・日本国家への忠誠心を求める「同化」という〝包摂〟の暴力にさらされる両義的な教育空間であった。換言すれば、支配言語である日本語への服従と識字間（日本語と朝鮮語）の序列化が強いられると同時に、朝鮮人としての自己同定を否定する契機に日常的にさらされる場であった。しかし、朝鮮人の就学は「利害意識」に基づくものであったため、植民地権力の意図する天皇制イデオロギー注入にはあらがったという、接近戦のなかで抵抗――「面従腹背」――をし続けた側面があったのであり、必ずしも植民地権力の思惑にそった内面化が遂行されたわけではなかった。

しかしながら、普通学校が植民地社会で階級上昇あるいは維持のための唯一のルートとなる就学構造が遅くとも一九三〇年代以降に構築されたことは、たとえば一五年戦争末期に親の反対を押し切って勤労挺身隊に「志願」した朝鮮人皇国少女や、ハングルを一文字も書けない皇国少年の出現を準備したように思われる。皇民化教育という植民地主義の極限の暴力がその威力を発揮するための土台が構築されたのである。

他方、普通学校不就学者にとっては、識字技能獲得の場から〝排除〟される暴力が行使された。その一方で〝同化〟の磁場からも相対的に「自由」であり、したがって教育空間の場を通じて日々強いられる「支配－服従」の関係とは無縁であったために、逆説的に彼女／彼たちの存在そのものが支配政策――農村振興運動や戦争動員政策――の「障害」となり、結果的に「民族性」を保持しえたとの評価が可能な両義性もありえた。植民地支配末期の総督府学務局長大野謙一の次の言葉が、そのことを端的に物語っている。

……従来に於ける女子に対する国民学校の教育は、男子のそれに比して、著しく普及が遅れて居た関係上、その七割内外は国語を解せず、従つて国体の本義も理解できず、兄たり聽ては夫たるべき、そして徴兵として立派に軍務を果たして帰る人達の好き伴侶たり、好い配偶たるに、余りにその基礎的教養及訓練に大きな隔りがある(16)（傍点引用者）

植民地権力は、戦争末期になっても「国語を解せず、従つて国体の本義も理解でき」ない朝鮮人女性が大量に存在したこと、なおかつ「基礎的教養及訓練に大きな隔り」があった朝鮮人女性の存在が徴兵政策・皇民化政策の「障害」となった事実を告げている。これも植民地教育政策のもう一つの、見逃すことができない帰結であった。

しかし、その場合でも問題となるのは、第一に、普通学校等への不就学や非識字が、個々人の選択とはいえないことである。異民族支配のなかでの社会的経済的文化的に「強制された非識字」［スピヴァック 一九九八＝一九九九］であったのである。第二に、朝鮮社会が学校「就学」を前提とする識字社会に移行しつつあったことは、朝鮮人間に就学・識字の獲得有無や序列化ばかりでなく、不就学者・非識字者への抑圧的な価値観の構築を意味したことである。たとえば、一九三〇年代前半に農村識字運動を展開した『東亜日報』紙は、朝鮮農村の「文盲」問題の深刻さを論じるために、「非識字」を「無智の悲惨」「恥」「暗い頭脳」などと強調（社説「無智の悲惨」『朝鮮通信』一九三三年四月二四日付等）したのは、その表れであろう。

「不就学」は学校制度から無縁・自由であるかのように見えながら、学校定着過程そのものが「近代」に固有の「就学や識字の価値」が定着する過程であるために、そこから疎外された人々——主に女性たち——にとっては、「就学」とは異なる意味で抑圧的であったと考えられる。不就学の女性への「依然旧式の無学な、時代遅れの女」(17)というまなざしが強まるなかで、教育機会に対する剥奪感や疎外感を抱いたまま識字化していく社会に無防備に放り出される——たとえば、「（非識字者は）鉄道駅前に書きつけた駅名を読むことができずに乗り過ご」（『朝鮮日報』社説「文盲者《ママ》七七％」一九三四年一二月二二日付）することが日常化していく——ことを余儀なくされるからである。そして、それが植民地支配からの解放後の後半生においても深刻な影響を与えたのである。朝鮮人女性が不就学・非識字とされた結果、相対的に「民族性」を保持しえたという評価が可能だとしても、その代償は戦後も含めてあまりに大きかった。

以上のように、「近代」の衣をまといつつ「植民地主義」を体現した普通学校制度の枠組みのなかでは、就学／不就学のどちらを選択しても朝鮮人にとっては暴力として機能したといわざるをえない。重要なことは、普通学校就学構造がもたらす〝包摂〟の暴力と〝排除〟の暴力の両側面を把握し、朝鮮人のさまざまな教育経験／教育疎外経験とその後の人生から照らし出すことによって、そうした暴力を再生産し続けた日本の朝鮮植民地支配の記憶に、個別具体的に向かいあうことなのである。

おわりに

以上明らかにしたように、植民地期の朝鮮人教育の現実は、「教育の普及（就学の増加）」というよりは、「常態的不就学」にあった。「教育の普及」を前提にした植民地近代化論は、前提そのものが問い直されるべきであり、さらに植民地当局が果たした「重要な役割」も再検証されなければならない。また、「就学」したとしても、天皇制国家への忠誠の強要という「同化」の暴力にさらされたことも見逃せない。さらに、普通学校を「近代教育」と位置づける場合、そこに付着していた「植民地性」にも着目する必要がある。加えて、植民地期の朝鮮人の「就学」あるいは「不就学」を議論の俎上に乗せるときには、ジェンダーの差異に論及することは今後不可欠になると思われる。

しかしながら、朝鮮総督府の教育政策を過大評価する教育版植民地近代化論は、なぜこうも繰り返し表れるのか。

その出発点をたどると、日本敗戦直後に出された大蔵省管理局『日本人の海外活動に関する歴史的調査（朝鮮篇）』（一九四八～一九五〇年）に遡ることができるだろう。同書の「総論・教育程度の向上」、そして「朝鮮編・第七章　教育文化政策とその実績」を見てみよう。前者では、「之（＝書堂・引用者）に代つて急速に発達してきたのが、普通学校の施設」「……次いで昭和一五年（一九四〇年）初等教育の義務教育を実施したのである」などと記している。冒頭の麻生・田中発言の事実誤認の源泉はここにありそうである。

後者では、朝鮮史の他律性、朝鮮文化の停滞性、朝鮮の隠遁的国家のありさまの「もっとも大きな原因は教育」にあると強調しながら、植民地期の「教育の普及」ぶりを列記する。そのうえで、「忠良ナル国民育成」がめざしたのは「日鮮《ママ》の差別をなくさうとする良心的努力」「朝鮮人が民族意識を捨てることによってのみ日本人と同じ天皇の赤子としての平等が与えられ得るという信念と好意とによるもの」と、植民地権力の善意を強調する。

しかしそもそも同『歴史的調査』は、「連合国に対する賠償問題の必要」を背景に、「日本及び日本人の在外財産は、日本及び日本人の海外に於ける正常な経済活動の成果」「帝国主義的発展史ではなく、国家或いは民族の侵略史でもない。日本人の海外活動は、日本人固有の経済行為であり、商取引であり、文化活動であった」(「序」)という明確な政治性をもって編まれたものである。ここには戦前の帝国主義的心性がそのまま引き継がれている。

それが六〇年後の現在にいたるまで、脈々と生命を保ち続けているのである。それが何ゆえなのか、それ自体が分析されるべき対象であると思われる。

第3章

戦後日本の「国民／非国民」の再構築とジェンダー

はじめに

日本は、一九四五年八月一五日の敗戦により、天皇が主権をもち海外に植民地を抱える植民地帝国から一転して、植民地を失い日本「国民」が主権をもつ国家へと外形上変化した。

しかし戦後の日本は、戦前と断絶したといえるのだろうか。そのことを「国民」概念がどのように再構築されたのかを〈民族〉〈ジェンダー〉の側面から考えてみたい。

ここで〈民族〉というときに考察の対象とするのは、在日朝鮮人（この場合、韓国籍・朝鮮籍。以下、「在日」と記す）の存在である。周知のように、在日朝鮮人は戦前の日本による朝鮮植民地支配の歴史的産物として日本に居住するようになった。在日朝鮮人は、日本敗戦に伴う植民地の独立によって日本国籍を失った朝鮮半島の人々とは異なり、連合国軍の日本占領下でも日本国籍を保持した。しかしサンフランシスコ平和条約発効（一九五二年四月二八日）を機に、日本国籍をもつ日本「国民」から外国籍をもつ「非国民」とされた。日本政府にとっては、朝鮮植民地経営という国策がご破算になった以上、〝用済み〟になった人々である。在日朝鮮人は日本「非国民」にされることによって、制度上さまざまの不利な扱いを受けても、「それがいやなら、国に帰れ。あるいは帰化しろ」といわれ続ける存在となった。つまり不遇な処遇は帰国／帰化をせず、外国籍のままでいる在日の「自己責任」というわけである。決して国策の是非やそれに対する国家責任を問うことのないこの「自己責任論」によって、在日は日本政府・社会のお目こぼしにより日本に居させてもらっている〝恩恵的〟存在に貶しめられたのである。

こうした在日朝鮮人の存在が、日本「国民」を再構築する触媒になったといえるのではないか。そのことを参政権、日本国憲法、社会保障、戦後補償政策の四点から〈民族〉〈ジェンダー〉の視点をふまえて見ていこう。

1　戦後日本の参政権に見る民族とジェンダー

日本の敗戦と植民地の独立、連合国軍による日本占領という条件のもとで、天皇主権の明治憲法は、「国民」主権を明記した日本国憲法（一九四六年一一月三日公布、一九四七年五月三日施行）へと根本的な変革が迫られた。

その過程で戦後日本の「国民」概念は、どのように再構築されたのだろうか。それを考察するときに象徴的なのは、一九四五年一二月一七日に「衆議院議員選挙法」改正によって日本人女性への参政権が認められたのと同時に、在日朝鮮人・台湾人男性の参政権が剝奪されたことである。当時在日朝鮮人・台湾人男性は「日本国籍」を有していたが、同改正法の附則によって「戸籍法の適用」有無＝戸籍条項を理由に参政権が一方的に「停止」された。参政権をめぐる「国民」概念の再構築において、〈ジェンダー〉要因と〈民族〉要因が入れ替わった瞬間である。

この選挙法改正には、日本を占領したＧＨＱの介入はほとんどなかったといわれ、日本政府・議会・枢密院など旧支配層内部で議論がなされ法改正にいたった。日本人女性に参政権が認められた理由は、戦時期の「銃後の守り」への功績と「左あるいは右の極端」ではない中立的で穏健な投票行動への期待があったからとされる［舘　一九九四：三七］。

他方、在日朝鮮人・台湾人男性への参政権については、一旦は参政権の保持を認める閣議決定（一九四五年一〇月二三日）がなされたが、議会での論議過程で朝鮮人に参政権を付与すれば「民族の分裂と天皇制への攻撃が強まる」という治安対策的な観点を核心とする反対論(1)が影響力を増し、結局は「停止」された。そして、旧植民地男性の参政権「停止」を正当化する口実として後知恵的に浮上したのが、「戸籍条項」だったのである［水野　一九九六］。第1章で見たように、戦前の参政権には戸籍条項が要件ではなかったわけだから、こじつけであったことがわかる。

日本人女性への参政権付与の根拠は、「銃後の守り」という「国家への忠誠・貢献」であったが、ここに見えるのは「母・妻あるいは娘」という日本人男性・軍人との関係性を媒介にした評価である。これに対し、在日朝鮮人・台湾人男性の場合は戦前に参政権が付与されており、また徴兵制のもとで前線で戦う義務を負わされ「国家への忠誠・貢献」を「示す」ことが強いられたにもかかわらず、その「実績」への「報償」は一方的に「剝奪」された。そして、両者の参政権の付与可否に関して共通するのは、治安対策的観点であった。つまり日本人女性には「穏健さ」を期待して「付与」され、朝鮮人・台湾人には「過激さ」を危惧して「剝奪」された。ここに貫かれているのは、戸籍制度でマーキングされた「血統」幻想に基づく「血族ナショナリズム」であったといえよう。

この選挙法改正を起点として、「戸籍」や「国籍」を媒介とした国民主義という名の排除の暴力が、日本国憲法制定過程、そして戦後補償及び社会保障など諸権利をめぐって、在日朝鮮人など旧植民地出身者に猛威を振るうことになる。

2 日本国憲法に見る民族とジェンダー

在日外国人に対する権利からの排除は、「国民主権」、「両性の平等」を明記した日本国憲法制定によっていっそう確固たるものになっていく。日本国憲法は、連合国軍最高司令官マッカーサーによって「押しつけられた」という説があるが、少なくとも女性の権利、とくに外国人の人権・権利に関しては当てはまらないことは確認しておかなければならない。この制定過程を見ていこう。

一九四六年二月、連合国軍最高司令官総司令部（ＧＨＱ）民政局内に設置された憲法草案起草運営委員会下の人権小委員会においてベアテ・シロタが起草した女性の平等のための広範な権利規定が明文化されたＧＨＱ案は、大幅に削除されたものの、憲法第一四条及び第二四条の草案となった［古関 一九九

五：一三七〜一四三、二八一〜二八五・古川 二〇〇一：九二〜九九〕。

一方、この同じ人権小委員会でカーネル・ロウスト中佐によって起草されたGHQ案である第一三条「すべての自然人（All natural persons）は法の前に平等である。人種、信条、性別、社会的身分、カーストまたは出身国（national origin）により、政治的関係または社会的関係において差別されることを、受認しまたは容認してはならない」、第一六条「外国人は、法の平等な保護を受ける」（Aliens shall be entitled to the equal protection of law.）は、日本政府による憲法制定過程において、後者は全文削除され、第一三条の「すべての自然人」が「凡テノ国民」（all persons）に、「カーストまたは出身国」が「門閥」に文言が変更させられた〔古関 一九九五：一七八〜一九一・古川 二〇〇一：五八〜六三〕。ところが、国会での憲法制定過程で何の議論もないまま第一〇条「日本国民たるの要件は法律でこれを定める」の条文が挿入され、一九五〇年に定められた「国籍法」によって、「日本国民」とは「日本国籍保有者」を意味することとなった。この第一〇条は、GHQ案にも政府草案にもなく、明治憲法「日本臣民タルノ要件ハ法律ノ定ムル所ニ依ル」（第一八条）を引き継いだものであった〔古関 一九九五：二七七〜二八〇〕。

以上の操作を通じて、たとえば第一一条「国民は、すべての基本的人権の享有を妨げられない」との規定が、「日本国籍」を有しない在日外国人には適用されないという解釈が可能となり、実際に国民年金法から保険料を納付し続けた韓国籍の在日朝鮮人が排除された（国民年金法から国籍条項が撤廃されるのは、一九八二年まで待たねばならなかった）。

古関彰一は、憲法制定過程において第一〇条挿入という法技術と「国籍法」とのセットで、外国人、とりわけ当時その九割を占める在日朝鮮人の人権保障を巧みに除外するという隠された意図が立法者側

——法制局官僚——にあったと推測している［古関 一九九五：二七七〜二八〇］。日本国憲法の「国民」概念に、明治憲法的な「臣民」概念が持ち込まれたのである。こうしてGHQ案で明文化されていた外国人の人権保護・保障規定は、日本政府・議会の憲法制定過程のなかで完全に削除された。旧植民地出身者の日本「非国民化」が進むなかで、当時の外国人が限りなく在日朝鮮人を意味する場合、その権利の消去、存在の消去は、植民地支配の痕跡の意図的消去を意味しよう。

その総仕上げが、よく知られているように、一九五二年四月二八日のサンフランシスコ平和条約発効直前の四月一九日に出された法務府民事局長通達であった。即ち「条約発効の日から」旧植民地出身者は「日本国籍を喪失する」という一方的な宣告である。これで名実ともに旧植民地出身者は一般外国人と同じ扱いになった。日本国籍の事実上の「剥奪」＝日本「非国民化」が完成されたことは、日本国憲法から外国人の人権保障条項が削除されたこととあいまって、日本社会を構成するのは「日本国民」＝日本国籍保有者＝日本人＝単一民族だけというフィクションを強固なものにしていく一方で、旧植民地出身者の存在が巧妙に不可視化される根拠となった。社会保障や日本企業への就職・住居などの差別の根拠が「民族」（戸籍など）によるものから「国籍」へと移行していくのである。

一方、この頃の在日朝鮮人の生活水準は、戦時中以上に厳しいものになっていた。一九五二年時点の統計によれば、日本の労働市場から在日朝鮮人が締め出されたため、その職業人口の六割近くが完全失業化していくという深刻な事態が引き起こされていた。加えて旧植民地出身者に対する国籍による排除の暴力は、新たな装いの植民地主義として制度上ここに完成し、以降の日本社会内部に深く埋め込まれていく。在日朝鮮人の多くは、日本という「国民国家」から締め出され、日本本土の〝経済復興〟からもはじき出されたのである。

さらに日本本土の戦争放棄は、沖縄の日本本土からの「分割と隔離」による米軍基地化と不可分に結びついたものだった［中野敏男他編 二〇〇六］。日本人女性の参政権獲得、主権在民・象徴天皇制・戦争放棄を掲げる日本国憲法という日本本土の天皇制民主主義・平和主義は、「戦争に負けて初めて手に入れることができた民主主義」［中村 二〇〇五：六五］として獲得されたものであるが、そこから在日朝鮮人・台湾人、そして沖縄人は束ねられて排除され不可視化されていったのである。日本本土の「負け取った」天皇制民主主義は、別の面から見れば、日本政府が日本国内の植民地支配の痕跡や沖縄の米軍基地化の現実を不可視化することによって単一民族神話をつくり出しながら、自覚的に「手に入れた」ものといえるのではないか。

3 社会保障制度に見る民族とジェンダー

〈生活保護〉

次に、生活保護との関係を見ていこう。在日朝鮮人が一九五二年サンフランシスコ平和条約発効と同時に日本国籍を喪失して日本「非国民」になって日も浅かった一九五五年、在日外国人のうち生活保護の受給者数は一三万七〇〇〇人、その人口比による保護率は二一・四％にものぼった(2)。当時在日外国人の九割が在日朝鮮人であったので、この外国人生活保護受給者のほとんどは朝鮮人であったことになる。同年の日本人保護率は二・二％であったので、その一〇倍弱である。裏返せば、当時の在日がいかに恒常的に貧困にあえいでいたのかの証左でもある。

「すべて国民は、健康で文化的な最低限度の生活を営む権利を有する」（日本国憲法第二五条）に基づき日本「国民」にのみ適用されていた生活保護が、在日外国人にも〝準適用〟されるよう方針化されたのは、一九五四年に厚生省社会局長名の「生活に困窮する外国人に対する生活保護の措置について」（一九五四年五月八日）が都道府県知事宛に通達されてからである。一九四六年施行の「旧生活保護法」には国籍条項がなかったにもかかわらず、一九五〇年施行の現行「生活保護法」には国籍条項が創設されたうえでのことだった。当時、日本人は朝鮮戦争の特需によって復興・新興企業に続々と吸収されていったが、朝鮮人はそうした一般企業から排除され、ほとんどが零細な自営業を営むか、失業・半失業状況であり貧困が慢性化していた。厚生省はそうした「困窮外国人」たる朝鮮人への「治安対策」として、「当分の間」の「準用」を通達した。しかし、〝権利〟ではなく〝恩恵〟であったので、日本人とは違って「不服申し立てはできない」とされた（これは法的には現在も是正されていない。しかし当事者・支援者による運動により準用の幅を広げている。また自治体により対応が異なる）。当時は生活保護対象となる外国人は、出入国管理令第二四条により強制退去の対象と規定された(3)。

その後、在日の保護者率は同年をピークに下降線をたどるが、一九八一年までの統計上の保護率比率ではつねに日本人を上回っている。この時代、在日の経済的貧困の背景には、職業上の国籍差別（女性には性差別も）や、社会保障制度における国籍要件による適用除外があった。

戦後半世紀以上たち、二一世紀を迎えた現在、こうした状況は変わっただろうか？　確かに、日本の高度経済成長のおこぼれに預かり、在日朝鮮人も相対的に豊かになった。成功した在日、社会で活躍する在日も、女性を含め眼につく。しかし、どんな時代、どんな社会、どんな集団にも生活困窮者はいる。問題は当該社会の構成員の貧困が、国籍やジェンダー等の差異を問わず制度的に救済されるかどうかにある。のみならず問われるべきことは、在日朝鮮人への社会保障制度は、日本の朝鮮植民地支配という過去清算問題と結びついていることである。

〈公的年金制度〉

さらに、公的年金制度に関して、元「慰安婦」被害者である宋神道《ソンシンド》さん（一九二二年生まれ）の場合を通じて見ていきたい。

故郷の朝鮮・忠清南道《チュンチョンナムド》から、日中全面戦争の最中の一九三八年暮に中国・武漢にある慰安所で一六歳から七年間にわたり日本軍の性奴隷を強いられた宋神道さんが引き揚げ船で渡日したのは、敗戦の翌年一九四六年春のことだった。日本軍が敗戦を知らせず放置したので、帰国しようにも帰る術がない宋さんが日本人元軍曹に誘われたためであった。その元軍曹は日本に到着したとたん、宋さんを遺棄した。その後、在日朝鮮人男性と同居するが、定職もなく、「食べていくのがやっと」の生活が続き、一九七二年から生活保護を受ける。その男性も一九八二年に死亡し、一人暮らしを続け現在にいたっている。「慰安婦」問題が国際問題化した一九九〇年代に入って、宋さんは日本

提訴して間もない頃の宋神道さん（提供：柴崎温子氏）

在住の「慰安婦」被害者としては初めて（そして現在でも唯一）、一九九三年四月に東京地裁に日本政府の謝罪を求めて提訴（のち補償追加）した。しかし、宋さんの訴えは地裁では一九九九年一〇月一日に、控訴審では二〇〇〇年一一月三〇日、最高裁では二〇〇三年三月二八日にいずれも棄却されている。

宋さんのような経歴は、特殊に思えるかもしれない。しかし、彼女が「慰安婦」にされた経緯や、渡日した理由も、戦後の貧困も、帝国日本の朝鮮植民地支配と侵略戦争、そして戦後の日本政府による在日朝鮮人政策に由来するという点に関しては、他の多くの在日の渡日経過や戦後の生活実態と本質的には変わるところがない。その宋神道さんは、同世代の日本人と違って年金支給もなく、そして戦争被害者（性的被害）であっても国家からの個人補償もないまま、「恩恵として準用」された生活保護によってでしか生活できないのである。

まず、公的年金問題(4)から見てみよう。在日朝鮮人は戦後長らく公的年金制度には縁がなかった。現在の公的年金制度は複雑かつ錯綜してきわめてわかりづらいので、国民年金制度が成立する一九六〇年前後まで遡って見てみよう。

公的年金制度には、第一に、会社や職場ごとに加入する被用者年金、第二に、個人で加入する一般住民年金としての国民年金がある。前者の代表格が厚生年金である。厚生年金の適用事業所になるためには、従業員常時五人以上を抱え、業種にも制限がある（農林水産業、サービス業、飲食業は対象外）など厳しい条件がつくが、一般勤労者が加入対象となる厚生年金制度にはもともと国籍条項はない。しかし、朝鮮人はそうした適用事業所となるような一般企業にそもそも就職することができなかった。何よりも宋さんは、同世代の朝鮮人女性のほとんどがそうであったように、植民地期の朝鮮で朝鮮人初等教育機関である普通学校にすら就学できなかったために、日本語という識字技能獲得の場からも排除された。学歴をもたず日本語の非識字者である宋さん（ただしハングル識字者である）が、日本の一般企業に就職できるはずもなかった。それ以外の年金として公務員が対象となる共済年金等もあり、ここには国籍条項はない。しかし、現実には在日は国家公務員には採用されてこなかった。地方公務員等の採用が始まったのは一九八〇年代になってからであり、採用可能な地域・職種はごく限られている。

したがって、ほとんどの朝鮮人は、厚生年金適用事業所に勤めるような被用者になれない以上、被用者でない者が加入できる前述の第二番目の国民年金制度に頼るしかなかった。一九六一年四月一日から保険料徴収が始まったが、国民年金への加入要件は、次の三つである。まず、①二〇歳から六〇歳までの年齢要件であり、老齢年金受給のためには最低二五年以上の被保険者期間が必要となる。②日本国内に居住する者に限られるという居住要件、③「国民」という名が表すように日本「国民」に限られるという国籍要件であった。そして、この国籍要件により、外国籍＝「非国民」である在日朝鮮人は「国民」年金に入りたくても入ることができなかったのである。ただし、すべての外国籍住民が排除されたのではなく、在日アメリカ人は日米通商航海条約第三条「相互内国民待遇」規定（一九五三年）に基づき、年金加入が認められている。

内外人平等の原則を謳う難民条約の日本国内での効力発生によって、国民年金制度から③の国籍要件が撤廃されたのが一九八二年一月。問題は、このときに日本人には取られた救済的な経過措置が、在日に対しては何ら取られなかったことである。そのため、在日の高齢者、障害者、母子家庭、準母子家庭状態の一部は、「無年金状態」に置かれることになった。つまりはこうである。国民年金制度が一九六一年にスタートした当初は、日本人にも同様の高齢者、障害者、（準）母子家庭には無年金者が生ずるおそれがあったが、これを防ぐための「経過措置」により、資格期間を短縮したり保険料を納めなくても支給されるようにした。その後、小笠原・沖縄が日本本土にそれぞれ復帰したとき（一九六八年、一九七二年）にも、小笠原・沖縄の住民には同様の経過措置がとられた。在日外国人に経過措置が取られなかったのは、厚生省が「国民年金制度の根底を揺るがすような経過措置はとらない」ことを条件に難民条約批准に応じたからとされる［慎 一九九五a：三〇三］。

ところが、一九八六年に国民年金制度の大改革が行われ、在日高齢者への支給条件が若干ではあるが緩和されるようになった。この改革の眼目は、任意加入だった専業主婦や学生等を強制加入にするというものであったが、それに伴って専業主婦等の無年金者が生じないよう救済する措置が在日にも部分的に適用されたものにすぎなかった。つまりは、ことのついでである。人口比からいってきわめて少数にすぎない在日は、一九八二年時には①の年齢要件を満たしていない、つまり年金未加入期間ゆえに年金制度から排除されたが、それは③の国籍要件のために年金に入りたくても入れなかったためであった。一方、一九八六年時には圧倒的多数を占める日本人専業主婦等には、カラ期間制度(5)を創設してまで年金を認めたことは、それこそ前述の「年金制度の根底を揺るがす」大改革であったに違いないのだが、それにもかかわらず、専業主婦等の場合には年金未加入期間がありながら年金受給者になることができたのである。このことは、日本人と同等の納税義務を負う在日の立場からいえば、理不尽というほかはない。

以上から明らかなように、国民年金制度及び経過措置をめぐる経緯には、「日本国民はどんな理屈をつけてでも救済するが、在日外国人はどんな理屈をつけてでも救済しない」［慎 一九九五a：三一六］という〝国籍ナショナリズム〟に基づく「非国民」排除の論理がみごとなまでに貫徹している。この論理がさらに際立つのは、一九九四年に中国残留日本人孤児・婦人の帰国者に対しては、三分の一の年金支給が決められたことであった。国民年金加入要件である①日本国内への居住要件を満たしておらず、保険料不納付であるにもかかわらず、である。ただし、孤児たちが受け取る年金額は平均月二万円にすぎず、七割の家庭が生活保護に頼らざるをえない困窮した生活を送っていることは忘れてはならないだろう［中国「残留孤児」国家賠償請求訴訟弁護団 二〇〇三］。

ともあれ、国民年金新制度がスタートした一九八六年四月一日時点で、①六〇歳を超える高齢者、つまりは一九二六年四月一日以前生まれの者、②一九八二年一月一日時点で（死別）母子家庭、準母子家庭状態（夫以外の働き手の男性が死亡し、母以外の女性が一八歳未満の子とともに残されたケース）か、③同時点で障害をもち二〇歳を超えた在日外国人は、一切年金を受けることができない。その数は、無年金高齢者約六万人、障害者は三〇〇〇人、母子家庭は不明（『朝日新聞』一九九四年九月六日付）であると推測されている。在日（女性）の地位を考えると、高齢者、（準）母子家庭、障害をもつ女性にとって、無年金問題は切実である。

一九二二年生まれの宋神道さんも、この年齢制限を上回るので年金はもらえない（ただしもらえても年金額は低い）。現在、無年金の高齢者や障害者に対しては、地方自治体によっては暫定措置として独自の救済制度を実施している場合も少なくない（「福祉給付金制度」）が、宋さんの在住地にはない。こうした在日の無年金者の場合、家族で生活の面倒を見るか、生活保護を受けるかのどっちかになってしまう。前者の場合では、子世代である在日二・三世は、保険料を日本人と同じように納付しながら無年金の親世代を扶養しなければならず、二重に経済的な負担を強いられる。後者の典型が、宋神道さんのような単身生活者である。

4　戦後補償制度に見る〈民族〉〈階級〉〈ジェンダー〉

しかし日本国家・軍による直接的な戦争被害者である宋さんには、個人補償を受ける権利があるはずである。しかし周知のように、戦後補償制度には、難民条約批准に伴い年金や生活保護などの社会保障制度では不十分ながら撤廃あるいは緩和された「国籍条項」が、厳然と残存しているのである。以下では、日本の戦後補償政策の特徴・問題点に関し、田中宏の一連の研究（[一九九三、一九九四・田中伸尚／田中宏他　一九九五］等）に拠りながら、これまで言及されてこなかったジェンダーの視点を踏まえて見てみたい。

第一に指摘できるのは軍民格差、すなわち「軍人中心主義」である。しかも、その軍人に階級格差が貫かれていることである。

日本敗戦後、日本を占領したＧＨＱの指令によって、軍人恩給は軍国主義の温床であるとして廃止（一九四六年二月）された。しかし、一九五二年四月に日本が主権を回復した直後に公布された「戦傷病者戦没者遺族等援護法」（以下、「援護法」と記す）をへて、一九五三年八月には軍人恩給が復活することとなる。援護法は、「国家補償の精神に基づき」軍人・軍属またはその遺族への援護を目的に制定されたものである。日本政府は、この法令を皮切りに次々と適用対象を拡大しながら一四の援護法令をつくり、軍人・軍属・準軍属など「国と特別な関係にあった者」とその遺族などに個人補償を行ってきた。このうち、当初援護法の対象者であった軍人・軍属の大部分は、軍人恩給が復活（恩給法改正）するとその対象者に移行した。恩給法は、社会保障的な性格が強い前述の援護法とは異なり、その支給額には軍人の「階級」に基づく格差がつけられている。田中宏氏の試算では、「大将」と「兵」では七倍もの格差がある［田中 一九九三：一九二］。しかも、後にこれらの国家補償は戦争犯罪人として有罪になった受刑者にも適用されている。

一方、民間人の戦争被害者はどうか。原爆被爆被害者以外への個人補償は除外されている。たとえば東京空襲などの被災者、治安維持法による政治弾圧の犠牲者などは除外されているが、旧西ドイツでは軍人に「階級格差」はなく、空襲被災者も援護の対象となっており（一九五〇年「連邦援護法」［田中 一九九四：四〇］）、さらに強制不妊・断種手術の犠牲者（一九八〇年）、「安楽死」犠牲者家族、同性愛者、兵役拒否者、脱走兵、「反社会的分子」などの被迫害者等をも補償の対象としている（一九八八年「過酷緩和基金」［〈ハンドブック戦後補償〉編集委員会編 一九九二・石田 二〇〇二 など）のとは対照的である。

第二に内外格差、すなわち「個人補償の対象は日本人だけ」という「自国民中心主義」を指摘できる。これには国家間の戦後処遇と日本国内の旧植民地出身者への処遇の両面がある。

まず、国家間では、一九五〇年代〜七〇年代にかけて日本政府は中国を除いたアジア諸国二八カ国との間で、サンフランシスコ平和条約や日韓条約などの関係二国間の条約を結び賠償・準賠償・経済協力の形で戦後処理を行ったが、その総額は二八カ国合計で約一兆円である。この総額は、日本国内の日本人旧軍人・遺族対象の個人補償総額が一九五二〜九二年まで四〇兆円であるのに比べると、金額面での内外格差が著しい（補足すると、二〇〇七年三月二九日参議院総務委員会での総務省戸谷好秀人事・恩給局長答弁によると恩給総額は約四七兆円とのことである）。これらの条約が米ソ冷戦構造を背景に、日本政府とその支援を受けた強権的なアジア諸政府との間で歴史的な反省に基づく賠償的な性格が不十分なまま締結されたこと、これらが「社会還元方式」をとったために戦争被害者個人には届かなかったことを忘れてはならない。しかも、一九八〇年代以降顕著になったアジア・太平洋諸国や元連合国の戦争被害者による個人補償要求に対し、日本政府の見解は、個人補償を含む請求権問題は前述のサンフランシスコ平和条約や二国間条約で「解決済み」であるので、一切の法的責任はないというものである。このように、外国人戦争被害者個人には国家補償はしないというのが、日本政府の一貫した姿勢となる。

次に、植民地において戦時中には「日本国籍」を保有する日本人として戦争に駆り出され、戦後は日本に居住する旧植民地出身の朝鮮人・台湾人元日本軍軍人・軍属に対して、日本政府は、前述の戦傷病者戦没者遺族等援護法の附則にわざわざ戸籍条項(6)を設けてまで、国家補償から排除した。戸籍制度を通じて同じ「日本国籍」を有していても出身民族がわかる仕組みになっており、「戸籍法の適用を受ける者」が日本人、「受けざる者」が朝鮮人・台湾人等をさしたが、援護法適用に際してはこの戸籍制度を巧みに使って、法適用の日（一九五二年四月一日）には「日本国籍」を有した朝鮮人・台湾人を、法施行時（同年四月三〇日）に排除したのである。

これを不服として在日朝鮮人日本軍元軍人・軍属は、一九五二年に「元日本軍在日韓国人傷痍軍人会」を結成し、日本人と同等な国家補償を求める運動を行った。戦後補償問題が浮上した一九九〇年に先立つ、もっとも先駆的な戦後補償要求運動を担ったのは彼らであったが、当時は耳を傾けるものは日本社会にも、本国（韓国・北朝鮮含め）社会にも、在日社会にもほとんどいなかった（ドキュメンタリー『忘れられた皇軍』大島渚監督・一九六三年製作は、その貴重な記録映像である）。日本政府は、援護の条件として「日本国への帰化」を提示し、一九六四年に前掲の軍人会の一七人のうち石成基さん、陳石一さん以外の一五人は日本国籍を取得した（そのため、軍人会は一九六四年解散）。日本政府は、あくまでも日本「非国民」への補償は拒否したことになる。しかし、一九六五年の日韓条約以降は、日本政府は前述の「条約で解決済み」の論理で個人補償を拒否したが、これとともに「たとえ帰化しても援護適用の対象外」とされたのである。その後も当事者たちの粘り強い運動は継続されたが、実を結ぶことはなかった。

しかし、一九九〇年代に入って急展開する。一九六〇年代に帰化しなかったために個人補償を受けることができなかった石成基さんは一九九一年一月に、続いて陳石一さんが四月にそれぞれ厚生大臣に対し障害年金請求を行った。同年一月に鄭商根さんが補償を求める訴訟を大阪地裁で起こしたのである。一九九〇年代の戦後補償裁判では、裁判所は請求を退けつつ人道的見地からの立法措置をとることなどの判決を下したりしたが、このケースに限っては二〇〇〇年六月に平和条約国籍離脱者等弔慰金等支給法が制定された。すなわち、二〇〇一年四月より旧植民地出身の軍人・軍属戦死者や戦後の戦傷病により死亡した人の遺族には、申請により「弔慰金」二六〇万円、重度戦傷病者本人には「見舞金」四〇〇万円が支給されることになったのである（申請締切は二〇〇四年三月末）。しかしながら、日本人の傷痍軍人なら毎年数百万円の障害年金を受け取ることができることに比べたら、あまりに遅く、あまりに少額な一時金（しかも名称が「見舞金」！）であるといえよう。そのためか、申請が政府予想の八分の一の三〇〇件足らずにすぎないことが報道されている（『朝日新聞』二〇〇三年一一月一一日付）。かつての植民地保有国である英米仏伊及び旧西独が、植民地出身の元兵士に対し、自国民と同様の年金または一時金を支払っているのと比べても、例外的な排他性をもつ。

第三に、従来の研究では注目されてこなかったが、男女格差、すなわち「男性中心主義」であることが指摘できる。いうまでもなく、戦争被害者は男性だけではない。また、軍人・軍属・準軍属などのように「国と特別な関係にあった者」も男性だけではない。女性への戦後補償政策は、〈戦場の女〉と〈銃後の女〉への処遇として分類できる。

まず〈戦場の女〉には、日本人従軍看護婦及び日本人を含むアジア諸国・地域の女性を対象にした「慰安婦」という名の「性的奴隷」がいたが、彼女たちへの戦後の処遇には男女格差が著しい。

また、戦場で勤務した日本人元従軍看護婦には、元軍人・軍属への補償より二七年遅れて「法外措置」として「兵に準ずる処遇」が決定され、恩給制度を準用して一九七九年から毎年「慰労給付金」が国庫から支給されるようになった［田中伸尚／田中宏他 一九九五：一〇三］。

しかし一九九〇年代に名乗り出たアジア諸国の「慰安婦」に対しては「国庫支出」すらせず、一九九五年に「女性のためのアジア平和国民基金」（アジア女性基金）を発足させ、民間募金による決着をはかった。これが、被害者や支援団体から厳しい反発をまねいたことは周知の通りである（本書第7章参照）。「慰安婦」に対しては国庫支出による個人補償すらしないという意味では、男性中心主義であるのみならず性被害無視・軽視であったといえよう。

次に〈銃後の女〉への処遇である。前述の遺族等援護法その他の法律を通じて、補償対象者は戦没者等の妻、戦傷病者等の妻、戦没者等の父母等に拡大されてきた。つまり、日本人女性は、元軍人・軍属の「妻・母」であることによって初めて、戦後補償の対象とされたわけである。

また、日本人元女子勤労挺身隊には一九四四年八月公布「女子挺身勤労令」が法的根拠とされ、一九五八年の遺族等援護法改正以降は国家補償の対象となった［田中伸尚／田中宏他 一九九五：一〇二～一〇五］。一方、同法令は日本統治期朝鮮でも公布され、多くの朝鮮人女子勤労挺身隊が日本の軍需工場などに動員されたが、戦後に彼女たちへの補償措置はない。一九九二年に朝鮮人元女子勤労挺身隊一〇人が、朝鮮人「慰安婦」三人とともに、山口地裁下関支部に日本国の公式謝罪と賠償を求めて提訴したが、元挺身隊原告は敗訴している（二〇〇三年三月二五日に最高裁で棄却された）。また一九九二年富山県の軍需工場・不二越に動員された朝鮮人女子勤労挺身隊三人も未払い賃金と補償を求めて提訴し、二〇〇〇年に「和解」が成立した。その後、二三人が原告となり二〇〇三年に提訴（第二次不二越訴訟）、二〇一〇年三月控訴審で請求は棄却された。

以上のような日本の戦後補償政策の特徴を一言でいうと、「個人補償の対象になるのは日本人」だけという「自国民中心主義」であり、その「国民」とはつまるところ「戸籍法」の適用を受ける日本「民族」であり、かつ主要な軍務の担い手である「軍人」＝「男性」だったということになる。ここからは、旧植民地出身者を含む外国人が巧妙に排除されている。それだけでなく日本人女性の場合でも、元従軍看護婦、元女子挺身隊という軍務に準じた動員や、「妻・母」という日本人元軍人＝日本人男性との関係性によってのみ支給の対象とされている。

言い換えれば、日本国家にとっての〝正統な〟国家補償の対象者とは、侵略戦争という国策支持の証明としての軍務遂行＝「国家への忠誠・貢献」を基準として、日本国籍・戸籍保有者としての日本「民族」、男性、軍人という属性をもつ者だけというわけだ。ここには、植民地支配や侵略戦争への是非や過去清算を問う視点を何ら見出すことはできない。そして重要なのは、戦後日本の〝正統な〟国家補償の対象者が、第1章で見たように、戦前の大日本帝国下の帝国「臣民」の成員資格（＝「内地」居住の日本人男性だけ）に重なることである。

かつて宋神道さんは、在日の慰安婦裁判を支える会の集まりで、「周りの日本人（男性）は戦争で人殺しをしてお金をもらっている（＝軍人恩給等）のに、自分が生活保護を受けているからといって白い眼で見られるのが悔しくてたまらない」と語ったことがある。その強いられた戦争被害・性被害から考えて、恩恵としての生活保護ではなく、少なくとも日本人軍人たちに支給された以上の額の個人補償を加害国家から受け取る権利があるはずである。

さらに、宋さんはこうも語っている。「何で他人の国さ戦争して、朝鮮のおなご（＝女）巻き込まなきゃいけないの」、と。

朝鮮人の戦争動員が日本人と決定的に異なるのは、民族の支配－被支配のなかで行われたことである。侵略された結果「日本人」とされ、日本が勝手に引き起こした侵略戦争に、異民族である朝鮮人をさらなる「侵略の道具」として駆り出したのである。しかし、「日本人」として戦争動員された朝鮮人戦争被害者が、戦後（一九五二年以降）に日本人と同様の個人補償を求めたとき、日本政府は「日本人ではない」として拒否した。旧植民地出身者が戦後補償を求めるのは、このような理不尽な扱いゆえである。

にもかかわらず、戦後補償制度、そして生活保護制度、年金制度にも貫徹する〝継続する植民地主義〟とジェンダー偏向によって、日本軍奴隷制という、植民地支配と侵略戦争という「国策」のもっとも過酷な直接的（性的）被害者であり、その意味で真っ先に救済されるべき被害者が救済されないのである。

以上のように、生活保護、年金制度や戦後補償等の社会保障制度を見る限り、日本における「国民」概念が、「自民族」中心主義的構築性（他民族排除的構築性）を、さらには男性中心的構築性（女性排除的構築性）を抜きがたくもっていることが明らかになる。そして、その延長上に、日本「国民」でさえも、国策への従順度・貢献度・重要度に応じて、「非国民」化され棄民されるか否か、あるいは国家からの〝報償〟（見返り）に序列化が生じるのである。

おわりに

二〇〇二年一二月四日、ある法律が提案からわずか一週間でスピード成立した。朝鮮民主主義人民共和国（北朝鮮）により拉致された日本人被害者を支援する「北朝鮮当局によって拉致された被害者等の支援に関する法律」が、それである（二〇〇三年一月一日から施行）。

日本での生活が落ち着くまで五年をめどに給付金（単身月一七万円、二人世帯で二四万円、子どもが一人増えるごとに三万円加算）を支給することや拉致されていた二四年間を国民年金の被保険者期間と見なし、国が保険料を負担するなどの特例措置が盛り込まれている（施行後三年をめどに見直し規定あり）。

「北朝鮮による拉致被害者家族連絡会」の横田滋会長は、同法に対し「中国残留孤児に対する支援金などに比べて、手厚い内容」と評価した（『朝日新聞』二〇〇二年一二月四日付。傍点引用者）。

中国残留日本人は、自国である日本政府による侵略戦争推進、「満州」植民政策、戦後の棄民という二重・三重の国策による犠牲者であることを考えれば、彼女／彼らへの生活・自立支援策こそ、さらに手厚くすべきであろう(7)。ましてや、日本が勝手に起こした戦争に巻き込まれた異民族である植民地出身者に対し、日本政府は自国民と少なくとも同等、あるいはそれ以上に手厚い戦後補償や社会保障をすべきではないだろうか。元「慰安婦」をはじめとする戦時性暴力被害者に対しては、なおさらであろう（日本人女性含む）。

しかし、現実の施策はその逆である。国民年金を例にあげただけでも、日本人拉致被害者―中国残留日本人・女性―在日朝鮮人の間には、支給可否、支給時期、支給額に巧妙なグラデーション（格差）が存在する。国策への従順度・貢献度に応じて日本「国民」／「非国民」、そして日本「国民」間にも幾重にもランクがつけられ、その度合いによって国家からの〝報償〟（見返り）がこれもまた幾重にも異なるのである。

日本「国民」が日本国家に棄てられるのではなく、自ら「非国民」「脱国民」となって国策を超えて国家を棄てる日がくることを、日本国家に〝棄てられた〟元日本「国民」の一子孫として望んでやまない。それが国策遂行の名の下に「国民」を棄ててきた日本国家に対する、日本「国民」一人ひとりの自己責任というものなのではないだろうか。

女性の身体をめぐる植民地主義
と
ジェンダー
第Ⅱ部

第4章
朝鮮植民地支配と「慰安婦」戦時動員の構図

はじめに

日本の朝鮮植民地支配のもとで「日本人」(「日本臣民」)にさせられた朝鮮人は、「日本人」として日本による侵略戦争に、あるときは兵力として、またあるときは労働力として動員された。朝鮮人女性に対する日本軍「慰安婦」としての戦時動員もその一環である。

植民地の民である朝鮮人戦時動員の性格は、宗主国の日本人と〝質的に〟同じではない。このことは、植民地支配や戦後補償問題を考える際につねに配慮されなければならないが、現状は異なっている。むしろ日本の一部では「慰安婦」だけでなく、戦時中の「朝鮮人強制連行」などをも、公然と否定する動きが加速している。日本国内、そして日本国内外の歴史認識のギャップが甚だしいのである。

「慰安婦」制度に関しては、二〇〇〇年一二月に東京で開かれた民衆法廷「日本軍性奴隷制を裁く女性国際戦犯法廷」のハーグ最終判決（二〇〇一年一二月）が、膨大な証言と公文書資料に基づいて事実認定をし、昭和天皇をはじめとする日本軍の責任者一〇人に対し明確に「人道に対する罪」であると断罪した（第6章参照）。

さらに二〇〇七年一月三一日、「慰安婦」問題に対し日本政府に「明確かつ曖昧さのない形で」謝罪と責任を求める決議案がアメリカ下院外交委員会に出され、七月三〇日に米下院本会議で採決された。決議文では「若い女性たちに世界に『慰安婦』として知られるようになった性奴隷制を強制」、「集団強かん、強制中絶、屈従、そして身体切除、死、あるいは結果的自殺に至った性暴行を含む、二〇世紀最大の人身取引事件中の一つ」(1)などと指摘している。同様の決議は同年一一月オランダ下院本会議、カナダ下院、一二月に欧州議会本会議（加盟二七カ国）、〇八年には韓国国会、台湾立法院へと広がった。日本国内でも二〇〇八年の宝塚市議会で意見書が採択されて以降、二〇一〇年三月末まで二〇の市議会で意見書等が採択された。オランダ・韓国・台湾・日本はともかく、「慰安婦」問題の当事国ではない欧米の議会まで決議採択が広がった意味は軽視できない。

しかし一九九〇年代後半以降、日本社会の一部では「慰安婦」への強制性を否定する動きはやむことがない。このような動きによって一九九七年版のすべての中学校歴史教科書（七社）にあった「慰安婦」記述は、二〇〇六年版教科書（八社）では本文記述から消えてしまった。また二〇〇七年三月一日、安倍晋三首相（当時）が「(「慰安婦」に関し—引用者）定義されていた強制性を裏づけるものはなかった」と強制性を否認し、三月五日には米下院決議案に対し「われわれが謝罪するということはない」などとした（四月末の日米首脳会談では一転して、当事者でもないブッシュ大統領に「謝罪」の意を表明した）。

同年六月一四日に自民党国会議員らはアメリカのワシントンポスト紙に決議に反論する意見広告“The Fact”を掲載して、「慰安婦として労働に強制的にかり出されたことを示すものは何もない」「慰安婦は性奴隷の被害者ではなく公娼」などという主張を行った。相変わらず「慰安婦」への強制性の有無が、被害者への謝罪・補償可否の焦点になっているのである。

本章では、アジア太平洋全域にわたった「慰安婦」制度全般ではなく、植民地支配と朝鮮人戦時動員との関係、とりわけ朝鮮人「慰安婦」への戦時動員の性格、その強制性について、朝鮮人「慰安婦」被害者の証言やその他資料、ハーグ最終判決に拠りながら考えてみたい。朝鮮人「慰安婦」動員もまた朝鮮人戦時動員の一環であると考えるからである。

1　朝鮮人戦時動員とは何か

金英達《キムヨンダル》は、朝鮮人強制連行に関してその時期を一九三九年から四五年までとし、その渡航形態を動員計画による集団的連行と規定した。そのうえで、「戦時期中の朝鮮人に対する戦時動員について、総称として『戦時動員』という用語を使い、その戦時動員のなかの具体的現象の一つであった『動員の暴力性』が『強制連行』であると、概念を再構成してみたらどうであろう」と「朝鮮人強制連行」概念自体の見直しを提起し、「朝鮮人戦時動員」と分類し概念整理を行った［金 一九九二］。

金英達の研究も含めてこれまでの研究を集大成したのが山田昭次・古庄正・樋口雄一『朝鮮人戦時労働動員』（二〇〇五年）である。同書は主に企業への朝鮮人強制連行を「朝鮮人戦時労働動員」として論

〈図１〉朝鮮人戦時動員の分類

- 労働動員
  - 労務（国民）動員実施計画による動員
    - 募集
    - 官斡旋
    - 徴用
  - 女子勤労挺身隊
- 軍事動員
  - 兵士
    - 志願兵―陸軍志願兵／海軍志願兵／学徒志願兵
    - 徴兵
  - 軍要員（軍属、軍夫）
  - 軍慰安婦

〈出典〉［山田・古庄・樋口 2005：10］による。

じたものだが、同書では、金の概念整理を踏まえて「朝鮮人戦時動員」を〈図1〉のように分類している。

金英達の分類では「慰安婦」を「女性動員」と分類したのに対して、山田・古庄・樋口は「軍慰安婦」を「軍事動員」に分類した。本章では「朝鮮人戦時労働動員」という概念に限定せず、「慰安婦」への動員を山田らのいう「軍事動員」とし、侵略戦争への広範囲で組織的な動員という性格を明確にするために「朝鮮人戦時動員」という用語を使いたい。なお、日本軍への「慰安婦」という名称を使っての動員は一九三二年[2]に遡るが、朝鮮人女性が事実上「慰安婦」として動員されたことが資料で確認できるのは一九三三年（「満州国」）［吉見 一九九五］である。さらに軍「慰安所」の原型は、日露戦争期・朝鮮軍事占領下の朝鮮に遡るという指摘がある［宋連玉／金栄編著 二〇一〇］。また日本の企業のもとで使役された企業「慰安婦」もいるが、ここでは一五年戦争期、とりわけ日中全面戦争以降の日本軍「慰安婦」に限りたい。

さて、金英達［一九九一］は朝鮮人戦時動員に関して、次の二つの基本認識が必要であるという重要な指摘をしている。第一に、朝鮮人戦時動員は日本の植民地支配政策の一環であったこと、第二に、戦時動員のための強制移動を伴ったということである。

第一点目が意味するのは、日本人の戦時動員とは違い、朝鮮人動員が民族の支配／被支配という構造のなかで行われたということである。これは当たり前のように見えながら、その意味するところが日本社会のなかで明確に認識されていないように思われる。

たとえば朝鮮人強制連行に対して、よく次のように誤解されている。

当時の朝鮮半島は日本帝国の一部であり、エスニック朝鮮人も日本国民の一部をなしていたのだ。……（強制連行のような—引用者）「不条理」は、エスニック朝鮮人のみならず、この時代の日本国民に課せられた運命共同性のようなものであり、したがって「強制連行」などという言葉で朝鮮人の被害者性を特権化し、また日本国の加害者性を強調する態度はミスリーディングといわなければならない［鄭 二〇〇四：六一～六二］。

日本の加害性を認めたくない者にとっては、快い言い分である。しかし、朝鮮人を「日本国民の一部」とするこの説が成り立つためには、日本人と朝鮮人が「日本臣民」として諸権利のうえで〝対等・平等〟であったとする前提が必要となるが、実態はどうだったのか。

植民地朝鮮は、第1章で見たように、日本国内とは法制の異なる異法域（大日本帝国憲法の効力が及ばない法域）であったし、内地に住む日本人男性臣民が享受した参政権も一切なければ、日本にはあった授業料原則無徴収の義務教育制度も実施されなかった。法的に見ても、明らかに〝対等〟ではありえず、民族の〝支配‐被支配〟が貫徹した関係であった。さらにいえば、この説では植民地支配それ自体の強制性や不当性が無視されている。

第二点目の戦時動員のための強制移動についてはどうか。「韓国併合」（一九一〇年）以来の朝鮮人の日本渡航は、植民地支配を背景とした朝鮮人への有形無形の経済的強制による個別的な渡航だった。しかし戦時動員では朝鮮内から朝鮮外（日本内地、樺太、南洋諸島その他）への移動を伴いながら、日本国家の政策として法的行政的強制力が働くなかで行われた。

すなわち朝鮮人戦時動員は、宗主国の日本人‐植民地の朝鮮人という支配／被支配＝民族秩序（民族的序列化）のなかで、国策として「組織的・計画的・集団的」（金英達）に行われたのである。

そのうえで、金及び山田・古庄・樋口が朝鮮人戦時動員に特有な問題として指摘したのは、⑴強制移動（強制連行）、⑵強制労働（酷使虐待・奴隷的労働）、⑶民族差別（待遇、賃金、戦後補償における日本人との差別）の三点である(3)。

まず⑴企業への「強制移動・連行」から見ていこう。文字通りの〝暴力的な拉致〟も確かに存在した。それは次の内務省復命書からうかがうことができる。

徴用は別として、其の他如何なる方法に依るも、出動は全く拉致同様な状態である。其れは、若し事前に於て之を知らせば、皆逃亡するからである。そこで、夜襲、誘出、其の他各種の方策を講じて、人質的掠奪拉致の事例が多くなるのである(4)。

「全く拉致同様」「人質的掠奪拉致」であるとしているのである。これを①「狭義の強制連行」とすれば、それ以外に次のような②「広義の強制連行」というべき動員方法が存在した。すなわち、(a)兵役法による徴兵や国民徴用令などの法的強制力、(b)志願兵や女子挺身隊への志願・応募に現れた皇民化教育による心理的圧力、(c)労務動員の人数集めなどの行政的圧力など、多様で広い概念を含むというのが、現在の朝鮮人強制連行研究の到達点である(5)。

現在、連行の〝強制性〟を〝身体的拘束〟あるいは〝暴力的な拉致〟にだけ狭く解釈し、公文書の不備や有無を理由に「強制連行」それ自体を否定する動きがある（ただし「狭義の強制連行」でも前述の公文書資料が示す通り存在した）が、山田・古庄・樋口のいう通り「広義の強制連行」も「強制連行」の範囲に入れるべきであろう。

ここで強調したいのは、「広義の強制連行」を理解するためには植民地社会への理解が不可欠であるという点である（この点は次項で「慰安婦」被害者に即して見てみたい）。そのうえで、金英達が連行のプロセスをさす前掲の(1)以上に重視したのは、連行された先の戦場や労働現場での(2)強制労働と(3)民族差別である。タコ部屋での奴隷的労働に代表される(2)では、被支配異民族の反抗を抑えるための徹底した統制と監視が行われた。さらに(3)民族差別においても、民族性否定・日本人への同化強要、労働時間・待遇・賃金での差別、戦後補償からの排除が戦時・戦後にわたって明らかに存在した。

古庄は、この(1)(2)に関して、(a)過酷な労務管理（朝鮮人労働者へのリンチや殺害）、(b)死亡率の格差（日本人の二倍、医療を日本人並みに受けられないなど）、(c)賃金格差（差別的低賃金、「貯金」「預金」その他の名目で月給を企業が吸い上げ労働者に渡さないという賃金未払い問題など）、(d)戦後処理（未払い賃金の未返還問題など）の問題を資料などから具体的に明らかにしている。

このように、(1)だけではなく(2)(3)を実態に即して明らかにすることが、日本人と区別される朝鮮人戦時動員の特徴と全体像を解明するために重要である。

しかし、金英達や山田・古庄・樋口は「慰安婦」動員を「女性動員」あるいは「軍事動員」として分類しつつも、「慰安婦」に即して具体的な分析はしていない。そこで以下では、朝鮮人「慰安婦」の戦時動員の具体相を、被害者の証言（アクティブ・ミュージアム「女たちの戦争と平和資料館」編『証言　未来への記憶　アジア「慰安婦」証言集Ⅰ』）を中心に、加害兵士の証言や植民地社会の実情を交えながら、ハーグ最終判決［ＶＡＷＷ－ＮＥＴジャパン編　二〇〇二（第６巻）］[6]に依りながら、(1)国外移動、(2)強制労働、(3)民族差別に即して見ていきたい。

2　朝鮮人女性の「慰安婦」動員――(1)国外移動

まず(1)国外移動から見ていこう。朝鮮内にも慰安所の存在が確認されている[7]が、朝鮮人「慰安婦」のほとんどは、朝鮮内から朝鮮外へと国外移送された。ナチスドイツも日本軍と似たような性暴力制度をもっていたが、故国から遠く離れた遠隔地にある戦場に植民地の女性たちを連行したところに日本軍の特徴がある。

被害者[8]や日本軍関係者等の証言によれば、朝鮮人女性の連行方法は、就業詐欺・甘言、または暴力的な方法、人身売買等で行われた[9]。いったんこれらを見たあと、朝鮮人「慰安婦」の特徴を見て

朴永心さんが入れられた南京の慰安所（提供：西野瑠美子氏）

朴永心さん（提供：西野瑠美子氏）

いこう。

〈就業詐欺・甘言〉

もっとも多かったのは、前記の「広義での強制連行」に当たる就業詐欺・甘言であった。証言のなかでも、「お金が稼げる仕事がある」（朴永心《パクヨンシム》）、「勉強もできてお金ももうかる所に行かせてあげる」（文必琪《ムンピルギ》）、「戦地に行けば金がもうかる」（宋神道《ソンシンド》）、「日本の工場に仕事がある」（金順徳《キムスンドク》、朴頭理《パクトゥリ》）、「白いご飯が食べられる」等の理由で騙されて、連れて行かれたら慰安所であったことに気づくというケースが多い。

黄錦周《ファンクムジュ》は、日本人班長夫人に「日本の軍需工場で働けば金がもうかる、一家に一人は行かなければならない」という誘いに乗り、奉公先の娘たちの身代わりになったケースである。

このことは、次の日本軍元軍曹の回想記（一九七七年出版）からも確認できる。スマトラのパレンバンで憲兵として慰安所に関わるなかで親しくなった朝鮮人「慰安婦」は、

私達は、朝鮮で従軍看護婦、女子挺身隊、女子勤労奉仕隊

という名目で狩り出されたのです。だから真逆慰安婦になんかさせられるとは、誰も思っていなかった。外地へ輸送されてから、初めて慰安婦であることを聞かされた。……軍曹殿、皆大声で笑ったり、噪いだりしているけれど、心では泣いているんです。死のうと思ったことも何度もあるんです。……(10)

と語っている。また連合国軍による朝鮮人「慰安婦」への調査報告によれば、周旋業者が用いる「多額の金額と家族の負債を返済する好機、それに、楽な仕事と新天地――シンガポール――における新生活という将来性」という「偽りの説明を信じ」て、女性凡そ八〇〇人が徴集された、と記されている(11)。被害者・加害兵士の証言、連合国軍の調書いずれから見ても、就業詐欺・甘言の多さが確認できる。その場合、朝鮮から国外の慰安所までの旅行費、衣装費、化粧費などが知らない間に前借金になっていた事例が多い。

〈暴力的な拉致〉

しかし、「狭義の強制連行」、すなわち暴力的な拉致がなかったわけではない。朴玉仙《パクオクソン》（一九二四年生、当時一七歳）の証言によると、日本人男性二人に捕まえられ、そのまま中国と旧ソ連の国境地帯・穆稜の慰安所に送り込まれた（四年間の「慰安婦」生活をへて、解放後も帰国できず六〇年目に帰国）。これは明かな拉致の事例であろう。

それ以外には、女子勤労挺身隊として日本の不二越（富山県）に入れられたが、逃亡して日本軍に捕まり「慰安婦」にさせられた姜徳景、飲み屋に売られたときに朝鮮人男性二人に捕まり中国の延吉にある航空部隊の東飛行場に連れて行かれた李玉善《イオクソン》などのケースがある。また金学順《キムハクスン》は一五歳から二年間妓生券番（妓生養成学校）で歌舞音曲を習ったが、一七歳では営業できないとわかった養父に連れられて来た中国北京で日本軍人に捕まり、トラックで慰安所まで連行された。金学順の場合、妓生券番出身という側面よりも、北京で日本軍人により捕縛・連行されたという事実にこそ注目すべきである（人身売買の可能性も否定できない）。

〈強制性を示唆する加害兵士の証言〉

さて、朝鮮総督府や日本軍が朝鮮で「慰安婦」徴集に関与したことを直接示す公文書類は発見されていない。敗戦時などに組織的な隠滅をはかったためと考えられる（未公開資料が存在する可能性がある）。しかし関東軍特種演習、すなわち「関特演」（秘匿名称）時に「慰安婦」徴集を担当した日本軍当事者の証言から行政的な強制が存在したと推測される次のような事例がある。関東軍とは中国東北に駐屯した日本陸軍のことである。

一九四一年七月に下命が出された関特演は、一六師団八五万人の態勢整備で、対ソ連戦の準備をするという日本陸軍始まって以来の大規模な兵力動員であった。ここに朝鮮人「慰安婦」が大量に動員されたことが、企画した関東軍司令部参謀第三課（後方担当参謀）原善四郎、直接的実務を担当した関東軍参謀本部第三課兵站班に勤務した村上貞夫の手紙によってそれぞれ明らかになっている。原少佐は、「作戦部隊の兵隊の要求度や所持金に女性の肉体的能力を計算したすえ〝必要慰安婦の数は二万人〟とはじきだし」、朝鮮総督府総務局に行き依頼したこと、「朝鮮総督府では各道に依頼し、各道は各郡へ、各郡は各面へと流れていった」のではないかと推測しながら、「実際に集まったのは八〇〇〇人ぐらい」と述懐している(12)。一方、村上によれば、このときに集められた朝鮮人「慰安婦」は、「三〇〇〇人くらい」だったという(13)。たとえ「八〇〇〇人」ではなく「三〇〇〇人」だとしても、たいへんな数の朝鮮人女性が、日本軍の作戦を契機に関東軍の指示と朝鮮総督府のルートによって、「慰安婦」として中国東北に動員されたことになる。抵抗が許されない植民地下の朝鮮では、朝鮮総督府ルートでの動員は行政的な強制力をもっていたと推測される。

なお、日本敗戦時の慰安所に関する証拠隠滅の証言として、次の二件をあげておきたい。武漢には中国への日本派遣軍最大の慰安所があり、それを統括したのが武漢兵站司令部であるが、敗戦と同時に軍の命令で「慰安関係の参考綴、スクラップブック、調査資料集など」が焼却されたという［山田 一九七八：二八八］。また、関東軍参謀本部には「慰安婦」配置表が存在したが、敗戦時に処分したという（以上は村上貞夫の手紙による）。山田は漢口兵站司令部の「慰安係長」として慰安所・慰安婦の監督指導をし、村上も朝鮮人「慰安婦」徴集を担当した人物であるので、彼らの証言は信憑性が高いと思われる。

〈人身売買〉

人身売買も多かったと思われる。金君子《キムクンジャ》の場合、巡査であった養父が彼女を人身売買したようである。彼女が一七歳（一九四二年三月）のとき、養父に「行けと言ったんですよ。どこへ行くんだということも言わないで。行けばお金がもうかるというから行ってみろとね。お金が稼げなかったら、帰ってこい」といわれた三日後、朝鮮人男性が来て中国東北部（満洲）に連れて行かれた。荷物も見送りもなかったので彼女はお使いにでも行くのかと思ったという［韓国挺身隊研究所編・韓国挺身隊問題対策協議会 一九九九］。朴順愛《パクスネ》（仮名）は一九四一年二三歳の頃、疑妻症がひどかった夫によって紹介所に売られた［韓国挺身隊問題対策協議会・挺身隊研究会編 一九九三］。

さて、「連行の強制性」に関する日本の右派の主張によれば、暴力的な方法は狭義の強制であり認めるものの、これを証明する当時の公文書はないといい、一方、就業詐欺・甘言は広義の強制なので強制とはいえない、人身売買も含めて犯罪ではないという。

しかし吉見義明の新しい研究［二〇〇七a］によれば、以上の暴力的方法だけでなく、就業詐欺・甘言、人身売買であっても、すべて同じ重さの犯罪となる。なぜなら、戦前の日本の刑法第三三章「略取及ヒ誘拐ノ罪」第二二六条では、次の四つを犯罪として規定している。①国外移送略取罪、すなわち国外移送のために暴行または脅迫を手段で人を自分または第三者の支配に置くこと、②「国外移送誘拐罪」、すなわち国外移送のために詐欺または誘惑を手段で人を自分または第三者の支配に置くこと、③人身売買罪、すなわち国外移送のために対価をえて人身を授受すること、④国外移送罪、すなわち略取、誘拐、売買された者を国外に運び出すこと、である。実際に一九三二年上海事変時につくられた海軍慰安所に長崎から女性をだまして連れていった事例があり、前記の②国外移送誘拐罪、④国外移送罪が適用され、日本の周旋業者・慰安所業者が有罪・処罰された［戸塚 二〇〇四、二〇〇六］。

尹明淑《ユンミョンスク》［二〇〇三］によれば、植民地朝鮮の場合、朝鮮総督府が朝鮮人女性を海外に誘拐する犯罪を摘発した。そうならば、朝鮮人女性を国外移送した場合、暴力的方法は①④が該当し、就業詐欺・甘言は②④が該当し、人身売買は③④が該当する。重要なことは、以上四つの罪は「二年以上の遺棄懲罰」となっており、刑罰の軽重に差がないことだ。すなわち連行においては狭義であろうと広義であろうと強制であることに、本質的に差がないということになる。

〈未成年の少女たち〉

広義・狭義にかかわらず共通するのは、朝鮮人女性のほとんどが連行時に未成年だったことである。朴永心一七歳、宋神道一七歳、金学順一七歳、李桂月《リゲウォル》一五歳、郭金女《クァククムニョ》一七歳、孫《ソン》パニム一九歳、朴頭理一七歳、朴玉仙一七歳、李玉善一五歳、文必琪一八歳、姜徳景《カン・ドッキョン》一六歳と全員未成年、つまり少女であった（黄錦周二〇歳だが、満では一九歳である）。金英淑《キムヨンスク》のように一二歳の場合もあった（彼女は肉体的に成長していないため軍人によって軍刀で性器を切り開かれた）。当時の食糧事情の悪さから一〇代後半でも初潮前が多かった。彼女たちが例外なのではない。未成年が多いのは朝鮮人「慰安婦」の特徴である。

これは日本軍将兵の性病対策のため「年若キ者ヲ必要トス」（麻生軍医の意見書「花柳病ノ積極的予防法」）という判断に基づき未婚の少女がねらわれたためであろうが、明らかな国際法違反である。日本は四つの婦女売買禁止国際条約のうち三つに加盟していたが、未成年（二一歳未満）の場合は本人の承諾があっても〝売春〟（当時の用語）への従事は違法であり、成人でも詐欺、暴行、脅迫、権力乱用などの強制手段を使ったりするとこれも違法とされた。日本はこれらの条約から植民地を適用除外したが、女性の送り出しに日本の船舶（日本の領土と見なされる）を使ったり、日本軍中央が移送を指示すれば適用除外にはならないという考え方があるからである。

〈広大な地域、危険な最前線への連行〉

連行先が日本軍によって侵略・占領された中国からアジア・太平洋諸島にいたる広範囲な地域であったこと、危険な最前線にまで連れて行かれたことも、朝鮮人「慰安婦」に特徴的なことである（日本・台湾・朝鮮含む）。連行先の広範囲性は、アクティブミュージアム「女たちの戦争と平和資料館」wamが作成した朝鮮人「慰安婦」の「連行地マップ」［二〇〇六］からも明らかである。日本軍の侵攻地域と連行先の慰安所の所在はほぼ一致している。しかも軍の許可・黙認なしに、国境や戦場を横断しての「慰安婦」や業者の移送はありえなかった。軍用の車輌や船舶で移送されたりしたのである。

朴永心は、日中全面戦争段階では中国・南京に連行され、アジア太平洋戦争が始まるとビルマに行かされた（詳しくは［西野 二〇〇三］）。孫パニムは、ラバウルまで連れて行かれ、戦況が激しくなってからはニューギニア、ボルネオなどの軍慰安所を転々とし、戦後はフィリピンで臨時看護婦の生活も強要された。被害者個人の慰安所から慰安所への軌跡にも、戦線拡大の縮図が示されている。

危険な最前線への連行の例として、一九四二年暮れに激戦地の拉猛陣地（のちに玉砕＝全滅）に行かされた朴永心や、中国の岳州などのような砲弾飛び交う最前線にまで「部隊付き」として連れて行かれた宋神道のような例があった。李桂月は日曜日に慰安所のない野外につくった仮設の慰安所に行かされた。その結果、最前線で遺棄された場合もあった。一九四四年暮から四五年春にかけて、フィリピン戦線では戦況悪化に伴い各部隊がそれまで連れて歩いた朝鮮人「慰安婦」を「ボロ屑を棄てるがごとく」棄てたという［千田夏光 一九七八：一五四］。日本軍にとって、彼女たちは使い捨ての性的道具にすぎなかった。

以上のような徴集・連行方法は「奴隷取引の一形態」であり、前述したように奴隷取引及び女性と子どもの人身売買を禁じた国際慣習法違反〔前掲、VAWW-NETジャパン編：二一九二〕であった。

3　朝鮮植民地支配と朝鮮人女性

しかしながら、なぜかくもたやすく騙されたのか。ここにも日本の朝鮮植民地支配という歴史的背景が密接に関係している。その一端を植民地教育制度から見たうえで、戦争末期の「慰安婦」募集広告のもつ意味について考えてみたい。

〈朝鮮人女性に強いられた学校不就学・非識字〉

第2章で見たように、日本人と朝鮮人では、同じ朝鮮に住んでいても教育体系が異なっていた。在朝日本人児童は「小学校」、朝鮮人は「普通学校」（一九三八年度に小学校、一九四一年度に国民学校と改称）に通った。日本とちがって義務教育制が導入されなかった朝鮮では、経済的に優位にある在朝日本人児童よりも、朝鮮人児童は高額の授業料が毎月徴収され（小学校「五〇銭以内」、普通学校「一円以内」）、朝鮮人への就学自体が政策的に抑えられていた。一九三〇年当時、在朝日本人男女の就学率がほぼ九九％と実態的には義務教育制下にあったといえるのに対し、朝鮮人男女では一七・三％であった〔呉 二〇〇〇：一二三二〕。とりわけ朝鮮人女児に対しては、朝鮮社会のなかで女子に学問は不要であるとする儒教的な考え方が根強かったこと、朝鮮総督府も女子教育を放置する教育政策を取り続けたこと、さらに性差別を温存・利用したために女性の地位が低く、学ぶ機会に恵まれなかった（前記の就学率の内訳は、男子二八・〇％、女子六・二％［呉 二〇〇〇］）。植民地主義と家父長制の〝意図せざる共犯関係〟により、女性の多くは不就学に置かれたのである。

こうした趨勢は植民地末期である一九四〇年代になっても大きな変化はなく、朝鮮人男子の三人に一人、女子の三人に二人は、生徒として学校の門を一度もくぐったことのないという意味での〝完全不就学〟であった。植民地期に普通学校にいけたのは、高額授業料を負担できる経済的に恵まれた階層に属し、社会的地位上昇の可能性がある朝鮮人男児に限られた。

これを被害者の証言（前述の［アクティブ・ミュージアム「女たちの戦争と平和資料館」編］所収）によって見てみよう。前述の一二人のうち普通学校に通学し卒業したのは姜徳景（一九二九年生まれ）だけである。姜徳景は勤労挺身隊として日本・富山県の軍需工場に行かされ、飢餓と重労働に耐えきれず脱出したところを捕縛され軍「慰安婦」にされたという例外的なケースといえる。キリスト教系私立学校（無料）に通った金学順（一九二四年生まれ）、夜学に通った黄錦周（一九二二生まれ）がいるが、それ以外は学校不就学であった。朴頭理（一九二四年生まれ）は「父が畑をもっていたので暮らしに少しは余裕があった」が、「学校には一度も行ったことがありません。あの頃学校に行けた女の子は、私たちの村にはほとんどいませんでした。私は今でも字をまったく読めません」と語る。

文必琪（一九二五年生まれ）は、父により「女が勉強すると狐になる」といわれ普通学校入学五日目にして退学させられた。朝鮮人女性の教育の有無を左右したのは、「家長」たる父兄の儒教的な考えだった。一方、貧困による不就学の例も多かった。日本人地主のもとで働く小作農出身の朴永心（一九二一年生まれ）は、「家族が食べていくだけで精一杯の貧しい暮らし」だったので「学校にさえ通わせてもらえなかった」と語る。李玉善（一九二七年生まれ）も「家が貧しくて子どもを学校に通わせる余裕なんてこれっぽっちも無かった」。また、五歳で父を亡くし地主から追い出された李桂月（一九二二年生まれ）、八歳で父を亡くし「米飯をみることができなかった」郭金女（一九二三年生まれ）、幼くして両親を亡くした金英淑（一九二七年生まれ）などは、乞食同然の貧困や家庭の破壊が不就学の背景になっている。彼女たちに限らず植民地下の朝鮮人女性のほとんどは、学校教育を受ける機会に恵まれなかった。学校不就学であるということは、ほぼ非識字を意味する。即ち、文字（日本文字、朝鮮文字）の読み書きができないということである（ただし書堂、夜学、家庭などで識字教育を受ける機会もありえた［金二〇〇五］参照）。

以上のように、学校不就学・非識字の少女たちは、一〇代でありながら家計補助や口減らしのため、無防備なまま植民地社会に放り出されたのである。彼女たちには、あまりのひもじさゆえに「工場で働けば金が儲かる」という誘い文句は魅力的であったであろう。「日本の工場に仕事がある」と騙された金順徳（一九二一年生まれ）は、「学校にも通ったことのない私は本当に世間知らずだったのです。工場に金儲けに行くのだとばかり考えて、それが危険なことだとは夢にも思いませんでした」と語っている。文必琪のように、「勉強もできてお金も儲かる所に行かせてあげる」という甘言に騙されたケースもあった。

また読み書きの可否は、解放後に被害を訴える際にも大きな意味をもった。李英淑《イヨンスク》は「……私がもっと勉強してたら、こうなってなかった。……学のある女なら今まで黙ってはいなかったさ。学がないからどうすることもできないよ……」。ドキュメンタリー映画『ナヌムの家』(一九九五年、監督ピョン・ヨンジュ)で、こう述懐している。

読み書きは記憶にも関係する。読み書きができないと、地名・人名などは〝音〟として記憶されることになる。しかもそれは耳慣れない日本語の〝音〟なのである。半世紀たって語り出した被害者の証言でしばしば地名や人名が曖昧だったりする(どこにいるのか知らされない場合もあった)のはこのような事情があると思われる。読み書きができる私たちは、こうした事情に想像力をめぐらす必要があるのではないか(ただし記録力には個人差がある。宋神道のように部隊名・人名などの細部を記憶する被害者もいる)。

〈「慰安婦」募集広告は誰に向けたものか〉

ところで、「慰安婦」の強制性に関して否定的な論者の一人である秦郁彦は、「新聞広告などで公募していた事例もいくつか見つかっている」として①『京城日報』一九四四年七月二六日の募集広告「慰安婦至急大募集」(漢字、日本文字)、②『毎日新報』一九四四年一〇月二七日付の「『軍』慰安婦急募」の募集広告(漢字、ハングル)、さらに満州日日新聞、昭南日報(華字)の募集広告例を示しながら、「名乗り出た元慰安婦の身の上話で公募に応じた事例はないが、応募者は意外に多かった可能性もある」(14)などと述べている。つまり新聞の募集広告を見て朝鮮人女性が自ら応募したというのである。しかも秦のこの説明が、「慰安婦」の自発的な応募を示す〝切り札〟として、まことしやかに日本の歴史修正主義者の一部に広がっているらしい。

〈図２〉『毎日新報』1944年10月27日の第１面

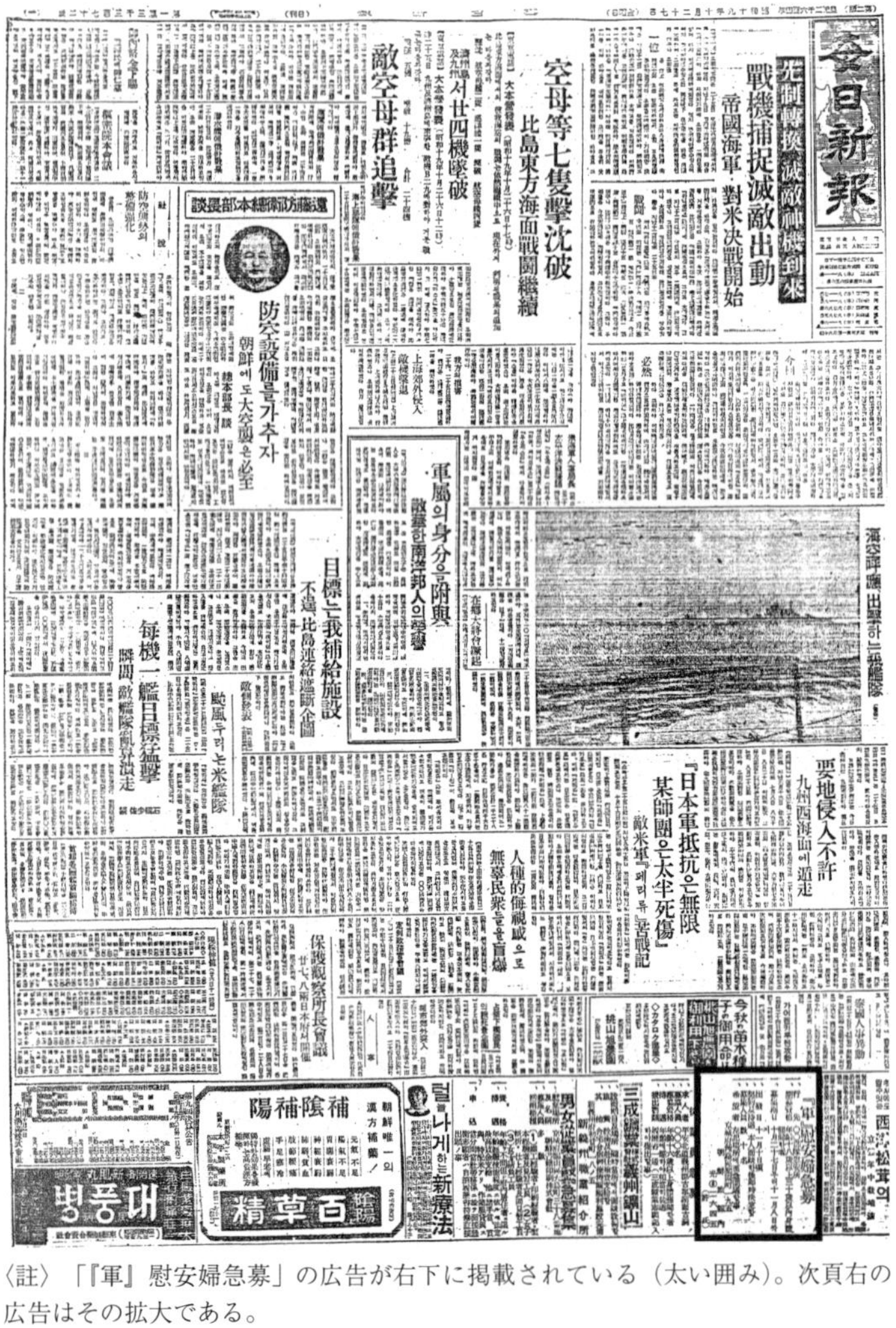
每日新報

戰機捕捉殲敵出動

帝國海軍·對米決戰開始

空母等七隻擊沈

比島東方海面戰鬪繼續

敵空母群追擊

防空設備를가추자

朝鮮에도大空襲은必至

目標는我補給施設

每機一艦目標猛擊

要地侵入不許

九州西海面에遁走

『日本軍抵抗은無限

某師團은太半死傷』

保護觀察所長會議

陽補陰補

百草精

〈註〉「『軍』慰安婦急募」の広告が右下に掲載されている（太い囲み）。次頁右の広告はその拡大である。

〈図３〉植民地末期の新聞に掲載された軍「慰安婦募集」広告

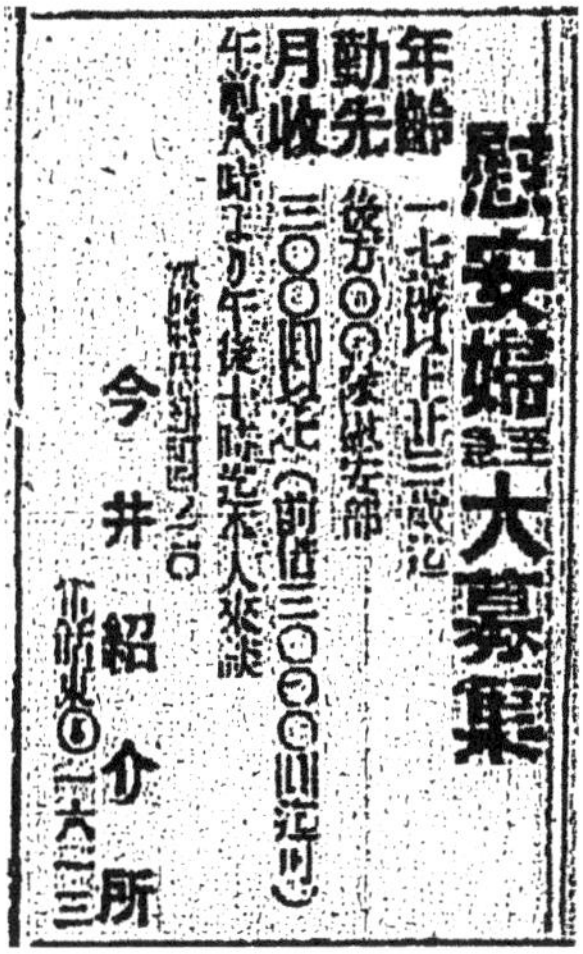

『京城日報』1944年７月26日付

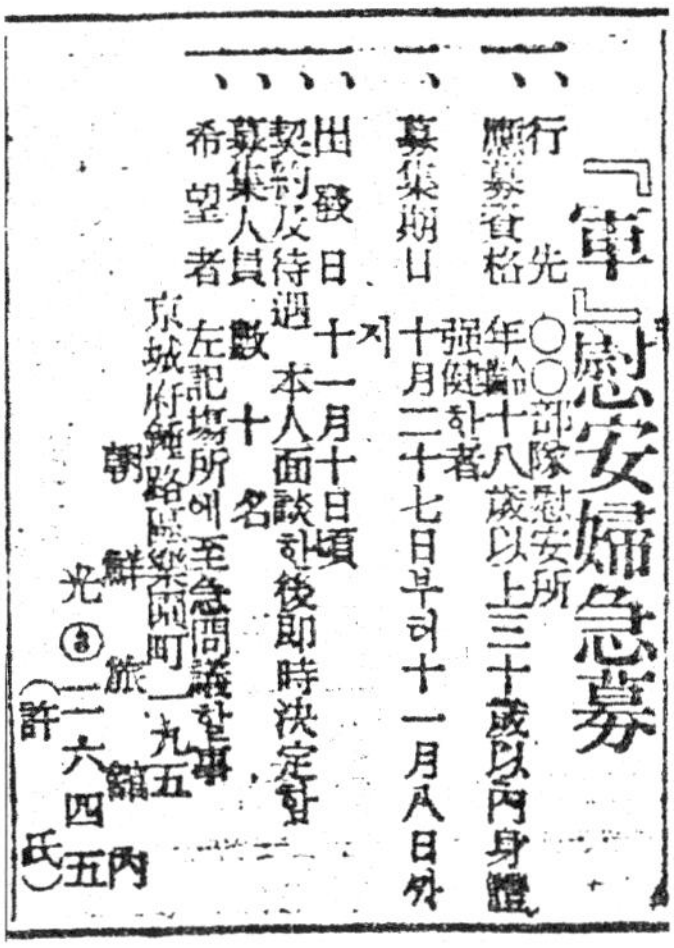

『毎日新報』1944年10月27日付

しかしこうした事実認識こそが、秦や歴史修正主義者が、朝鮮植民地支配やその下での植民地教育政策、当時の朝鮮人女性たちが置かれた状況を知らない証左となる。なぜなら、前述のように朝鮮人女性、とりわけ「慰安婦」にされた女性のほとんどは普通学校にすら入学できず、文字の読み書きができなかったからである。

〈図２〉の「『軍』慰安婦急募」が掲載された『毎日新報』の一面を見てほしい。文字を読めない彼女たちがどこでどうやって新聞を開いて、片隅にある募集広告を見つけ出し、難しい漢字だらけの応募内容を読んで、応募したというのだろう（『京城日報』でも同様）。ありえないことである。そもそも地方に住む彼女たちが置かれた経済的に厳しい状況や、当時の新聞の普及率の低さから考えて、新聞を講読するような日常生活を送っていたとは考えられない。『東亜日報』『朝鮮日報』などの民族紙が強制的に廃刊にされた一九四〇年以降、朝鮮はさらに徹底した戦時言論統制下に置かれ、生き残ったのは総督府の意向に忠実な御用新聞に限られた。ましてや『京城日報』(日本語)は朝鮮総督府の機関紙、『毎日新報』(朝鮮語)はその姉妹紙であった〔李練 二〇〇二〕。したがって、これら御用新聞に出された広告は、「慰安婦」にするために女性を徴集しようとする人身売買業者向けと理解すべきであり、さらにいえば総督府が「慰安婦募集」を黙認したことの証左と推察されるのである〔吉見 二〇一〇〕(15)。

以上のように、狭義・広義の強制移動に共通するのは「本人の意思に反して」ということである。就業詐欺・甘言の背景には、朝鮮人の就学機会を抑制した植民地教育制度、土地調査事業(一九一〇~一八年)、産米増殖計画(一九二〇~三四年)、収奪的な植民地地主制度などの植民地経済政策が生み出した農村の貧窮化・家族の崩壊という構造的強制が横たわっている。さらに、朝鮮社会や朝鮮総督府双方の重層的な性差別も作用している。

その他の重要な要因としては、日本が植民地朝鮮にもち込んだ日本式の公娼制度(一九一六年「貸座敷娼妓取締規則」=全道的に統一された植民地公娼制度が成立した)、そして東アジアにまたがる人身売買ネットワークが形成されたことがあげられる〔宋連玉 一九九四・藤永壮 二〇〇〇〕。公娼制度も「慰安婦」制度もともに性奴隷制度であるが、公娼制度下の娼妓等と異なるのは、以下で述べるように、朝鮮人「慰安婦」は日本の侵略戦争遂行のための性の道具(性的奴隷)として、さらには朝鮮人戦時動員の一環として、日本軍の政策によって戦場に動員されたことである。本質は同じだが、責任の所在や問われ方が異なるといえよう。

〈図4〉 日本軍による戦時性暴力の類型

❶「制度としての慰安所」に入れられた「慰安婦」（性的奴隷）	―	❷一定期間監禁・継続的強かん（性的奴隷）	―	❸強かん・輪かん
（慰安所型）		（前線型・末端型）(16)		（南京型／攻略型）

4 朝鮮人女性の「慰安婦」動員――(2) 性的奴隷

次は、金英達のいう(2)強制労働（虐待・奴隷的労働）に関してである。〈図4〉は日本軍がアジア太平洋地域で行った戦時性暴力の類型である。

これらを相互に線引きするのは難しいが（❸→❷、❷→❶などがある）、占領地女性への性暴力が❶❷❸を含むのに対し、朝鮮人女性の場合は戦場にある❶「制度としての慰安所」に入れられたケースが圧倒的に多く、期間も長い。そして、その実態は性的な虐待・酷使であり「性的奴隷」そのものであった。

では慰安所での生活をごく最小限、被害者の証言から見てみよう（詳しくは［西野 二〇〇六］参照）。

〈性的奴隷〉

まず、「慰安」という名の性交を強要された。未成年で性経験のないまま慰安所に連れて行かれた場合は、軍医に強かんされるケースもあった。一七歳で騙されて武漢の慰安所「三成楼」に連れて行かれた河床淑《ハサンスク》は、最初に性病検査をされた軍医によって強かんの恐怖を味わった［金 二〇〇〇］。文必琪の場合も最初に強かんしたのは軍医だった。

また、「慰安」を断ったり相手に逆らえば、殺されるかもしれない状況に置かれた。相手は戦闘（そして殺人）を業務とする軍人であり、しかも帯刀していることもあった。宋神道や朴永心、金英淑などには、軍人に切りつけられたりタバコの火を押しつけられたときの刀傷や傷跡が今も残っている。軍人・業者による殴打暴行は日常茶飯事であった。「人間として扱われなかった」（黄錦周）のである。

「相手」にしなければならない将兵の数も半端ではなかった。朴玉仙の次の証言がそれを物語る。「平日は比較的少なく数名、週末になると一日に数十人もの軍人がやって来ました。それは言葉にはならないくらい辛いものです。兵士が一人部屋に入ってきたかと思うとすぐさま後ろから、早くしろ、という怒声が聞こえてきます。流れ作業のように一方の出口から兵隊が出て行くと反対側の入り口からすぐさま別の兵隊が入って来ました。こんな日は自分が死んだ気にならないととても生き延びれるようなところではありませんでした」。宋神道のいた「世界館」では、朝七時から夕方五時までが兵士、五時から八時までが下士官・士官、八時から一二時までが将校と決められ、将校は宿泊することもあったので、一日中拘束されていたことになる。

また、長期にわたる拘束も特徴の一つである。宋神道は一九三八年暮れから敗戦までの七年間武漢と周辺の慰安所で、朴永心は一九三八年から一九四四年までの六年間、南京からビルマにいたる慰安所で拘束された。

休みはほとんどなく、一カ月に一日休めればよいほうである。日本軍や業者の監視のもとで、外出には軍の許可が必要であった。すなわち、彼女たちは拘束・監禁状態に置かれていた。慰安所から逃亡しても逃げ切れなかった。そこは言葉の通じない戦地であり、故郷に帰るためには交通費も必要だった。

慰安所ではコンドームをつけたがらない将兵によって妊娠させられたりした。宋神道は数回妊娠して自ら出産までした。中国雲南省拉孟で捕虜になったときに妊娠していた朴永心の写真は有名である。

逆に、不妊症になった被害者も少なくない。慰安所ではつねに性病に伝染させられる危険性があった。苦痛から逃れるための麻薬を常用した慰安婦も少なくなかった（朴永心）。サバイバーの多くは同じ境遇の「慰安婦」が病死したり、自殺したりするのを目撃している。将兵によって心中を強要された「慰安婦」もいた。

〈ほとんどなかった対価・報酬〉

対価・報酬についてはどうか。兵士はなけなしの給料から慰安所に入るための切符を買った。なお、サック（＝コンドーム）は外出時に渡された。軍の性病対策として軍から支給されたのである。切符を買って入場したため、まるで「慰安婦」が大もうけしたかのような印象がある。「主導権は慰安婦にあっ」たという主張まである〔長沢 一九八三：二三六〕。そして、このことが「慰安婦」は「商行為」であるとして、国家責任を否認する論拠に使われたりする。

その実態はどうか。大もうけしたのだろうか。主導したのは「慰安婦」だったのだろうか。

前述のように朝鮮人「慰安婦」は、騙されて連行され着いてみたら（あるいは連行途中で）慰安所であったことに気づく場合がほとんどであった。宋神道のように、その間の交通費、衣装代、化粧代他は本人の知らない間に前借金となっていたケースも少なくない。慰安所到着時点ですでに債務奴隷状態に置かれていた。妊娠・出産した場合、本人が半額・全額を負担しなければならなかった。借金がない場合でも強制貯金、国防献金という名目で巧妙にお金は吸い取られた。戦場で流通した軍票は日本敗戦とともに紙クズになった。業者が報酬をくれないので知恵を働かせてチップを「軍事郵便貯金」にまわした文玉珠のケースでも、戦後「日韓条約で解決済み」とする日本政府の見解によって貯金残高が確認されたにもかかわらず、結局一円の支払いを受けないまま一九九六年一〇月に亡くなった。朴頭理は「台湾で暮らした約五年の間、私は主人からお金を一銭ももらったことがありません」「一番辛かったのはご飯を十分食べれなかったこと」と語る。李玉仙は軍人たちの残飯を食べ、残飯がないと空腹でがまんした。被害者のほとんどは報酬・対価どころか、食事も満足に与えられず飢餓感に悩まされた。

〈強制売春との関係〉

ここで「強制売春」との関係を見てみよう。ハーグ最終判決では、歴史的に「強制売春」と呼ばれてきた犯罪が「男性の見方、……女性を強かんすることでこの制度を利用する者の見方」「犯罪の極度の重大性を曖昧にする」として退け、被害者の見方を示す「性奴隷制」が「奴隷化と強かんにおいて、従属と苦痛の法外さを適切に捉えている」として、「元『慰安婦』の置かれた状況を適切に表す言葉は『強制売春』ではなく、『性奴隷制』」（傍点引用者）〔前掲、VAWW-NETジャパン編：二八四〜二八五〕であるとしている(17)。朴頭理が五年間の「慰安婦」生活のなかで対価はまったくなかったのに「客」「相手」「商売」などと認識しているのは、彼女の置かれた状態を〝適切に表す言葉〟がなかったからであり、そう思い込まされたという点では性暴力被害の深刻な現れと見るべきであろう。

また、対価・報酬の有無に関してはどうか。「支払いは、奴隷制の実態を覆い隠すための『法的、経済的用語』にすぎないため、被害者に報酬を与えることはしばしば、彼女たちに対する不法行為を曖昧にすることで被害をさらに大きくする」［VAW‐NETジャパン編 二〇〇二：二九二］ことに注意が必要である。

同意して「慰安婦」になった場合はどうだろう。「最初に……同意したとしても、ひとたびサービスの提供が強制されたら、奴隷化が存在し、彼女たちは『慰安婦』制度に組み込まれたことになる」［前掲、VAW‐NETジャパン編：二八六］。すなわち同意や対価があったとしても、慰安所で性行為を拒否する自由、外出や移動の自由がなければ、性奴隷制なのである。

さらに、当時の公娼制度の存在、すなわち買売春の〝合法〟性をもって「慰安婦」犯罪を免罪しようとする動きがある。しかし公娼制度も前述と同じ意味で性奴隷制であった。公娼制度の場合、廃止をめざす廃娼運動も存在した。日本政府は廃娼という選択も存在したにもかかわらず、そうしなかった。そもそも当時は、女性は日本人であれ朝鮮人であれ民法上も無権利状態に置かれ、参政権すらなかったのである。当時の女性が置かれた劣悪な地位や状態を、〝合法〟だからと肯定できるのだろうか。

〈女性に対する戦争犯罪〉

軍慰安所の形態には、時期や場所、戦況によってさまざまなバリエーションがあるが、どの慰安所においても主体は日本軍、次いで業者であり、女性たちが主導権を握ることはなかった。慰安所は、あくまでも日本軍の「必要」（反日感情悪化を防ぐための強かん防止、兵力低下を防ぐための性病防止、抑圧的な軍のなかでの不平不満のガス抜き、スパイ防止）によって創設された制度である。また「慰安婦」の徴集、業者の選定、慰安所の管理・統制のすべての過程に日本軍・日本政府諸機関が関与した。業者が日本軍の意向を無視して、勝手に営業することはできなかった。民間の募集業者の行為が「国家を代理して行ったものであれば、国際法上は国家の行為」になる〔前掲、VAWW-NETジャパン編：三八二〕。

このように、朝鮮人女性がどのような方法や理由で慰安所に行こうとも、慰安所で待っていたのは似たような生活であった。すなわち、戦場にあって逃げようにも逃げようがない慰安所で、「性的奴隷」としかいいようのない生活に、自分の感情を押し殺しながら日々耐えるしか生き延びる術はなかった。「慰安婦」制度の仕組み（前借金、慰安所規則、巧妙な搾取など）は公娼制度そのものといえるが、異なるのは主導権を握っていたの（＝実行者）が日本国家の正規軍（国軍）である日本軍であったことである。

「人道に対する罪」を構成するのは〝広範囲で組織的〟に行われた殺人、殲滅、奴隷化、強制移送などであるが、その意味で「慰安婦」制度は「人道に対する罪」としての強かんと性奴隷制〔前掲、VAWW-NETジャパン編：二九二～二九三〕なのであり、日本軍による女性に対する戦争犯罪（国家暴力）なのである。

5　朝鮮人女性の「慰安婦」動員――(3) 民族差別

最後に、見逃してはならないのは(3)民族性の否定、待遇・対価や敗戦後の処遇に見られる民族差別の側面である。日本軍将兵は「慰安婦」を出身地別に〝日本ピー〟〝朝鮮ピー〟〝支那ピー〟と呼んで〔長

沢 一九八三：二三三］女性を貶め、さらに彼女たちを民族別に序列化した。

〈日本語・日本名の強要〉

まず、制度として確立された慰安所では、ほぼ例外なく日本語や日本名（源氏名）を強いられ、和服（日本服）を着せられる場合も少なくなかった。彼女たちのほとんどは学校不就学者だったので、日本語は慰安所で覚えさせられたものである。

「フジコ」と命名された朴頭理は、「イラッシャイマセ」「アリガトウゴザイマシタ」「オサケ（酒）」「タバコ」「ハリ（針）」「イト（糸）」「コメ（米）」「ムギ（麦）」などの日本語使用を強制された。「歌丸」と命名され着物を着せられた朴永心は朝鮮語を禁じられたため、日本語を覚えるしかなかった。宋神道は、日本語で「明けましておめでとうございます」をいうことができず、何度も殴られた。彼女は、今でも軍歌を空で歌うことができる。李桂月（「マッコ」）は、慰安所に着くやいなや「皇国臣民の誓詞」を暗記させられた。文必琪も平日の朝、朝礼後に「誓詞」を唱えさせられた。ほかにもレイコ（郭金女）、ミツモトカヨコ（孫パニム）など日本名や日本語を強いられた。日本人女性に似せるため朴永心、郭金女、朴頭理は朝鮮人女性の象徴といえる長髪を切られている。朝鮮人女性であることは許されなかったのである。

半世紀たった現在でも、日本語の単語や日本人の名前を記憶している被害者は多い。慰安所で生きるために覚えた日本語（軍歌）が身体化されたのであろう。その意味では朝鮮人「慰安婦」たちは、日本人女性の身代わりにすぎなかった。

また、最前線まで連れて行かれた場合は、炊事洗濯はもちろん、看護婦の代わりをさせられたりした。朴永心は、「拉孟陣地が包囲されるに及び全く日本婦人と変わり、兵の服を着用し」たし〔西野 二〇〇三：七〇〕、宋神道は護衛までさせられた。

〈民族別の序列化〉

日本軍は表向き「内鮮一体」「大東亜共栄圏」などといいながら、慰安所の管理や運営にも民族差別は貫徹されていた。多くの場合、日本人「慰安婦」は将校用、朝鮮人・中国人女性などは兵士用とされた。行列をつくって待つ兵士たちを長時間「相手」にするのが苦痛だったのは、前述の朴玉仙の証言からも明らかである。

また、慰安所での「単価」は、「内地人二円〇〇銭」「半島人一円五〇銭」「支那人一円〇〇銭」（兵・下士官の場合、将校は倍額）(18)と定められて、民族別に女性を序列化していた。これは日本軍にとっての女性への価値体系を示している。内地人とは日本人、「半島人」とは朝鮮人、「支那人」とは中国人のことであり、後二者は蔑称である。また脱走などへの見せしめのため無惨な殺され方をした朝鮮人女性も多い（李桂月、郭金女などの証言）。日本軍は慰安所において民族・出身地によって女性を序列化し異なる待遇・対価を与え、民族間で差別し分断する政策をとった。

「慰安婦」制度は「女性を物体化し差別する文化から生じ」たが、さらに「侵略者が劣等と見なす文化出身の女性に対しては、残虐さを増し、軍国主義文化の一部として極限に至った」〔前掲、VAWW-NETジャパン編：四〇五〕ことを見逃してはならない。慰安所では朝鮮人であることは許されなかったが、日本人として扱われることもなかった。というより人間として扱われなかったのである。

〈敗戦後の処遇——〝置き去り〟〉

日本敗戦後の処遇ではどうか。朝鮮人女性は敗戦を知らされないまま現地に遺棄（置き去り）された例が多かった。長沢健一『漢口慰安所』によれば、敗戦時に武漢及びその周辺では、日本人は日本居留民集中区に、慰安所関係者を含む朝鮮人二一〇〇人は日本総領事館の管理を離れて中国側に移管したという。日本人元「慰安婦」たちは翌春、府県単位に組み込まれて引き揚げ船で帰国した。長沢は、朝鮮人女性は光復軍とともに故国に帰った模様というが、必ずしもそうではなかった。日本人元軍曹とともに日本に渡った宋神道（日本で棄てられた）もいるが、河床淑などのように帰国せず武漢周辺にとどまった女性も少なくなかった。朴玉仙、李玉善も連行先の中国にとどまらざるをえなかった。三人が帰国を果たしたのは、半世紀後である。

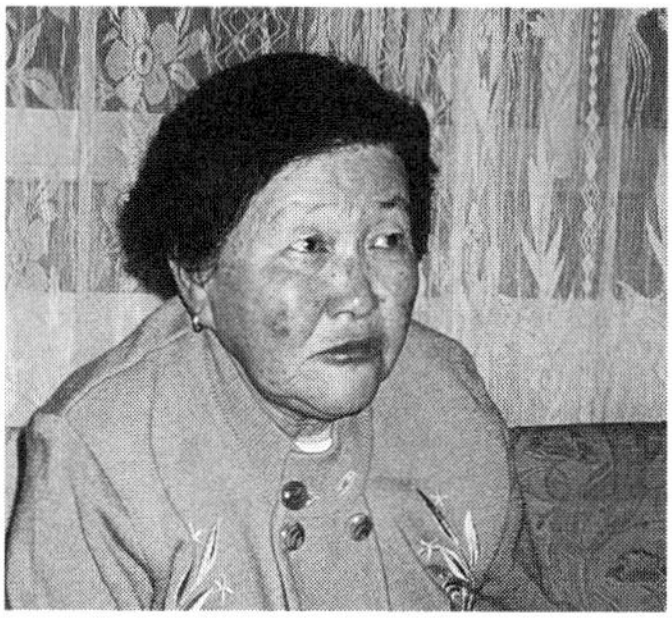

現在も中国武漢に住む河床淑さん
（2000年筆者撮影）

黄錦周は中国から、姜徳景（妊娠中）は日本から自力で帰国した。朴頭理は台湾の慰安所で使い走りをした朝鮮人男性と一緒に帰国した。朴永心は昆明捕虜収容所に収容され、重慶から光復軍とともに朝鮮に帰国した。

故国は被害者を受け入れたのだろうか。解放直後の新聞に故国への帰還を果たした元「慰安婦」の消息が掲載されている。それによれば、中国・上海で同胞有志である孔敦などが「韓国婦女救済会」を結成し、一九四五年一一月から一二月の間、一二一四人の「慰安婦」にされた女性を収容し、翌四六年四月まで全員帰国させたという。「花のような我が同胞の婦女たちは、いわゆる挺身隊とか慰安婦とかいう美名の下に、倭兵（日本兵）の戦場に連れて行かれて、ありとあらゆる蹂躙と酷使を受けていた」（「慰安婦を救出　帰国した婦女救済の権氏が現地報告」『中央日報』一九四六年七月一八日付〔VAWW－NETジャパン編　二〇〇〇（第3巻）：三四四～三四五〕）。同紙では「慰安婦」（「挺身隊」も）という用語が使われ、日本軍により「蹂躙と酷使」を受けた被害者と表象されていることに注意が必要である。

いずれにせよ日本軍は、日本人「慰安婦」を帰国させたが、自ら立案・実行した「慰安婦」制度により朝鮮から戦場に連れて来た朝鮮人「慰安婦」を帰国させる手立てを何一つとらなかった。日本軍・日本政府の戦後責任の放棄はここから始まる。

そして周知のように、一九九〇年代に入って韓国のサバイバー（生還者）が声をあげるまで、日本政府・社会は半世紀以上も放置・黙殺した。日本政府が軍関与を公式に認めたのは、一九九一年八月に金学順が韓国で初めて実名で顔を出して証言を始め、同年一二月に提訴のために来日し、一九九二年一月に軍関与資料が防衛庁防衛研究所図書館に存在したことが報道されてからである。しかしその後も日本政府は、帰国できなかった元「慰安婦」サバイバー（生還者）への帰国措置は何一つ取っていない。半世紀以上も〝置き去り〟したままである。

戦後補償に関してはどうか。第3章で明らかにしたように、日本政府の戦後補償政策では日本人男性元軍人・軍属に対して「国家補償の精神に基づき」個人補償（軍人恩給）が一九五二年から実行されたが、「慰安婦」には、日本政府による個人補償はなされなかった。一九九五年に日本政府は「女性のためのアジア平和国民基金」（いわゆるアジア女性基金）を創設したが、これは民間からの募金による「償い金」であり、国家補償ではない。ここにも日本人との著しい落差がある。戦後補償からも〝置き去り〟にしたのである。

このように朝鮮人「慰安婦」の戦時動員には、金英達や山田・古庄・樋口のいう朝鮮人戦時動員の特徴がすべてあてはまる。しかしながら、企業への朝鮮人戦時動員に比べて、連行時期が早く、連行場所が銃弾飛び交う戦場の慰安所であり、その内容が報酬すら伴わない性的奴隷であったという違いも見逃せない。

6　大日本帝国版図内の女性動員

しかし、「慰安婦」動員を考える場合、以上のような朝鮮人戦時動員の分類だけでは十分ではない。前述のように、第二次世界大戦中のナチス・ドイツも慰安所に類似する施設をもっていたが、占領地の女性だけではなく、植民地（朝鮮・台湾）の女性を遠隔地にある戦場の慰安所にまで連行して性奴隷にしたのは日本軍だけであった。ここには、大日本帝国版図（宗主国・植民地）内の女性にのみ課した独特の動員構図があるのではないだろうか。

〈図５〉朝鮮・台湾・日本人女性の役割

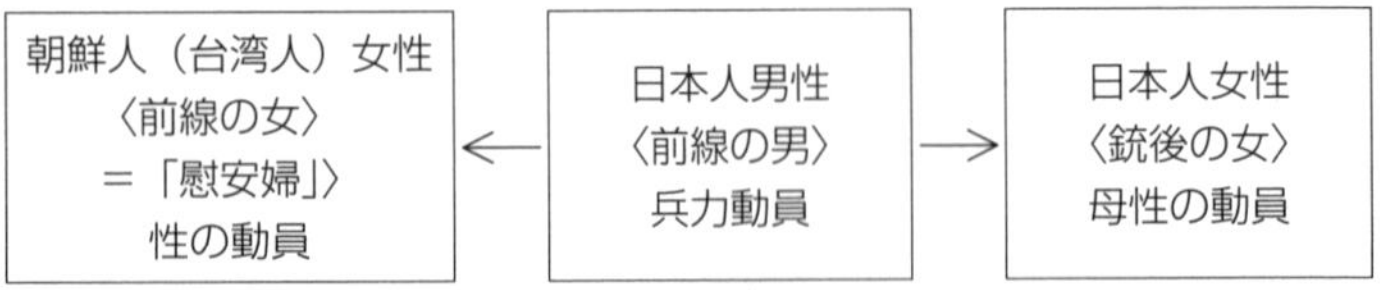

〈女性動員と民族別役割〉

宗主国日本人－植民地朝鮮人（台湾人）という民族秩序（民族的序列化）を前提に、大日本帝国版図内の「臣民」の中核たるべき日本人男性＝日本軍将兵を〈前線〉に置いて、これをはさんで日本人女性と朝鮮人女性（台湾人女性）は、〈図５〉に記した通り〈ジェンダー〉〈セクシュアリティ〉に基づく女性の役割が、〈民族〉別に配分され序列化されていた。

「銃後」とは「前線」に対し戦争の後方支援基地をさし、一五年戦争から本格的に使われ出した。一九三七年日中戦争開始以降には〝銃後の務め〟〝銃後の守り〟は主に女性の役割とされ、地域的には日本だけではなく植民地朝鮮・台湾等を含む概念である。

〈銃後の女〉の第一の務めは「兵士たちの戦意を昂揚させ、皇軍兵士として〈立派な働きをさせること、少なくとも、厭戦、反戦意識の顕在化を抑えること」［加納 一九八七］にあった。後方基地である日本国内で日本人女性たちは、出征兵士の見送りや慰問の手紙を出したりして、これを担った。

一方、日本軍将兵たちとともに〈前線〉にいた「慰安婦」たちは、主に性的側面から同じことを担わされた。「慰安婦」たちは、大義名分のない侵略戦争に駆り出され泥沼と化した戦場で戦う兵士たちの「不満のはけ口」の受け皿となり、明日の「戦意を昂揚」させる役割を課された。さらに、「慰安婦」は「情欲ヲ満タス」だけでなく、

「精神的慰安ヲモナサシムル」という、共同の「現地妻」的な役割まで求められた。戦場における〈銃後の女〉そのままに昼は看護、洗濯、炊事、雑用等を任され、「大日本婦人会」のたすきを掛けて兵士を見送ることまでさせられた。その意味で「慰安婦」という命名は象徴的である。「軍隊の考え方では、慰安婦は普通の娼婦と違うのである。慰安婦という表現には、国のために闘っている兵隊を慰安する使命感を持つ女」（伊藤桂一）[19]という特別なニュアンスがあるという。

皇軍将兵にとっての「慰安婦」は、戦場で殺人機械＝モノと化した兵士が「男」としての主体性を一瞬でも〝回復〟する（と錯覚させることで国家・兵士にとっては兵士を管理する）ための「性的役割」を担わされた。とともに、その時々の状況に応じて「妻」「恋人」「母」「看護婦」「戦友」などの「精神的慰安」役割を果たすべき存在であった。戦後の元将兵たちの回想のなかの「慰安婦」が「素肌の天使」などと、しばしばノスタルジアの対象として想起されたのはそのせいであろう。

しかしながら前述のように、「慰安婦」にされた女性にとっての「慰安」の実態とは、すさまじい性暴力にほかならなかった。「慰安婦」像が、将兵側（加害者側）と「慰安婦」（被害側）では、まったく異なるということを見逃してはならない。

このように、女性たちは戦場の内と外で、「国のために戦っている」皇軍兵士の「戦意を昂揚」するために、〈銃後の女〉たちは精神的かつ物的資源補給のために、〈前線の女〉たる「慰安婦」は性的かつ精神的に「奉仕」することを天皇制国家・皇軍（日本軍）から求められた。女性たちは日本軍将兵＝〈前線の男〉をはさんで、〈銃後の女〉と「慰安婦」に二分された。

〈分岐点としての階層と民族〉

しかしながら、〈銃後の女〉と「慰安婦」は交換可能ではなかった。〈銃後の女〉になりえた女たちとは、天皇制国家と皇軍が守るべき位置にいた日本人女性であった。若くて性経験のない日本人女性を「慰安婦」にしなかったのは、彼女たちの人権を考えてのことではない。そうした日本人女性を「慰安婦」にしたならば、前線で戦う皇軍兵士たちの戦意に動揺をきたすだけではなく、銃後で「軍国の母」となるべき日本人女性の「産む性」を損なうという理由からであったのである。

一方、そうした配慮がまったく不要な位置にいたのが「慰安婦」にさせられた階層・民族出身の女性たちだった。同じ日本人でも貧しい階層出身で性を売らなければ生きる術のない女たち、被支配民族で貧しい階層に属する女たちが、まずもって「慰安婦」に組み込まれた。皇軍からして見れば、「慰安婦」を「調達」するのに、もっとも手近で「使い捨て」できる位置にいた女たちであった。「慰安婦」たちは、民族の別なく貧しい階層の女たちから「調達」された。ここに階級・階層の問題が横たわっている。

しかし日本の植民地下にあった朝鮮人や台湾人の「慰安婦」問題を語るには、これだけでは十分ではない。朝鮮人「慰安婦」の場合を見ると、日本人女性では対象にならなかった若くて性経験のない女たちがその標的とされたからである。一五年戦争において朝鮮半島は中国という前線補給のための兵站基地の役割を担わされたが、皇軍兵士の性病罹患による戦力低下を防ぐための理想的な「慰安婦」として、朝鮮半島から女性たちが次々と前線に補給されていった。このように朝鮮人「慰安婦」の戦時動員は、民族の支配／被支配を強制した植民地支配という背景なくしてはありえなかった。

一方、朝鮮にも〈銃後の女〉に相当する女たちがいた。植民地朝鮮の女性運動の担い手だったエリート層に属する彼女たちは、積極的に戦争に加担・協力し、同族の女性たちを「慰安婦」や女子挺身隊に差し出すこともためらわなかった。

けれども、こうした朝鮮版〈銃後の女〉も含めて朝鮮人女性の戦時動員は、日本人「慰安婦」をも含めた日本人のそれとは質が異なっている。侵略されて植民地とされ一方的に「日本国籍」を強要されたうえに、自らを支配する日本が勝手に起こした侵略戦争を遂行するために動員され、使い捨てにされたからである。朝鮮人「慰安婦」は、日本人女性も含めた戦時動員のもっとも過酷な状態に置かれた被害者であったといえるのである。

おわりに

日本軍が、「慰安婦」にされた朝鮮人女性に対して、同意・対価の有無にかかわらず、「人道に対する罪」としての性奴隷制を実行したのは疑いようがない。そして、その内実を見ると、朝鮮人戦時動員の特徴である、(1)強制移動、(2)奴隷労働、(3)民族差別がすべてあてはまる。朝鮮人「慰安婦」の動員は、植民地支配を背景とした朝鮮人戦時動員の一環であり、「性奴隷」という内実からして女性に対する戦争犯罪（国家犯罪）なのである。

被害者の証言に耳を傾ければ、その端々から、個々の朝鮮人「慰安婦」にとっての植民地支配や侵略戦争の実相が浮き彫りになってくる。彼女たちが置かれた状況をよりリアルに理解するためには、女性の性を戦争の道具としたという「慰安婦」制度の成り立ちだけではなく、朝鮮人を侵略戦争に巻き込んだ民族の支配／被支配、階級の差異への個別具体的な事実認識、さらに大日本帝国版図内の女性動員の民族的配置に対する理解が不可欠であろう。

第5章

植民地期・解放直後の朝鮮における公娼認識

はじめに

一九九〇年代に「慰安婦」問題が社会問題化して以降の韓国では、「慰安婦」問題は民族主義と、公娼制度は女性に責任を負わせる買売春・性売買(1)問題とそれぞれ結びつけて語られ、両者は別物とされてきた。ここには、売春婦と呼ばれた一群の朝鮮人女性を〝一般女性〟から切り離し、〝堕落して身体を売る境遇に落ちる〟ことを意味する〝淪落女性〟(2)と表象するような、つい最近までの韓国の〝自発的な売春婦〟像・観が投影しているように思われる。

しかし、植民地期及び解放直後の朝鮮人は、公娼制度及び公娼・私娼などの朝鮮人売春女性に対して、当時及び今日の日本社会、そして今日にいたるまでの韓国社会に見られるような「卑しい汚れたる業」「醜業婦」／「淪落女性」といったような卑賤視・観を必ずしも公論化していたわけではなかった。そこには、公娼制度及び朝鮮人売春女性をジェンダー間に生じる問題だけでなく、植民地化の過程で日本が朝鮮に移植した制度というナショナリズムの視点、その植民地支配がもたらした社会経済構造の産物という階級問題から捉えようとした視点が介在していた。とりわけ、植民地支配に対する抵抗のナショナリズムがその基調をなしていたといってよい。すなわち、植民地期朝鮮における公娼認識では、抗日ナショナリズムを基調にしながらも、ジェンダーや階級が交差・輻輳する問題として捉えており、当時や現在にいたる日本や韓国でのそれとは異なる様相を呈していた。しかし、そうした認識は、解放後の韓国社会のなかで変質をとげていくことになる。

本章は、これまでの植民地公娼制度に関する先行研究を踏まえながら、植民地期及び解放直後の朝鮮において、朝鮮人（この場合、主に男性知識人）がどのように公娼制度や朝鮮人娼妓（芸妓、酌婦等の公娼、私娼含む）に対して認識（以下、「公娼認識」と記す）していたか、またそれらがどう変遷をとげたのかに関して、主に『東亜日報』社説等をもとにラフスケッチを試みるものである。なお、当時の民族紙・誌を広くリサーチしたものではなく限界性をもつことをあらかじめ断っておきたい。

1　朝鮮への日本式公娼制度の移植と展開

朝鮮の開港（一八七六年）以降の朝鮮侵略と植民地化の過程で、日本が朝鮮に「移植」した制度の一つに、日本の近代公娼制度がある。ここでいう日本の近代公娼制度とは、遊廓のもとで娼妓とされた女性の身体を国家公認で管理する買売春制度をさす。もとより、従来の朝鮮社会に買売春がなかったわけではなかった。朝鮮王朝時代、支配層には歌舞、詩歌、書画などの本業に伴って対象を特定して売春を行うこともありえた妓生、そして庶民層には雑歌程度をたしなむ売春婦である娼女、流浪芸人集団に属し巡業先で売春もしたりした女社堂牌等の売春婦の存在が確認できるが、江戸時代の遊廓に象徴されるような、政府公認の特定地域における管理的買売春としての公娼制度はなく、朝鮮社会の早婚の風習もあって一般庶民層は買売春に無縁な生活だったという［宋 一九九三］。

ところが、開港以降に日本人居住地を中心に発達した日本式の公娼制度は、しだいに朝鮮社会にも増殖していき、当該社会における買売春のあり方を変えていく。統監府は朝鮮人売春婦を公娼制度に組込む政策を進め、一九一六年に統一的な法整備（総督府警務総監部令第四号「貸座敷娼妓取締規則」）を行い植民地朝鮮での公娼制度を確立した（［山下 一九九二・宋 一九九三、一九九四］他）。これが近代朝鮮における買売春の国家公認の始まりであり、植民地期に形成された遊廓が現在の韓国における買売春街の原形となった［申 一九九一＝一九九七：五二・宋 一九九三］。

その後、植民地公娼制度のもとで、一九二九年には朝鮮における朝鮮人売春女性の数が日本人のそれを上回り［宋 一九九四］、東アジア全域（日本・台湾・「満州」・サハリン・中国本土）に国境をまたいだ人身売買ネットワークが構築され ［藤永 二〇〇〇］、多くの朝鮮人女性の娼妓化が進展していった。こうしたことが土台となり、一五年戦争下の日本の侵略地域の全域で、「慰安婦」と改称されながら(3)、日本軍・日本政府ぐるみでつくられた軍人軍属専用の性奴隷制度として全面展開するにいたったことは周知の通りである。

ここで留意すべきは、朝鮮国内における日本陸海軍と遊廓・慰安所設置の関連性である。日本陸軍は朝鮮半島に二個師団（第一九師団＝羅南《ラナム》、第二〇師団＝ソウル龍山《ヨンサン》）を駐屯させ（＝朝鮮軍）、海軍も鎮海《チネ》（慶尚南道《キョンサンナムド》）等に海軍基地を創設した。こうした朝鮮半島への「軍事的強占」を支えた日本陸海軍の周囲に、遊廓や慰安所が設置されたことを示すいくつかの証拠がある。〈写真1〉はその一つであるが、朝鮮民主主義人民共和国咸鏡北道清津市に現存する海軍専用慰安所「銀月楼」（現在は診療所として使用）である［「従軍慰安婦」・太平洋戦争被害者補償対策委員会 二〇〇〇・金栄／庵逧 二〇一〇］。ソウルの桃山遊廓は龍山の韓国駐箚軍司令部をあてこんで一九〇六年に開設された［宋 一九九三：五六］ものである。一九一〇年から海軍基地建設が始まった鎮海では、軍自らが遊廓地を計画・造成をしたうえで民間業者を選定して貸与しようとしたが軍港計画の縮小により予定地には海員養成所が設立され、鎮海の兵営設置に際し「強制的に連れて行った韓国人女性四～五人は兵営でかわるがわる辱めた」［竹国 一九九九］という。こうしたことから、軍と遊廓との密接な関係や「慰安婦」制度のプロトタイプというべき事態が「併合」前に生じていたことがわかる（詳しくは、［宋／金編著 二〇一〇］参照）。

〈写真１〉　朝鮮民主主義人民共和国に現存する日本海軍専用慰安所「銀月楼」

（提供：金栄氏）

そのうえで重要なことは、現在の韓国における米軍人対象の買売春街である基地村が、多くの場合日本陸海軍対象の遊廓街（あるいは慰安所）を引き継いて形成されたことである（後述）。

このように、植民地期の公娼制度は、一五年戦争期には「慰安婦」制度と名称を改めながら、現在の韓国社会における軍事主義とジェンダー、そしてセクシュアリティに直接つらなる深刻な影響を与えたのである。

2　植民地期朝鮮における民族言論の公娼認識

さて、「慰安婦」制度の土台となった公娼制度は、朝鮮でどのように認識されていたか。一九二〇年代まで遡ってみよう。三・一独立運動（一九一九年）の血の代償として勝ち取った一九二〇年代の言論空間（ここでは主に『東亜日報』紙「社説」を資料にした）のなかで、盛んに論じられたのが「女性解放論」であった。当初は「新しい朝鮮をつくるために、社会の半分を占める女性にも教育を与えよ」という女子教育論に収斂していた女性解放論は、しだいにそのテーマがセクシュアリティに関する問題も含めて拡散するとともに、保守的な言説へと変質していく［金 二〇〇三］。

公娼制度を論じた社説が登場するのは一九二〇年代半ば頃からである。一九二六年八月六日付社説「朝鮮の公娼――廃止の方針を勧める」や一九二七年五月一四日付「公娼廃止運動の帰着点」等がそれである。前述のように、一九一六年には全道的に植民地公娼制度が確立し、この法整備のもとで一九二〇年代には多数を占めた日本人売春婦が減少し朝鮮人売春婦が増加するという趨勢（一九二九年に逆転）にあったが、その一方で公娼廃止運動（一九二三年朝鮮女子基督教節制会、一九二四年公娼廃止期成会の結成等）が起こり社会問題となっていた［宋 一九九四］。二つの社説は、このような状況下で論じられた。

前者の社説では、日本には①数百年に及ぶ遊廓発達の歴史があり、②遊廓は社会的な「相当な社交機関」の価値のためその存在を認定する一般感情があるため、③「遊廓に出入りすることをそれほど恥辱と感じない気風」があるが、「朝鮮では全然それとは違う」と断ずる。すなわち、「現今の朝鮮にある公娼制度は朝鮮にはないものを最近幾十年間に日本人が朝鮮に輸入した制度」「朝鮮人の感情には至極の卑陋な考えを引き起こす制度」（傍点引用者、以下同様）であるため、公娼制度の「社会的意義」には日本人と朝鮮人では「実に千里の差がある」と彼我の認識の懸隔を対比させたうえで、朝鮮では「（廃止に）こだわる何らの社会的根拠がない」、したがって「漸進的にこの制度を滅消させることは決して難問題ではない」と、当局に全廃を勧める。後者では、「単純な貞操観念の見地から」娼妓や娼楼に出入りする男子を責める前に、「如斯現象を起らしめた制度（社会制度あるいは経済制度）」を責めるべきとして再び公娼制度の廃止を提言する。

また、別の社説（「公娼と私娼」一九二七年八月六日付）でも、公娼制度を「経済的に独立しえない女子の弱点と、横暴なる男性の享楽が野合して生じた制度」とジェンダー間の権力関係から生ずる問題と捉えている。そのうえで、男女の人格尊重の見地から公娼／私娼の差別化を批判し、廃娼により社会風紀や花柳病が悪化するという俗説を退け、「少なからざる女子を一平生（＝一生の意―引用者）非人間的生涯に終らしめる惨状」を批判し、公娼が「私娼になるとしても……奴隷的生活から解放すると云ふ人道的な意味から」公娼廃止を支持する。

ここには、日本の廃娼運動に顕著だったとされる売春女性に対する卑賤視は見られない。藤目ゆきによれば、日本の廃娼運動は「婚姻外の性関係を罪悪視し、『純潔』でない女性に汚名をきせて排除する」という西欧的価値観を背景に、「売春業者の公許を廃し犯罪者化することで国家の体面をつくろうとともに、売春を罪悪とし娼婦を賤視する社会論理を普及」［一九九七：一〇三～一〇四］することを大目的としており、芸娼妓の生業に対して「卑しい汚れたる業」「道徳上の罪悪」、あるいは芸娼妓は「女子中最も賤劣なる一部分」であると公言していた。在外国売春問題に対しても、欧米の視線を背に「日本の恥辱」という認識であった［藤目 一九九七：一〇六］。

このように植民地朝鮮での公娼認識は、日本の廃娼運動のそれとは異なっていた。それはこの時期には朝鮮社会に娼妓への卑賤視がなかったことを意味しないし、それが表面化しなかっただけと考えられる（そして、遊廓での買春が高値の花でありそれほど浸透していなかったとも考えられる）が、少なくとも売春女性だけを犯罪者扱いする視点は当時の民族言論では公論化されていなかった(4)。むしろ問題視したのは「（在朝日本人）壮年男子である四・五万人の感情と幾個楼主の営利欲」（『東亜日報』一九二六年八月六日付社説）を公認する日本の植民地権力と、不断に娼妓を生み出す社会制度・経済制度に対してであった。ここには、公娼制度をもち込むことに痛痒を感じない植民地権力、在朝日本人社会への痛烈な批判が見てとれる。すなわち、当時の民族言論では、公娼制度を「女性の経済的弱点と男性の横暴な享楽」というジェンダー間の権力関係としてだけではなく、「日本が朝鮮に輸入した制度」と捉える日本の植民地支配批判を伴ったナショナリズムの視点、朝鮮人娼妓の出現はその植民地政策がもたらした「社会制度或は経済制度」＝植民地社会経済構造の産物であり階級的な性搾取と捉える「階級」の視点が介在していた。とりわけ強調されたのは、抵抗のナショナリズムといえる。

それは女性の身体の所有・管理（性の支配）が「民族」支配の象徴的行為であるために、朝鮮人（知識人男性）の家父長的なナショナリズムが公娼制度批判を通じて女性の身体に表象されたと見ることができる。したがって、抗日ナショナリズムの文脈に沿うからこそ女性への性搾取が問題にされたともいうるが、この時期の公娼認識にはナショナリズムだけに還元できない階級やジェンダーへの視点を含めた輻輳性をもちえていたことは注目されてよい。

3　一九三〇年代以降の公娼制度の展開と朝鮮社会

その後、公娼制度は、一九三〇年代以降の朝鮮社会に買売春文化の浸透や人身売買の蔓延を招いていくが、そのことにより公娼認識にかなりの変化が見られる。それはどのようなものであったのか。

まず、宋連玉［一九九四］によれば、一九一〇～二〇年代の都邑の遊廓で日本人男性は朝鮮人男性の一二倍の頻度で買春し、遊興費も二倍だった。農村も含めると日本人男性は朝鮮人男性の五七倍買春した（一九二九年）。日本人貸座敷業者の経営規模は朝鮮人業者の五倍強（納税額＝日本人業者八二・七二円、朝鮮人業者一六・一六円）であり、また町の有力者も多かった。しかし一九三〇年代中盤になると朝鮮人買春客も増加していき、女性を売春業者に結びつける朝鮮人紹介業者、いわゆる口入れ屋も急増する。前述のように人身売買ネットワークが日本の支配地域である東アジア一帯に空間的な広がり（日本・台湾・「満州」・サハリン・中国本土）をもって拡散していくのだが、それに伴い朝鮮人紹介業者数は、一九二五年二三〇九人→三〇年二五四九人→三五年二七二〇人→四〇年三七七六人と、日中全面戦争（一九三七年）を前後して飛躍的に増加する〔宋 一九九四：五一〕。

そのような朝鮮内・国境をまたぐ買売春興隆に伴って、多くの朝鮮人女性が買売春市場に投入された。一九三〇年代の『東亜日報』紙は、朝鮮人女性の家出の急増(5)や、災害地や春窮期、飢餓線上にある農村に出没し、人事紹介業、医師、代書業、女性用小物売りなどのさまざまな業種に名を借りて、農村の少女たちに就職の斡旋をもちかけて「誘因」する人身売買業者の暗躍の記事(6)を多数掲載している。日々貧窮が深刻化していく当時の農村社会では、買売春市場へと「誘引」される要素は日常的にころがっており、さまざまな経路を通じて管理売春に携わった女性たちの数は一九三〇年代以降も一貫して増加していく。このように、公娼・私娼、芸妓・酌婦、そして名称を変えたにすぎない軍専用「慰安婦」輩出にいたる社会構造と回路が――巧妙に操作された有力な「行き先」として――朝鮮社会のなかに構築されたのである。

〈写真2〉は、千田夏光（『従軍慰安婦 正・続』双葉社、一九七三・四年の著者）に生前インタビューをした際に筆者から提供していただいた。「アイコク食堂」（一九三九年八月、中国石家荘）という看板が掛かっているが、千田によれば実質は慰安所であり、和服姿の女性は朝鮮人女性であったという。

こうしたなかで『東亜日報』社説にも、次のような変化がうかがえる。第一に、「日本」という対抗軸が漠然化・後退したこと、第二には公娼制度批判がとくに一九三〇年代後半には後退したこと、それに伴い第三に娼妓への〝まなざし〟が厳しくなったことである。

まず、第一番目に関しては、「最近数十年来外来文明の輸入と共に……公娼制度が朝鮮に輸入」（「人身売買の悪制度 速に革清せよ」『東亜日報』一九三一年二月一〇日付）、あるいは「新社会制度と共に輸

〈写真2〉　中国石家荘「アイコク食堂」（1939年８月）

（提供：千田夏光氏）

入」（「公娼制度を廃止せよ　公娼制度は文明社会の恥辱」『東亜日報』一九三三年五月二六日付）と、公娼制度移植の主体である「日本」がぼかされている。しかし、ここでも「古来朝鮮は倫理強のあだ名があるほど風紀方面に民衆的世論強く、斯界の出入者を一種の恥辱と思ひ……」（『東亜日報』一九三一年二月一〇日付）、あるいは「従来の朝鮮にも妓生なるものがあったが、それは歌舞を売るもの……売淫行為の如きは絶対に公許しなかった」（「公娼制度を廃止せよ　咸南道の改善に際し」『東亜日報』一九三三年一〇月一八日付）と、旧来の朝鮮社会の道徳的、社会風紀的な優位性を誇示するナショナリズムの視点は健在である。

　こうした旧来の朝鮮「民族」の性倫理の誇示は、その逸脱者に対しては制裁的視点にたやすく転嫁する。それゆえ、第三番目に対しても、「退廃的芸妓、酌婦」また「一部下層人民の婦女子の売買を強要せしことは是も唾棄すべき事実」（『東亜日報』一九三一年二月一〇日付）、あるいは「公娼なる名称の下に生面不知の男子に一時的性欲の満足を与えて以て生活の方途とする奇怪な営業者（娼妓）」（『東亜日報』一九三三年一〇月一八日付）などと断じるのである。一九二〇年代には責められるべきは娼妓だけでなく娼楼に出入りする男子（『東亜日報』一九二七年五月一四日付社説）でもあったが、ここでは娼妓に転嫁されている。また、「抱主の利益を目的とする醜業」(『東亜日報』一九二七年五月一四日付社説)あるいは「売笑婦」(「春窮期と人身売買問題――人身売買制度を撤廃せよ」『東亜日報』一九三六年二月二五日付)なる言説も登場したことも目を引く。

さらに、公娼制度を廃止する根拠に、「文明社会の恥辱」とする「文明上」の理由、人身売買を不当とする「道徳上」の理由、「意思のない男子に無理に性的満足を与える」ことを問題視する「人道上」の理由、強制的に他の「貞操」を売って抱主の利益を図るのを是認できない「治安上」の理由、性病(花柳病)の伝染懸念する「公衆衛生上」の理由が具体的に付け加えられた(『東亜日報』一九三二年五月二六日付、一九三三年一〇月一八日付など)。とりわけ、第二番目の公娼制度批判(7)への後退と関連して重要なのは、一九三〇年代後半以降に深刻化した性病問題である。

一九三〇年代後半には「花柳病が漸次拡大をみるようになったわが朝鮮社会」(「花柳病に対する特別戒心」『東亜日報』一九三五年四月一〇日付)、ついには社説タイトルでも「性病退治の急務」(『東亜日報』一九三八年一一月五日付)が叫ばれる事態にいたった。後者の社説では「花柳病は……一種の文明病と称せられているごとく、どの社会や階級或いは地域の別なく、ないところがない」、そして「恐るべき病菌の媒介所である花柳界」として「遊廓とかでも芸娼妓制度を廃止することは困難ではあるが悪質の害毒を受ける者が国家の中堅層である青年壮年層」であるから「社会浄化及び優生学上から」「花柳界に対する当局の厳重なる団束」を求めた。家庭に性病を媒介したのは買春男性であったにもかかわらず娼妓が一方的に性病保菌・媒介者とされ、さらに公娼制度の廃止ではなく存続を前提に植民地権力側に性病対策を求めているのである(8)。

ここでは性病を「文明病」(9)と位置づけ、その蔓延をもたらした日本や公娼制度への批判的視点が見られない。一九二〇年代にはそれほど強調されてはいなかったこれらの言説は、それだけ朝鮮社会に日本式買売春文化が浸透し朝鮮人男性自身の「買う身体」化が進行していったことの証左であろう。

以上のように、一九三〇年代においても、朝鮮内「売笑婦」の急増が農村の没落の副産物であり人身売買業者の商品と化していると批判する（『東亜日報』一九三六年二月二五日付）視線はあるものの、対日本批判、続いて対公娼制度批判の後退とともに朝鮮人娼妓に対するまなざしが、植民地支配の被害者から男性の誘惑者、「退廃的芸妓、酌婦」、性病保菌・媒介者などと賤業視へとの変化が見られる。また、女性の人身売買を不断に生み出す「一部下層人民」への蔑視も表面化してきた。日本式買売春文化が朝鮮社会のなかに構造化される趨勢のなかで、娼妓やそれを産み出す「下層」階級へのまなざしに変化が現れたと考えられる。

4　解放直後の公娼認識

日本の敗戦＝朝鮮の「解放」の後、支配者は朝鮮総督府からアメリカ軍政に替わった。アメリカ軍政期（一九四五〜四八年）には、公娼制度に関する二つの重要な法令が出ている。一つは一九四六年五月一七日公布の婦女子売買・売買契約の禁止や借金無効などを定めた「婦女子の人身売買及び売買契約禁止」（在朝鮮美国陸軍司令部軍政庁法令第七〇条(10)、施行二六日）であり、もう一つは翌一九四七年一一月一四日の「公娼制度等廃止令」制定（南朝鮮過渡政府法律第七号、一九四八年二月一四日施行）である(11)。

公娼認識に変化はあったのだろうか。前者の法令に関して左右の民族言論や女性団体、そして一般世論は、公娼制度を「日帝の遺物」(12)「日帝の毒素」(13)「在来の朝鮮にはない制度であり、日帝が残していった遺産」(14)と捉えており、同法令制定を歓迎した。再び公娼制度移植の主体としての「日帝」が再記憶化されたのである。そのため、たとえば前記「日帝の毒素」と断じた『中央新聞』は、公娼の私娼化を警戒しながら「解放された朝鮮の女性に与える偉大な解放の贈り物」と賛美した。同紙に限らず同令を公娼制廃止と誤解したためであったが、「婦女子の売買だけ禁止　公娼制度廃止ではない　軍政庁法令第七〇号の限界性」(15)と冷静に報じた中立系紙もあった(16)。その後、大勢を占めたのはその限界性を指摘し、公娼制度そのものの廃止を求める声だった。とりわけ、女性運動は左右を問わず公娼制度廃止を推進した(17)。

ここで注意を要するのは廃止論者ばかりではなかったことである。保健厚生部は、私娼増加と「民族保健上」憂慮すべき性病防止の見地から公娼制度廃止に反対した(18)。翌年制定された後者の「公娼制度等廃止令」では、法令のなかで公娼制度を文字通り「日政の悪習」(第一条)と明確に位置づけ、植民地公娼制度の法的根拠となった「一九一六年遊廓業娼妓取締規則」の廃止を明記している(第二条)(19)。

一方、解放直後に運よく故国への帰還を果たした「慰安婦」の存在が新聞に掲載された。それによれば、中国・上海で同胞有志である孔敦などが「韓国婦女救済会」を結成し、一九四五年一一月から一二月の間、一二一四人の「慰安婦」にされた女性を収容し、翌一九四六年四月までに全員帰国させたという。「花のような我が同胞の婦女たちは、いわゆる挺身隊とか慰安婦とかいう美名の下に、倭兵(日本兵）の戦場に連れて行かれて、ありとあらゆる蹂躙と酷使を受けていた」（「慰安婦を救出　帰国した婦女救済の権氏が現地報告」『中央日報』一九四六年七月一八日付）(20)。同紙では「慰安婦」（「挺身隊」も）という用語が使われ、日本軍により「蹂躙と酷使」を受けた被害者と表象された。

このように、解放直後には、公娼制度も「慰安婦」制度もともに植民地支配及び日本軍が導入した制度として、「共同の記憶」を再構成していた。それはジェンダーや階級問題としてよりも、「日帝残滓」清算問題ともからみ抗日ナショナリズムに後押しされていたといえるだろう。

しかしながら、人身売買及び公娼制度の廃止法令にもかかわらず、当時の複雑に錯綜する政治経済的状況の下で失業対策等が伴わなかったため、公娼が私娼に名前を変え、むしろ私娼が急増したのである（廃止前には二〇〇〇人だったが、廃止後九カ月後には五万人に急増したという［カン・イス　一九九九：二八八］）(21)。さらに同じ時期に、南北分断と冷戦を背景にその後の韓国社会への買売春浸透を決定づけることが起こった。今度は「日本の悪習」「日帝の残滓」だけでは済まない、韓国社会の内在的な問題として。

その契機となったのは、第一に、解放以後の米軍政と米軍駐屯の始まりである。米軍という新たな外国軍の駐屯は、バーやキャバレーのような新たな風俗産業や基地村を誕生させ、米軍相手の女性は「洋公主」と呼ばれるなどアメリカ式買売春文化を産み出した。朝鮮戦争後に本格的に駐屯が開始された米軍基地のいくつかは、日本軍基地だった場所とその周辺の買売春街をも受け継いだのである［駐韓米軍犯罪根絶のための運動本部　一九九七＝一九九九：一六〇～一六八］。朴正煕政権は一九七〇年代に基地村浄化運動を開始し、基地村性売買に直接介入することになる。一九六九年に全羅北道群山市郊外に新たにつくられたアメリカタウンにもそれは及んだ（〈写真3〉及び［金 二〇一〇］参照）。

第二にあげられるのは朝鮮戦争を契機とする（国連軍・韓国軍による民間人女性強かんの多発と）売春女性の増加である。朝鮮戦争前に五万人余りであった公・私娼が、戦後三〇万人に激増した事実はそれを物語る［金貴玉 二〇〇二］。その理由の一端は、朝鮮戦争で夫を亡くした女性たちの多くが売春という手段をとったためという［申 一九九一＝一九九七］。

〈写真3〉 群山アメリカタウンの内部

（2003年、筆者撮影）

第三には韓国軍の創設と徴兵制の開始（一九四九年）[22]である。旧日本軍出身者から人脈を継承した韓国軍は、最近朝鮮戦争時に軍慰安所制度を設置（一九五一年～五四年三月頃閉鎖と推定）していたことが明らかにされた［金貴玉 二〇〇二］ことにより、韓国軍が前述の公娼廃止令の潮流に反して旧日本軍の性暴力的体質をも継承していたことが明らかになった。徴兵制の施行により軍入隊前の韓国人男性が行う買春が通過儀礼化し、軍隊という国家的暴力装置を通じて「男らしさの再教育」が制度化されたことは、韓国社会のなかで軍事主義とジェンダーとの新たな、そして密接な関係が始まったことを示すものである。

おわりに

解放直後に、ある朝鮮人男性は次のように記した。「日帝が女性に関してこの地に残した害毒が二つある。一つは公娼制度であり、もう一つは彼らの封建的な奴隷女性観を維持延長させたことだ」(23)。

日本が移植した公娼制度を、解放直後には「日帝残滓」としてナショナリズムの視点から制度として批判し法的廃止に追い込んだが、その後の私娼の急増、韓国軍慰安所や基地村、軍隊と買春文化に見られるように、韓国社会自らが「奴隷女性観」をも含めて植民地期起源の「負の遺産」を継承し拡大再生産していったのではないか(24)。すなわち、女性への性搾取を民族支配の一環として制度化した植民地公娼制度という植民地主義を、解放後には性支配・性搾取の一環として実質的に継承した。そして、以上のことは、南北分断・冷戦・朝鮮戦争・独裁政権を背景とする米軍駐留、韓国軍の創設、徴兵制の復活という新しく構築された軍事主義とジェンダーとの関係性を抜きには語れない。

このように朝鮮戦争を決定的な契機にした韓国社会への買売春浸透に伴い〝淪落女性〟という言葉が登場し(25)、それに象徴されるような売春女性への卑賤視が拡散するなかで、植民地期の公娼制度や「慰安婦」制度へのナショナリズム的批判はともに社会的に忘却されていったと思われる。しかし、一九九〇年代に韓国発で「慰安婦」問題が浮上したとき、後者は想起され再びナショナリズムに特化した「共同の記憶」を構成したが、前者は後者と切り離されて「集団の共同記憶から抹消された忘却」(イ・ヨンスク)(26)となったのである(27)。そして、植民地公娼制度を「内なる植民地主義」として実質的に継承したことも――法的に廃止されたために――忘却してしまったのではないか。

ここで強調したいのは、植民地期や解放直後、とりわけ一九二〇年代の公娼認識を復活せよということではない。ジェンダーや階級の視点を内包しつつ民族支配の一環としての性搾取制度である植民地公娼制度を批判した当時のナショナリズムは正当であったにせよ、その民族主義的な言説それ自体が在来社会の男性中心的「性倫理」を前提に女性排除的に構築されていた点は免れえないからである。

韓国社会でいまだに根強い「慰安婦」問題への民族主義的言説に関してはどうか。金恩実《キムウンシル》がすでに「民族言説では、軍慰安婦が一つの現象とみなされるだけであり、現実を構成する主体として言説化されることはない」［二〇〇〇：七七］と指摘した通り、彼女たちを「民族の受難」の代名詞としてだけ取り上げることは、彼女たちを「個別的な欲求と主体性をもつ個人」［二〇〇〇：七八］として見ることを妨げ、民族言説が動員する家父長的な民族主義を強化するだけであろう。

「慰安婦」問題の切り口は〈民族〉にだけあるのではなく、〈ジェンダー〉や〈階級〉等の視点やそれらカテゴリーとの「輻輳」として語ることが、民族言説に囲われてしまいがちな彼女たちを「個別的な欲求と主体性をもつ個人」へと解き放つことになるのではないか。それは、彼女たちがカミングアウトした社会的な意味の多様性に迫ることであり、さらにいえば、公娼制度や「慰安婦」制度と本質的に根を同じくする現在の韓国社会の買売春問題（基地村含む）とそれを産み出した朝鮮半島の分断と軍事主義との関係に目を向けることにつながると思われる。

その意味で注目されるのは、韓国の女性運動の力によって「淪落行為等防止法」が四〇年ぶりに廃止され、二〇〇四年に新たに「性売買処罰法」「性売買防止法」が制定されたことである。「淪落」という女性への道徳的烙印を示す言葉は「性売買」に改められ、性売買女性は処罰から保護の対象となり、斡旋業者や性売買目的の人身売買が処罰されることになった。

今私たちは、「日本軍性奴隷制を裁く二〇〇〇年女性国際戦犯法廷」の判決文（二〇〇一年）の地平を獲得している。すなわち、「慰安婦」にされた女性の選別は「民族・人種、貧富、ジェンダーによる差別が交差したもの」［VAWW－NETジャパン編 二〇〇二：四〇二］であり、「いったんこの制度に組み込まれると、元売春婦たちも他の女性と同様の奴隷のような境遇に苦しめられた」［同前：一八九］として前歴が売春婦であっても性奴隷制被害者であると認定している。

重要なことは、「慰安婦」問題や公娼制度をナショナリズム、階級、ジェンダー等によるそれぞれ一元的な分析や、あるいは「民族／ジェンダー」等という二項対立的な視点・認識枠組みに回収されずに、「主体をさまざまな権力関係の交錯する場として複合的にとらえる」「批判的フェミニズムの視点」［米山 二〇〇三b：七九］に立つことであり、それら相互の輻輳性の有り様を具体的に分析し提示することである。そこでは、「民族」の場合は「一国主義」あるいは「内なる植民地主義」が、「階級」といった場合発話者自身の「セックスワーカーにならなくても済む社会階層」［浅野 一九九八：一三五］に属するという中産階級性が、ジェンダー及びセクシュアリティに関しては「母・妻」の視点、あるいは「買う身体」の視点からではなかったか等も改めて問われなければならないと思われる。

第Ⅲ部

継続する植民地主義と ジェンダー・ポリティックス

[redacted]

第6章
女性国際戦犯法廷が乗り越えたものと乗り越えなかったもの

はじめに

二〇世紀最後の年の、最後の月二〇〇〇年一二月八日～一二日にかけて、「日本軍性奴隷制を裁く女性国際戦犯法廷」（以下、「法廷」と記す）(1)が東京で開かれた。法廷の目的は、第一に、「慰安婦」制度という名の日本軍性奴隷制が〝どのような点で戦争犯罪なのか〟〝誰にその責任があったのか〟について証拠に基づいて審理し、〝処罰されるべき戦争犯罪〟であったことを明らかにすること、第二に、それによって世界各地で現在も続く武力紛争下の性暴力の〝不処罰の連鎖を断つ〟(2)というものであった。法廷には、八カ国（韓国、北朝鮮、中国、台湾、フィリピン、オランダ、インドネシア、東ティモール）から参加した被害女性六四人をはじめとして各国検事団、海外からの傍聴者四〇〇人、そして日本国内傍聴者六〇〇人、日本・海外のマスコミ三〇〇人で、連日満席であった。

の責任を認定した歴史的判決をえて喜びを表しながら拍手に応えるたち（2000年12月12日）

（提供：VAWW－NETジャパン）

法廷の審理（八〜一〇日）は、まず首席検事(3)が共通起訴状を朗読したあと、各国ごとの検事団のプレゼンテーションに移った。このなかで被害者（サバイバー）本人・ビデオによる証言、証拠展示、裁判官質問が行われ、各国の合間に専門家証人、日本軍元兵士証言が盛り込まれた。招請に応じなかった日本政府の見解は、アミカス・キュリー（法廷助言者）(4)が代わりに陳述した。判決日（一二日）、国際法の世界的権威によって構成された判事団(5)は、当時の国際法に拠って、「昭和天皇の有罪」「日本政府に国家責任」という歴史的判決（＝正確には「認定の概要」Summary of Finding）を下した（他の被告たちへの判決は二〇〇一年に延期された）。法廷は「これ以上は望めないようなすばらしい判決」（日本検事団・川口和子氏）をえて、結果的に成功したといえる。

しかし、法廷が提案された当初から順風満帆だったわけではない。法廷とその準備プロセスは、国家の司法権の枠組みを越えることや天皇を裁くことのタブー、ナショナリズムの越境の難しさがつきまとった。

〈写真1〉加害者
被害者

筆者は、法廷国際実行委員会の構成団体であるVAWW-NETジャパン(6)で調査・起訴状作成チームの一員として当初から関わった立場から、法廷が何を乗り越え、何を乗り越えなかったのかを民衆法廷、国際連帯、公娼出身の日本人「慰安婦」の三点から考えてみたい。

1　国家による裁判を越えて――民衆法廷としての実践

もっとも重要なことは、第一に、国境を越えた女性たちを主体とする「民衆法廷」として設置された法廷が、朝鮮・台湾の植民地出身者を含む日本軍性奴隷制・戦時性暴力に対して、東京裁判当時の国際法を使って「昭和天皇の有罪、日本政府に国家責任」という判決＝判断を下したことである。法廷が設置されたのは、東京裁判での性奴隷制への不処罰、戦後の日本政府の処罰・補償義務や救済措置などへの怠慢が示すように、「国家が正義を行う責任を果たすことを怠ってきた」（判決概要四）ためであった。法廷は、「国家」がなしえなかった責任を果たすために、どの政治・宗教組織にも属さず、法廷の趣旨に賛同する国境を越えた女性たち（男性も含むが）――法律家・研究者・フェミニスト・運動家・学生を含む――の献身・献金・協力によって「民衆法廷」として構成されたのである。ここで問題になるのは、「民衆法廷」という性格とそれが下した「天皇有罪」という判断＝判決である。

〈公正な審理によって判決は出された〉

まず後者から述べると、この判決を「はじめから結論ありき」と評した日本のマスコミがあるが、そうではなかったことを強調しておきたい。起訴状は各国検事による起訴状と首席検事による共通起訴状から構成されている。各国検事が起訴状で取り上げた被告人は、恣意的に起訴したのではなく、法廷当日にサバイバー本人またはビデオ証言が行われる被害各国の個別被害ケースに対応する加害事実があり、公文書資料などの確実な証拠がある中将以上の加害責任者であった。首席検事は、各国の起訴状を踏まえて軍の指揮命令系統上及び「慰安婦」制度の設置・運用・統制に関して証拠が確かな日本軍及び政府機構（総督府を含む）の最上層部に属する加害責任者を起訴した（その多くは東京裁判・BC級裁判の被告人である）。首席及び各国検事たちは法廷前の一〇月末にハーグで開かれた判事団会議で、判事から「証拠がなければ〝non－guilty〟という判決が出ることもありうる」と釘を刺されていた。

法廷での審理過程をもう少し詳しく見てみよう。

法廷初日（八日）の冒頭、二人の首席検事は、「人道に対する罪」で天皇を含めた一〇人の軍上層部(7)・日本政府を起訴したうえで、審理では専門家証人から日本政府・日本軍の指揮命令系統や、軍が慰安所制度の主体であったことを立証する公文書資料、慰安所の組織性・広範囲性を示す慰安所マップ、天皇の南京事件への認識可能性を示す資料——ただし、天皇の「慰安婦」制度への関与を立証する公文書は発見されていない——、日本国家の無作為・怠慢などを示す具体的な証拠資料の展示や証言を引き出した。被害各国の検事たちも、被害者本人・ビデオによる証言、証拠資料、現地派遣軍の慰安所設置状況などを具体的に展示した。それ以外にも、膨大な証拠資料が法廷前及び法廷の最中に英訳されて提出された。

　そのうえで出された「認定の概要」では、日本陸海軍の大元帥であった昭和天皇が、単なる傀儡ではなく意思決定する権限を行使しており、南京事件での強かんなどを含む残虐行為を認識しながら、これを防ぐための制裁・捜査・処罰などの手段を取らなかったこと、むしろ慰安所制度の継続的拡大を通じて強かんと性奴隷制を永続化・隠匿する行為を「故意に承認、少なくとも不注意に許可」し、組織的かつ広範囲な慰安所の設置・管理などについて①知っていたか、②知るべきであったにもかかわらず、慰安所の設営・管理を阻止すべき義務を怠ったことによって膨大な女性たちの被害が生じたことを認定したのである。

　実は、これと類似の論理構成は、東京裁判でも天皇を戦争犯罪人リストに入れることに関してオーストラリア政府から主張され、かつオーストラリアから東京裁判に派遣された検察官からも天皇訴追が主張された――性暴力に関してではないが――が、アメリカ等による政治的な判断と介入によって採用されなかったという経緯がある(8)。その後、日本社会には「戦争は軍部の独走であり、天皇はそれを押さえようとした平和主義者」「天皇

〈写真2〉法廷で陳述するウスティニア・ドルコポル首席検事

(提供：VAWW－NETジャパン)

の聖断で終戦になった」という神話と、天皇の戦争責任を追及することのタブーがセットで浸透することとなった。

しかし、一九八九年の昭和天皇の死と冷戦の崩壊は、この封印を解くこととなる。一五年戦争における昭和天皇の軍事的行動を詳細に分析した山田朗の実証的研究によれば、日本陸海軍の最高統帥者＝大元帥であった昭和天皇は、決して軍部の傀儡ではなく、軍部が提供する軍事情報と自らの戦略判断に基づき、「御下問」「御言葉」を通じて国家意思形成（戦争指導・作戦指導）に主体的に関与し、ときには作戦計画・内容を左右する影響力を行使した(9)。また、天皇の侍従によって天皇が南京事件を認識していた可能性や、皇族ルートで天皇が日本軍の残虐行為を認識していたことを示す証言も公にされた(10)。さらに、天皇が戦犯としての訴追を免がれたのは、アメリカの占領政策だけでなく、冷戦を巧みに利用した天皇自身と天皇側近からのＧＨＱへの働きかけという、「日米合作」によるものであったことも明らかになっている(11)。金学順をはじめとする被害者自身の証言と公文書資料等の発掘により、吉見義明や林博史らを中心に「慰安婦」問題の真相究明がこの時期に格段に進んだ(12)のは、周知の通りである。

法廷の審理は、一九九〇年代に入って精力的に進められたこれらの実証的研究の成果を反映したものであった。法廷には、専門家証人(13)として出廷した山田朗が「天皇の戦争責任」を、林博史が「日本軍の構造」を、吉見義明が「慰安婦」制度に関する証言と証拠展示を行い、天皇の戦争責任や「慰安婦」制度への軍及び天皇の関与に関する立証に貢献した。そのうえで、「民衆法廷」の判断＝判決として、昭和天皇の神話とタブーを明確に否定したのである(14)。

〈「民衆法廷」でこそなしえること〉

次に「民衆法廷」としての性格である。この判決には、法的拘束力はない(15)。そのうえ、法廷は、個人の刑事責任と国家責任を結びつけるという、国民国家による司法の枠組みにはなじまない試みさえ実践した。あまつさえ、昭和天皇をはじめとして被告はすべて死者であり、個人被告人には弁護人がついていない(日本政府からの予想しうる反論は、「慰安婦」裁判での国側の立論を参照して、アミカス・キュリーを担った今村弁護士が代弁した)。これらのことをもって、法廷が無意味であるかのような声が事前に聞こえてきたりもした。確かに、従来の司法の枠組みからいえば、法廷はおよそ〝非常識〟な法実践の場であったといえるかもしれない。

しかし、このような〝常識〟に基づく法廷批判は、私たちの思考が国民国家の枠組みからいかに自由でなかったかを逆に示しているのではないだろうか。むしろ、そのような批判を読み込んだうえでの法廷の実践は、「裁き」を国家権力だけが独占してよいのか、国家権力が犯罪の主体であった場合誰が裁くのか、という核心的な問いを逆照射する。国家権力による司法が一見中立的・客観的に見えながら、一定の〝政治的〟価値を体現してきたことを歴史は示してきた。連合国による「裁き」である東京裁判では、「日米合作」によって昭和天皇が免罪になり、審理の過程で慰安所への言及がありながら戦争犯罪とは見なされなかった。朝鮮人は日本国籍保有者と見なされ、被害者として取り上げられることはなかった(その一方、BC級戦犯裁判では加害者として裁かれた)。また、日本という国民国家の司法権による裁判所が被害者救済や正義の実現という点でほとんど無力であったことは、これまでの「慰安婦」裁判の「原告敗訴」という数々の判決が示す通りである。

死者への裁き、弁護人不在への批判に関してはどうか。この法廷が刑の執行を予定していないことを見落としてはならない。川口和子検事の教示によれば、日本の刑事訴訟法にも「死者を起訴してはいけない」という明文規定はないのであり、本法廷の判決は〝Guilty（有罪）〟か〝Non - guilty（有罪ではない）〟の宣告しかないのである。また、弁護人問題についても、刑の執行は予定されないので「法廷」に提出された証拠によって十分に合理的な疑いをいれない程度には有罪を認定しうるのではないか。そもそも法廷の目的は、刑の執行・処罰の有無を離れて、国民国家の司法の〝常識〟的な枠組みではその実現がおよそ絶望的な被害女性の正義回復のために、公の場で「裁くこと」自体にあるからである。法廷で東ティモールの被害者エルメラルダ・ボエさんは「日本に見物に来たのではない。真実を語るために来た」と証言した。日本人元兵士二人の加害証言のあと、オランダから来たルフ＝オヘルネさんは「日本兵を許す気持ちになれた。これでようやく私は私の人生を生きられる」と語った。判決（「認定の概要」）が出た瞬間、被害者たちは涙を流し肩を抱き合って喜びをあらわにした。法廷で具体的な顔と名前をもった被害者たちが被害事実の認定を受けること、そして被害者に塗炭の苦しみを強いた戦争犯罪に責任をもつのが、抽象的な日本軍という組織ではなく、そのなかの具体的な顔と名前をもった個人であったことを判決という形で公にすることが、被害者にとってのトラウマの軽減やエンパワメントにもなりうるのではないか。

また、法廷は東京裁判当時の国際法に依拠した審理と判決を行うことによって、東京裁判当時、「慰安婦」制度を裁くべき戦争犯罪と見なす視点と裁く主体があれば、天皇を含めて裁くことが可能であったことを示した。東京裁判では、強かんに関しては、判事団・検事団を構成していた中国・フィリピンで行われた「数え切れないほどの集団強かんの報告」が出され日本軍による組織的犯罪として裁かれた(16)。この場合、強かんは殺人や掠奪などとともに取り上げられることが多く、単独には審議されていない。また、判決では「通例の戦争犯罪」と認定されたが、「人道に対する罪」と認定されたわけではない。強かんは取り上げられたが、その背後に多数存在した朝鮮人や台湾人の植民地出身の「慰安婦」の性被害は、判決では無視された。しかし、連合国による対日戦争裁判で慰安所制度が取り上げられなかったわけではない。BC級戦犯裁判でオランダ人女性が「慰安婦」にされた事件が裁かれた（スマラン慰安所事件）ように、欧米女性の場合では処罰されたのである。

それは、裁判国である連合国側が植民地問題を無視して旧植民地出身者を「日本人」と見なしたこと、また判事等が男性だけで構成されていたことが深く関わっている。つまり、裁判国側の視点と主体が、植民地問題への視点を欠落させた欧米強大国が中心であり、検事・弁護人・判事に女性の姿はほとんどなくアジア女性の「慰安婦」制度を性被害と見なす視点が欠落しており、天皇免罪等に関して日米の国家的利害が優先されたためと考えられる。

法廷の判決では、半世紀前の東京裁判当時に遡って、強かん及び「慰安婦」制度という名の性奴隷制について天皇に「人道に対する罪」を適用し、有罪と認定した。法廷は、そのことを通じて、「国家」中心・「男性」中心・「欧米」中心的な国際法を市民化・女性化し、その「現在」中心主義をも克服して、国際法の発展にも寄与（阿部浩己）したともいえる。一九九〇年代に、旧ユーゴやルワンダでの国際刑事法廷で性暴力が裁かれたこと、一九九八年に戦時・性暴力が処罰されるべき国際犯罪であることが明

〈写真３〉四人の判事たち

左から、カルメン・マリア・アルヒバイ（国際女性法律家連盟会長・アルゼンチン）、首席判事を務めたガブリエル・カーク・マクドナルド（旧ユーゴ国際刑事法廷前所長・米国）、ウィリー・ムトゥンガ（ケニア人権委員会委員長・ケニア）、クリスチーヌ・チンキン（ロンドン大学国際法教授・英国）（提供：VAWW－NETジャパン）

記され被害者の権利や証人の保護等が体系的にシステム化された国際刑事裁判所規定がローマで調印されたことが示すように、国際法のジェンダー偏在を見直す視点と主体が形成されたことを反映するものである。

その場合、次に問われるのは「誰がどのような資格と権限で裁くのか」ということであろう。法廷がもっとも留意した点である。法廷の準備段階で法廷国際実行委員会と検事団は、判事の資格や裁判管轄権が及ぶ範囲をめぐって恣意的にならないように、一年間以上にわたって論議を重ねてきた。その結果が「法廷憲章」である。それに基づき法廷国際実行委員会が判事団に選任したのは、被害国・加害国に属さないことを前提に、出身地域・ジェンダーによるバランスを配慮して依頼した、人道の分野で国際的に信頼されている法律家たちであった。四人の判事団（五人だったが直前に一人病欠）の出身は、アフリカ（ケニア）、ヨーロッパ（イギリス）、南アメリカ（アルゼンチン）、北アメリカ（米国）であり、女性三人・男性一人（病欠の一人はアジア出身の男性）という陣容となった。幸運だったのは、戦後初めて戦時性暴力を裁いたことで知られる旧ユーゴ戦犯法廷の前所長を勤めたマクドナルド氏が、法廷の判事を担ってくれたことである（だからといって、有罪が最初から保証されていたわけではないことは前述の通りである）。

もちろん、それだけでは「裁く資格と権限」への回答としては不十分かもしれない。しかし、この問いは、本法廷だけでなく、行政府の一機関と化した現行の日本の裁判所のあり方にも向けられるべきではないか。「民衆法廷」としての法廷は、国家による司法権の独占や国際法のもつ国家中心・男性中心・強者中心的な「裁き」の枠組みを乗り越えようとする問題提起でもあった。だからこそ、日米両政府の合作による「天皇の免責」、そして日本国家の司法権が設置する裁判所による「国家無答責」という〝政治的な〟判決＝判断の歴史を書き換えることができたのである。肝要なのは、女性を含む市民が国家の裁判権や国際法の〝常識〟を批判するだけにとどまらず、法を実現する主体として脱国家主義的に再構築する実践にあると思う。

2 「国境を越えるフェミニズム」の実験

〈ナショナリズムを乗り越える可能性〉

第二に重要なのは、法廷が加害国女性の提案と被害国女性たちとの連携、世界の第一線で活躍する国際法学者・歴史学者の協力（男性を含む）という「グローバルな市民社会の声」によって、加害国日本で——しかも旧日本軍人を祀った靖国神社の隣にある旧軍人会館というアイロニカルな場所で——加害国軍隊の戦争犯罪を裁く法廷を開いた事実とそのプロセスにある。そのプロセス自体がナショナリズムを乗り越える可能性と困難性の双方を〝実験〟する場となった。

私は、かつて日本の女性運動はナショナリズムを超えた歴史をもたなかったと批判したことがある(17)。植民地支配への協力、戦争協力にもかかわらず、戦後もそれに向きあうこともなくアジア民衆への加害責任に口をつぐんでしまった日本の著名なフェミニストたち。世代が代わってもその思想的系譜は連綿と続いていった。また、加害責任を問う場合でも侵略戦争に対してであり、植民地支配責任は問われてこなかった。それが本格的に転換を迎えたのは、冷戦が崩壊し一九九〇年代に韓国をはじめとするアジア各国から「慰安婦」問題などの戦後補償、責任追及を求める声が顕著になってからである。しかし、それらへの応答でもあった日本の市民による真相究明や謝罪・補償を求める運動は、一九九四年の韓国挺身隊問題対策協議会（以下、「韓国挺対協」と記す）からの責任者処罰を求める声に対しては消極的であった。また、日本人女性の国際連帯運動も「女性」として共通の性暴力被害を前面に打ち出しがちであった。

一方、国際的な女性運動は、戦時・性暴力の加害責任者への処罰を打ち出し始めた。一九九五年九月の北京世界女性会議・行動綱領には、武力紛争下の女性への暴力に関する項目が含まれ、そのなかで組織的強かんと性奴隷制を女性への戦争犯罪であるとして、真相究明、被害者への補償とともに責任者処罰を求めた。マクドューガル国連報告書は、日本政府公表資料と当時の国際法から「慰安婦」制度は「人道に対する罪」に当たると断じ、被害者への国家賠償にとどまらず、「戦時性暴力の不処罰の連鎖を断つ」という視点から責任者処罰に踏み込んだ。法廷は、そのような日本の運動の現状と世界の女性運動の課題を結びつけたものだった。

そもそも法廷は、「責任者を処罰してほしい」という被害女性の訴えに応えるために、松井やよりVAWW-NETジャパン代表が一九九八年四月に韓国ソウルで開かれた第五回アジア連帯会議で提案したことがきっかけとなった。一九九九年二月に、日本・被害六カ国(18)・国際諮問委員会（武力紛争下の女性への暴力に取り組む女性人権活動家で構成）の三者で国際実行委員会を結成した。「法廷憲章」を起草して、性奴隷制など日本軍の戦時性暴力についての国家責任と個人の戦後責任を裁き、証拠に基づき判決とその理由を述べる義務を明記した。各国ではそれぞれ、法律家・歴史研究者による検事団を編成し、ソウル（九九年六月）、東京（同年一〇月）、上海（二〇〇〇年四月）、マニラ（同年七月）、台北（同九月）で検事団会議・準備会議を開き、ハーグ（同一〇月）では判事団会議を開催するなど、二年半にわたる準備を進めてきたのである。そのような経緯をへて、「加害国女性の責任」として日本人女性から提起された女性国際戦犯法廷がフェミニズムの視点で植民地支配を含む自国の加害責任とタブーだった天皇の戦争責任追及に挑戦し被害国との連携によって法廷の成功を果たしたことは、民間の女性・市民の力で戦時性暴力〝不処罰の連鎖を断つ〟ための戦犯裁判＝民衆法廷を開催したという先例（モデル）になったばかりでなく、これらを加害国－被害国女性の連帯・協力でなしえたことで「国境を越えたフェミニズム」の可能性を理念的に切り開いたのではないだろうか。

このことの意義は小さくない。世界各地の女性たちが自国の軍隊の加害行為を黙認しないで具体的に声をあげていくことが、戦時性暴力の連鎖と戦争自体をなくすことにつながるのではないか。アメリカ軍における朝鮮戦争やベトナム戦争、韓国軍におけるベトナム戦争での女性への性暴力を含めた戦争加害、あるいは現在も続く武力紛争下の性暴力・性犯罪が駐留米軍・平和維持軍も含めて、問い直されるからである。

また、被害国同士の間でもナショナルな扉を開けようとする試みがあった。法廷とその準備過程のなかで、台湾と中国はそれぞれ被害国検事団として席を同じくし、インドネシアから独立したばかりの東ティモールも法廷の三カ月前に参加を表明し、インドネシア検事団と同席した。東ティモール検事団は、インドネシア軍の戦争犯罪を裁く法廷のモデルとするために参加を表明したのである。そして、とりわけ（在日である私にとって）意義深かったのは、半世紀以上にわたって分断されていた韓国と北朝鮮が、二〇〇〇年六月の南北首脳会談をきっかけに南北統一の起訴状を作成し、法廷当日に旧宗主国日本という地で南北コリア検事団として共同発表したことである。一二月八日（第一日目）に各国検事団の先頭をきって行われた南北コリア検事団のプレゼンテーションは、南北の持ち味がうまく融合されて成功だったと思う。そして、この起訴状とプレゼンには、南・北在住の被害ケースだけでなく、海外在住の被害者（中国武漢及び日本在住）のそれも加わることで、植民地支配という構造的犯罪としての「慰安婦」制度被害の広範囲性と甚大さが示されたと思う。

個人的にうれしかったのは、南北起訴状の個別ケースにＶＡＷＷ－ＮＥＴジャパン調査チームＫＯＲＥＡ担当として私や金栄《キム・ヨン》が個別被害ケースの調査を担当し、ささやかでも貢献できたことだった(19)。法廷後、南北コリア検事団・運動側メンバーから私たちへの慰労と感謝があったことや、南北コリア検事団の姜貞淑《カンジョンスク》からも「難しい点はあったが、今回の行事のもっとも大きな収穫は南北、在日同胞がともに交流しながら法廷を行った点」という評価(20)があったことも、忘れることができない。法廷は、朝鮮人「慰安婦」をかくも大量に生み出した背景としての植民地支配――南北コリア検事団は「植民地支配」ではなく「軍事的強占」であると主張したが――を問う場であったにとどまらず、植民地支配に端を発する朝鮮半島の南北分断を「慰安婦」問題という具体的な課題を通じて克服をめざすプロセスにもなったのである。

〈写真４〉南北コリア検事団を前に証言する河床淑さん

（提供：VAWW－NETジャパン）

〈ナショナリズムを乗り越える困難性〉

その一方、法廷準備過程のなかで「法廷憲章」作成と起訴状作成をめぐって各国運動体のナショナリズムが衝突したのも事実であった。

まず、アジア七カ国（途中から東ティモールが参加）が共同で「法廷憲章」を作成するという作業は困難をきわめ、完成までに一年以上を費やした。また、起訴状作成のために、被害国が提出した個別の被害ケースに即して、加害国側のＶＡＷＷ－ＮＥＴジャパン調査チーム・各国担当者がその加害事実と証拠資料を調査し事実や被告人をしぼりこみ、膨大な証拠資料や事実関係を英訳（翻訳チームが担当）したうえで、被害国検事団に提供するという諸作業を一年以上かけて行った。

一方、日本側が力を入れたのはビデオ証言だった。それは、サバイバーたちが病気やパスポート不発給等を理由に訪日できなくなるという不測の事態に備えるとともに、一〇〇〇人以上の傍聴人を前にして証言するというサバイバーの精神的負担を考慮したからである。その中心となったビデオ塾は、朴永心《パクヨンシム》（北朝鮮在住）、河床淑《ハサンスク》（中国武漢在住）、ロザリン（マレーシア在住）などの証言を現地取材を生かして映像化した（このうち何本かは被害国検事団作成のビデオとともに法廷の審理のなかで上映された）。また、法廷審理のなかで厳選した公文書等に記載された加害証拠の資料を裁判官・傍聴者に展示するために、プレゼンテーション用作業も法廷直前まで行った。つまり、首席検事の共通起訴状や各国起訴状、ビデオ証言や展示物等の当日のプレゼンテーションは、加害国と被害国の特徴を生かした共同作業の産物でもあった。しかし、これらは必ずしも順調だったわけではない。各国の司法制度のあり方の違いやナショナリズムが陰に陽に作用したからである。

また、南北コリア起訴状の作成過程は、韓国がそのナショナリズムを越える困難性をも示す事例でもあった。私は、戦時中に中国への日本派遣軍のなかで最大の規模であった漢口慰安所に連れて行かれ、戦後もそのまま武漢市に在住せざるをえなかった被害者・河床淑のケースについて、韓国挺対協からいったんは調査を依頼されながら、のちに彼女が「朝鮮籍」であることを理由に韓国の起訴状に入れることを断られた経緯がある。このときばかりは、民族を「国籍」・居住地で分別する韓国の韓（朝鮮）半島ナショナリズムを痛感せざるをえなかった（その後、このケースを日本の起訴状に入れるために調査チームメンバーとともに武漢市に訪ねインタビューやビデオ証言をとり加害責任者に関する証拠固めをしたが、南北統一起訴状作成と日本検事団の申し出をきっかけに再び南北起訴状に返り咲いたうえ、河床淑自身の来日と法廷での証言も実現できたことは望外の喜びであった)。

これらの経緯や事例は、法廷に参加した各国の運動体が「国家」を代表しているわけではないのに、法廷が「国家」単位で設定されたことに起因すると見ることができる(法廷に限らず国際的な催しでの「国家」単位の設定は常態化しているが)。しかし、法廷の目的が加害国日本の国家責任や国家元首・大元帥の戦争責任を加害国女性の戦後責任として明らかにすることにある以上、国家の枠やナショナリズムを避けて通ることはできないし、むしろ国家の責任に徹底して向きあうことでしか国家を越えることはできないと思う。法廷は国家やナショナリズムに規定されながらも、グローバルな市民による「民衆法廷」としての設定と価値宣言的な判決とを通じてナショナリズムの越境をめざすという壮大な〝実験〟であった。重要なのは、国家やナショナリズムの制約を意識しながら、個別の事例・課題に対して立場の違いをいったん認めあい、対立を避けずに対立点を明らかにし、議論を積み上げることで体験を共有していくプロセスにあると思う。法廷がその〝実験〟にすべて成功したわけではないが、そうした試行錯誤の先に脱国家主義的な「普遍的な価値観」をつくりあげていく可能性を見出すことができるのではないだろうか。

3 公娼/「慰安婦」の二分法を超えるために

第三に、法廷で日本検事団が公娼出身の日本人「慰安婦」への加害責任者を起訴したことである。これには二重の意味がある。まず日本軍性奴隷制被害者のなかに加害当事国である日本出身の被害者の存在を示したこと、次に公娼出身の「慰安婦」の存在を示したことである。

〈日本人出身の「慰安婦」被害者の存在〉

日本検事団が起訴したのは、台湾の遊郭にいた日本人娼妓たちが海南島に設置された海軍慰安所に送られたケース、沖縄の辻遊郭にいた尾類《ジュリ》（芸娼妓）の女性が第三二軍下の慰安所に入れられたケースであった。もちろん、日本人「慰安婦」といっても、そのすべてが公娼出身とは限らない。西野瑠美子によれば、貧しい農山村の娘たちが直接身売りされたケースや、だまされて「慰安婦」にされたケースも多かったのである(21)。しかし、どのケースでも共通なのは経済的貧窮が背景にあった点である。加害国日本出身の被害者の存在は、この制度がもつ性差別と階級差別の側面をいっそう顕在化させたと思う。「人道に対する罪」の適用でいえば、植民地・占領地出身の「慰安婦」に対してはその民族の出身であれば誰でも「慰安婦」にされる可能性があったことになるが、日本人「慰安婦」の場合は貧困階層出身の女性であれば誰でも慰安婦にされる可能性があった点で「人道に対する罪」が適用されると論証したからである。

〈公娼出身「慰安婦」の存在〉

さらに、公娼出身の「慰安婦」のケースにこだわったのは、日本人「慰安婦」に限らず多数存在したと思われる朝鮮人・台湾人・中国人などの「慰安婦」たちも含めて、公娼出身の被害者の存在を可視化したかったからであった。公娼出身の「慰安婦」は、日本人だけではない。日本軍が侵略・支配したアジア太平洋の広大な地域に設置された慰安所のいたる所に、多くの朝鮮人「慰安婦」が送り込まれたのは、その歴史的前提として日本の公娼制度の朝鮮移植に端を発した朝鮮人の風俗営業が朝鮮に定着しただけではなく、日本帝国の支配地域である東アジア――台湾・「満州」・サハリン・中国本土一部――に空間的広がりをもって拡散していった背景があったからであった(22)。

〈写真５〉日本検事団が起訴した日本人「慰安婦」ケース

沖縄の裁判所マップを展示した（提供：VAWW－NETジャパン）

公娼出身の「日本人」慰安婦がそうであったように、朝鮮ないしは現地の朝鮮人娼妓たちが「慰安婦」に「鞍替え」＝名称替えさせられたとしても不思議ではない。日本に領有された当初から公娼制度が日本軍とともに導入された台湾でも、台湾人で公娼出身の「慰安婦」は数多く存在した(23)。また、中国人「慰安婦」にしても、娼婦出身の「慰安婦」がいたことは多くの証言がある。それ以外の国・地域でもしかりであろう。にもかかわらず、アジア各国で名乗りをあげた被害者のなかに公娼出身者はほとんどいない。法廷では、日本以外の被害国がサバイバー本人の証言があったにもかかわらず、日本の場合にそれがなかったのは、名乗り出ている日本人サバイバーがいないからである（そのため、故人となった被害者の回想録、公文書資料などで加害責任者を立証した）。また、法廷での被害国のサバイバー証言のなかでも、「処女」「良家の子女」であったことが強調されたりした。

しかし、そのことは公娼出身「慰安婦」の不在を示すのではなく、性暴力被害者を「前歴」で二分化——処女か／売春か、強制か／自由意思か——する視線と前者だけを被害者とする認識が、戦後の日本を含むアジア各国社会に共通して根強く続いたこと（そして被害者自身がこの視線・認識を内在化したであろうこと）を示すにすぎない。一九九一年韓国で初めて名乗りをあげた金学順が、日本の右翼学者などから妓生学校出身であるとして、まるで彼女が被害者ではないような攻撃を受けたことは記憶に新しい。やっかいなのは、このような視線や公娼出身者を被害者から切り離す認識が日本を含む研究者や運動関係者のなかにも少なくないことである。そしてそれは、公娼制度を「慰安婦」制度から切り離す認識へと連なっていく。

法廷の準備過程で、「慰安婦」制度の歴史的背景の一つとして公娼制度の存在を指摘した日本の起訴状に対し、韓国検事団からクレームがついたのは事実である。ここには、家父長制的に構築された韓国の「民族言説」(24)——韓国だけではないが——が無関係とはいえないと思う。日本の検事団とＶＡＷＷ-ＮＥＴジャパン調査・起訴状作成チームは、法廷という場を通じてあえて対立点を明らかにし問題提起をするという意味で、公娼出身の日本人「慰安婦」のケースを取り上げたのである。日本人「慰安婦」への加害責任の審理のなかで専門家証人として証言台に立った藤目ゆき証人は、「『公娼だった女性は軍性奴隷制の被害者とはいえない』というのは、『公娼は人間ではない』というのと同じである」と核心をつく証言をし、その期待によく応えてくれたと思う。また、宋連玉《ソンヨノク》は、マニラ検事団会議での韓国検事団との論争を踏まえて、「娼妓」「芸妓」「娘子軍」「慰安婦」など本質は同じであってもその時々の利害、観点によって呼び換えられたにすぎない欺瞞的名称への再検討や、その欺瞞的名称にだまされないためにも一五年戦争史観ではなく、植民地支配開始時からの「五〇年戦争」の視点に立つべきであるという、さらなるパラダイム転換を迫る論文を発表した(25)。

「慰安婦」制度の本質が、被害者の「前歴」や連行における物理的強制の有無、商行為か否かにあるのではなく、人格をもった女性の性を「戦争遂行の道具」「性奴隷」とした戦争犯罪であったことにあること、そして公娼制度を含む日本軍性奴隷制度を問う射程が一五年戦争時(一九三一年)からではなく、朝鮮侵略に始まり台湾植民地支配へと帰着した日清戦争時(一八九四~九五年)という時点にまで少なくとも遡るべきであるという認識が広く確立されなければならないと思う。

法廷でも決着を見なかった韓国——もちろん日本も含むが——との公娼制度に関する論争が、歴史的事実とフェミニズム認識、階級的視点を踏まえて、今後も継続されることを願ってやまない。

第7章

「慰安婦」問題と脱植民地主義

歴史修正主義的な「和解」への抵抗

はじめに

二〇〇七年は、「慰安婦」問題に対する「明確かつ曖昧さのない形で」歴史的責任と公式謝罪を日本政府に求めるアメリカ下院決議（本会議採択七月三〇日）と、それに対する日本の安倍晋三首相（当時）や右派の反発の動き等により、「慰安婦」問題が久々に国際／国内政治の焦点になった年であった。

一方、同じ年三月末日、「補償にかわる措置」として民間から募金を集め元「慰安婦」に支給するなどの「償い事業」を行ってきた「女性のためのアジア平和国民基金」（以下、「国民基金」と記す）が一二年間の事業を終了し解散した。これを目前にした二〇〇六年頃から上野千鶴子(1)、朴裕河《パクユハ》、李順愛《イスネ》(2)などの女性研究者が国民基金を評価する一方で、「慰安婦」問題の事実関係や被害者を支援してきた女性運動に対して批判の声をあげるようになった。とくに批判の的になったのは、韓国における「慰安婦」問題解決運動をリードするとともに、国民基金に反対する態度を貫いた韓国挺身隊問題対策協議会（以下、「韓国挺対協」と記す）であった。その批判は、韓国挺対協も含め、被害六カ国とともに女性国際戦犯法廷を主催した日本の女性団体VAWW－NETジャパン（「戦争と女性への暴力」日本ネットワーク）にもおよんでいる。

運動にほとんど参加してこなかった女性研究者が、韓国や日本の女性運動をバッシングするという構図になっている。もちろん問題は運動に参加したか否かではなく、その内容にある。筆者は韓国挺対協の運動や論理を、ともに運動を担う立場から批判したことがある(3)が、運動それ自体に否定的ではない。しかし本章の目的は運動擁護にあるのではなく、前述の女性研究者たちの歴史認識・現状認識を問うことにある。なかでも朴裕河『和解のために――教科書・慰安婦・靖国・独島』（韓国語版二〇〇五年・プリワイパリ、日本語訳版二〇〇六年・平凡社）を取り上げることにする(4)。本書は韓日間摩擦の焦点になっている歴史問題に関して、教科書・慰安婦・靖国・独島を取り上げ、相互のナショナリズムのあり方、加害者の「謝罪」－被害者の「赦し」のあり方を問い直そうとしたものである。特徴的なのは、「謝罪をした」日本に対して、韓国は日本を糾弾し続ける「強者としての被害者」であるが、「被害者のナショナリズムと加害者のナショナリズムとの違いは、紙一重ぐらいの差でしかない」と断じ、「和解成立の鍵は、結局のところ被害者側にあるのではないか。ある意味では、加害者が赦しを請うたかどうかは、もはや問題ではないとさえいえる。……謝罪を見届けてから赦すのではなく、赦しが先に立つのではないか」（［二三九］以下頁は日本語訳版）と主張したことである。

朴は韓国の日本文学研究者であるため、同書は著者にとって専門外の、歴史問題を扱った〝一般啓蒙書〟という性格をもつ。それだけに歴史事実関係の叙述には慎重さが求められると考えるのだが、残念ながらそうなってはいない。実に粗雑なのである。しかも日本の歴史修正主義者（以下、「右派」と記す）の歴史認識に親和的なのである。にもかかわらず、出版当時の韓国でほとんど反響がなかった朴の著作は、日本では朝日新聞が取り上げるなどある種の反響を呼んでおり(5)、同書に解説を書いた上野千鶴子は「彼女が示した周到な議論の多くに同意する」(6)と述べ、李順愛も賛意を表明している。

本章では、朴裕河の歴史認識・現状認識がいかに歴史的事実の〝誤認〟の上に成り立っているのか、それが読者にどのような〝政治的な〟効果を与えているかを中心にしながら、国民基金を推進あるいは支持する日本の知識人との関係も含めて、検証したいと思う。ただし本書すべてを取り上げる余力はないので、教科書・「慰安婦」を扱った部分に限定する（具体的には第1・2・5章、とくに第2章）。

1 「謝罪」と「補償」の誤用

最初に指摘したいのは、朴の著作が歴史問題を扱っているにもかかわらず、その前提となる基本的事実関係の誤認・不用意な記述・誤引用（誤読）が多すぎることである。代表的事例を「謝罪」と「補償」に関して見てみよう。

まず、日本政府による「謝罪」をめぐる事実関係に関してである。朴は「一九九〇年代に入って従軍『慰安婦』問題が提起され、日本軍の関与が明らかになると、当時の官房長官宮沢喜一は盧泰愚大統領に謝罪の手紙を送り」（一二三［傍点引用者、以下同様］）と述べている。いうまでもなく、宮沢喜一は当時の官房長官ではなく首相であり、内閣官房長官は加藤紘一であった。宮沢首相は「謝罪の手紙」を送っておらず、一九九二年一月に訪韓して謝罪の言葉を述べたのである。また「従軍『慰安婦』問題が提起され……」と「提起」が自然現象のように述べるが、提起したのは韓国民主化をへて一九九〇年に結成された韓国挺対協、そして一九九一年一二月に来日し提訴した金学順《キムハクスン》ら被害者であった。同書にはこうした被害者や運動の貢献に関する叙述がほとんどない。朴の被害者や運動への軽視の姿勢がうかがわれる。

さらに、「日本は、内実はともかくも繰り返し謝罪をおこなったが、少なくとも一九九〇年代までは『謝罪する日本』が明確に認識されることもなかった。そうこうするうちに『慰安婦』問題が発生し……」［二四］と述べる。

ここでは「謝罪した日本」と対比的に、それを「認めない韓国」が強調されている。果たしてそうだろうか。ここでの「謝罪」がどのレベルの「謝罪」をさすのか不明だが、少なくとも一九九〇年代まで日本の歴代首相が「植民地支配」という言葉を使って「謝罪」した事実はなかった。一九六五年韓日条約調印時に椎名悦三郎外相が「不幸な期間があったことは遺憾」と表明、一九八四年韓国全斗煥大統領来日時に昭和天皇が「不幸な過去が存在したことは遺憾」、中曽根首相が「多大な困難をもたらしたのは深く遺憾」などと、時期を限定せず主語が不明確な「不幸な過去」を「遺憾」としただけである。「遺憾」とは残念という軽い意味であるが、そうした日本政府の意味不明で軽い表明に対し、韓国で「謝罪した日本」という認識が形成されなかったのは当然であろう。「植民地支配」という用語を使って日本政府が「謝罪」を表明したのは、一九九〇年代に「慰安婦」問題など戦後補償運動が起こってからなのである(7)。

なぜそうなるのか。朴が日本政府の「謝罪」の〝現実〟を見ていないからと思われる(8)。対外的には必要最小限度の戦争責任を認めるが、国内においてはそれを事実上否定し、使い分けるダブル・スタンダード(9)がそれである。確かに一九九〇年代以降の歴代政権は、外交上では「謝罪」を繰り返してきた。その比較的ましな部分に入るのが河野談話(一九九三年)・村山談話(一九九五年)であったといえるが、それも日本政府が自発的に表明したのではなく、冷戦の崩壊とアジアの民主化という国際環境の変化、アジアの被害者からの訴えによって促されたものである。

しかし内政では、その「謝罪」さえ反故にしつづけてきた。日本政府は北京世界女性会議、国連人権委員会などで国民基金をもって国家による「謝罪は済ませた」(10)と宣伝してきたが、被害者には「償い金」と称する民間募金をあてがったにすぎない。それも韓国・台湾・フィリピンだけで、中国や北朝鮮、東南アジアの被害者を無視した。日本国民には支給された戦後補償から植民地出身者・アジア民衆はほとんど排除されてきたし、二〇〇〇年代に入っても小泉純一郎首相(当時)は就任以来毎年欠かさず靖国神社参拝を行った。また政府高官による「慰安婦」否定発言は、枚挙にいとまがない。そして、安倍首相は河野談話を事実上後退させた。これでは被害者や韓国・中国、米国などからまともな「謝罪」がなされていない、という批判の声があがるのは当然である。

結局、こうした〝現実〟を見ない朴は、「謝罪は済んでいる」という日本の右派を代弁する役割を果たすことになる。

第二に、「補償」という概念が混乱しており、読者に誤解を与えていることである。これは日韓間の歴史問題の解決を考えるときに致命的である。著者がこの問題の核心を理解していないことを示すからである。

朴は、国民基金について「日本国内では、国民と政府がともに参画して『慰安婦』に対する補償基金を用意」「日本が被害者の一部に補償金を手渡す際に……」〔三六〕、「補償金を手渡す際には首相の手紙を添えるとされたが、……」〔六七〕、「国民基金」から「補償金を受け取ることは日本政府に『免罪符を与えること』」〔七九〕などと述べている。

いうまでもないが、国民基金が支給したのは朴のいう「補償基金」でもなければ「補償金」でもなく、「償い金」（紛らわしい！）である。国民基金から被害者に支給されたのが「補償金」であれば、これほど深刻な問題にはならなかった。そもそも戦後補償を求める運動を起こす必要もないのである。「補償金」とは日本国家による個人補償であるが、国民基金による「償い金」とは民間からの募金であり、「補償にかわる」ものではあっても補償・補償金ではない。韓国語訳の問題だとしても、この問題のデリケートさに無神経な日本語訳であるといわざるをえない。著者は日本留学経験をもつ日本語に堪能な日本文学研究者であることを考えれば、なおさらである。しかし、原文でも「보상기금（補償基金）」「보상금（補償金）」になっているので、やはり「補償金」の意味を取り違えているのだろう。また、韓国政府が支給した生活支援金を「補償金」(11)などと述べているが、これも明らかな間違いである。

そもそも著者が補償の概念を理解しているのかが疑わしいと思われるのが、次の韓日条約に関する叙述からである。

朴は、「いわばこの基金は、『国家』が主体となる『補償』は韓日協定によりいったんなされたため不可能であるとする政府を」〔六八〕、あるいは日本政府の主張として、一九六五年の韓日協定により「いわばそのとき、国家対国家の『補償』はいったん終わったのだから、いま一度個人に『補償』を行う必要はないと考えたのである」〔六九〕と述べ、さらに「（自民党の主張として）一九六五年に韓日協定により公式的な賠償は済んでいる……」〔七〇〕などと述べている。

韓日協定で、あるときには「補償」、あるときには「賠償」をつかうなど、混乱している。朴は前者では国家間の「補償」などと使っているが、日本では通常、国家間では「賠償」を、国家－個人間では「補償」を使って区別している。

さらに一九六五年の韓日協定（韓日請求権・経済協力協定）で重要なことは、「補償」ではなく「請求権」という用語が使われたこと、その際「無償三億ドル」の経済協力で韓国の請求権問題は「完全かつ最終的に解決されたことになることを確認する」とされたことである。つまり、同協定では「韓国が対日請求権を放棄することを条件として、補償の意味を含まない対韓経済協力が実施することになった」[12]のであり、「補償」という用語が使われず内実もそうでなかったにもかかわらず、朴が「補償」という用語を何の注釈もなく使うのは歴史的用語として正確ではなく、読者に誤解を招くことになる。日本政府のいう「日韓条約で解決済み」と「補償は済んでいる」では意味が異なることに注意が必要である。韓日協定のあり方を批判する研究や市民運動の見解（だからこそ一九九〇年代に戦後補償運動が起きた）にはふれずに、日本政府・自民党の見解だけを無批判に紹介・代弁するのは、中立的でも公平でもない。

ほかにも誤解をまねく引用（誤読）や歴史的叙述や出典・根拠が示されない事実の提示や説明不足な

どが非常に多い。これらは単なる言葉尻りや誤植のレベルではなく、著者の歴史的事実への把握・認識のレベルが問われる問題である。

以上のように、韓日間の「和解」を考える際に争点となる「謝罪」や「補償」の概念や歴史的経緯に関して、事実誤認・歴史用語への無理解の上に立った朴の叙述は、「謝罪・補償は済んでいる」という日本の右派、日本政府サイドの主張のみを読者に伝えて代弁するだけではなく、読者を混乱させ戦後補償運動への理解を妨げている。

2 「慰安婦」問題の否定——証言・研究・運動

次に、本書の核心部分ともいうべき「慰安婦」問題をめぐる事実関係と歴史認識に関する部分を見ていこう。

一九九〇年代に、日本軍「慰安婦」制度に関する真相究明は飛躍的かつ多角的に進んだ。研究者及び日本政府による公文書資料発掘と資料集刊行、市民団体による加害者証言・目撃者証言の聞き取りと出版、二〇〇〇年女性国際戦犯法廷での個別の被害と加害との関係性の究明等である。とりわけ重要だったのは、沈黙を余儀なくされてきた被害者たちが、各国の運動体のバックアップによって名乗りを上げたことにより、聞き取り調査が飛躍的に進み、その具体的で多様な戦時性暴力被害のあり様が明らかにされたことである。運動体結成と運動、被害者の登場と証言、歴史学における「慰安婦」制度・公娼制度研究が三位一体となって進展していったのが、一九九〇年代の「慰安婦」問題解決運動の特徴であった。

なかでも、被害者証言の代表的な成果として韓国挺対協・挺身隊研究会（のちに挺身隊研究所）による被害者の証言集（六巻、中国在住の被害者証言集二巻など）(13)、「慰安婦」制度研究の代表的な成果として吉見義明著『従軍慰安婦』（岩波書店、一九九五年）、吉見義明・林博史編著『共同研究　日本軍慰安婦』（大月書店、一九九五年）などがあり、さらに「慰安婦」問題を含む戦時性暴力の全体像について国際法を視野に入れて究明しようとしたものに、『二〇〇〇年女性国際戦犯法廷の記録』全六巻（緑風出版）等がある。

こうした証言や研究が相俟って、「慰安婦」問題の全体像に接近することが可能になったのである。ところが、朴裕河の議論はこのような一九九〇年代の成果をことごとく無化しようとする。このことを以下に述べたい。

〈被害者証言の否定〉

第一に、朴裕河が他の研究者・作家をご都合主義的に引用する形をとりながら、朝鮮人元「慰安婦」被害者への強制性や証言の信頼性に対して、否定的な日本の右派の議論をそのまま踏襲していることである。

ここで「慰安婦」への強制性について日本の右派の論理を整理すると、次のようになる。①日本軍による「慰安婦」問題を朝鮮人「慰安婦」問題だけに限定し、②強制性に関して、慰安所での強制を問わずに、連行の強制性にのみ限定し、③その連行の強制性を狭義と広義に分けて、狭義の強制性を「軍・

官憲による奴隷狩りのような強制連行」と定義してこれだけを犯罪的な強制性に限定することで、③の軍・官憲による朝鮮人女性への強制連行を立証する公文書資料がないことを理由に、「慰安婦」制度それ自体への日本軍・政府の責任を否定するという手法である。

しかし①に関しては、「慰安婦」制度が朝鮮人女性だけの問題ではないことは明らかである。吉見義明らが前述の著作や最近の論文(14)などでも明らかにしているように、中国や東南アジア・太平洋で女性への官憲・軍による強制的な連行があったことは公文書で確認されているし、被害者が起こした裁判でも被害の事実認定がなされている。「慰安婦」制度での連行の強制性は立証されているのである。また②③に関して重要なことは、朝鮮人被害者の強制連行を示す公文書資料がないことと、事実としての強制連行がなかったか否かは別物であることである。

確かに朝鮮総督府や日本軍が朝鮮で「慰安婦」徴集に関与したことを直接示す公文書類は発見されていない。敗戦時などに組織的な隠滅をはかったためと考えられる（未公開資料が存在する可能性がある）。しかし朝鮮総督府の行政ルートを使った連行の強制性を示唆する一九四一年の関東軍特種演習時の日本軍将兵の証言(15)は存在する（本書第4章参照）。何よりも被害者の証言がそれを裏付けている。朝鮮人被害者の証言で最も多いのは就業詐欺・甘言であった（これも「意志に反して」という意味で強制性を示す）が、金学順のケースをはじめとして暴力的な意味での軍などの連行も少なくなかった(16)。金学順は一五歳から二年間妓生券番（妓生養成学校）で歌舞音曲を習ったが、一七歳では営業できないとわかった養父に連れられてきた中国北京で日本軍人に捕まり、トラックで慰安所まで連行されたと証言した(17)。彼女の場合、妓生券番出身という側面にばかり注目が集まるが、北京で日本軍人により捕縛され慰安所に強制的に連行された（人身売買とも考えられる）という事実にこそ注目すべきであろう。ところが、日本の右派はこうした狭義の強制性を語る被害者の証言を頭から否定するのである。

このように日本の右派は公文書中心主義の立場に立って被害者証言の信頼性を否定することで、日本の責任を否定する詐術を使っているが、問題は朴裕河もこの土俵に乗って議論を展開していることである。

朴は、まず第二章の冒頭で性奴隷としての「慰安婦」の存在を否認する「新しい歴史教科書をつくる会」の主張を紹介したあと、「ところで『強制性』についての異議は、韓国内部でも唱えられている。ソウル大学の李栄薫は、『強制的に引っ張られて行った』『慰安婦』はいなかったとしている。……実際にそのことを立証する資料はみつかっていないというのである」とし、続いて「『慰安婦』研究者の吉見義明もまた、『官憲による奴隷狩りのような連行』が朝鮮・台湾であったことは、確認されていない」と吉見の説を引用する［六二］。

朴は、ソウル大学教授の李栄薫《イヨンフン》の権威性（ただし日本史専門家ではない。ちなみに韓国ニューライトの旗手）に依拠して連行の強制性に疑義をはさむ説を紹介したうえで、吉見義明「もまた」同様に述べているかのように錯覚させる議論を展開する。

しかし、吉見は引用された同じ著書(18)の同じ箇所で「違法な指示を命令書に書くはずがないではないか」「『官憲による奴隷狩りのような連行』が占領地である中国や東南アジア・太平洋地域の占領地であったことは、はっきりしている」［吉見・川田 一九九七：二四］と述べ、また「官憲による奴隷狩りのような連行」は「問題を矮小化するものだ。さらに、強制連行だけを問題とするのはおかしい」［一九九七：一二二］とはっきりと批判している。

つまり、朴は吉見の主張の核心部分に対し、真逆の引用を行っているのである。これは研究者としてあってはならない引用の仕方である。

さらに朴は、吉見に続き「慰安婦」の証言や日本軍の責任にそもそも否定的な立場の、秦郁彦・上坂冬子・櫻井よしこ・曽野綾子のコメントを次々と紹介する。とくに朴は、秦郁彦が金学順の複数の証言に関して「重要なポイントでいくつかの差異がみられる」と紹介し、秦の主張が日本の右派が「慰安婦」を否定する根拠になっているとする。

しかし、ここでも朴は自らが引用した同じ著書の同じ箇所で、吉見が、秦郁彦の金学順証言に対するこの否定的な見解に対して、「（金学順の証言で─引用者）もっとも信頼性が高いのが挺対協・挺身隊研究会『証言』であることは、専門家ならわかるはずである」と秦を批判したうえで、証言への史料批判の必要性、つまり専門家なら「どの証言が事実にちかく、どの部分が誇張されているかを判断する」べきであり、「日本軍の意志で設置され、日本軍が監督・統制する慰安所に、朝鮮から連れてこられて無理矢理連行された、あるいは売られた一七歳の女性（金学順のこと─引用者）が閉じこめられたとすれば、当然、日本軍にも重大な責任があることになる」と述べた箇所には一切ふれない。さらに吉見は、「慎重にヒヤリングされた記憶は信用できるものに再構成できる」「証言の価値は大きい。そこから私たちが何をつかみとるかが問われている」［吉見・川田 一九九七：七三〜七六］と述べているのである。

このように朴は、史料批判のうえでの被害者証言の信頼性を述べた吉見の核心的な主張には一切言及せずに、金学順らの被害者証言を頭から否定する秦の見解だけを無批判に紹介し、これを引き受ける形で「たとえ『自発的』に金を稼ぎに行った行為だったとしても」「たとえある日突然『強制的に引っ張られていった』のではないにしても」［六四］と述べる形で、連行の強制性を語った被害者証言を事実上無視・否定しているのである。

ここで留意しなければならないのは、連行の強制性は、軍・国家による体系的な戦争犯罪である「慰安婦」制度の一部にすぎないことである。連行の強制性にとどまらず、慰安所での性行の強制＝性奴隷にされ続けたことがこの問題の核心であることは、フェミニストや研究者などによってこれまでも繰り返し指摘されてきたところである。今回のアメリカ下院決議案で指摘されたのも「性奴隷制への若い女性の強制」であった。連行時の狭義の強制性と、その公文書資料＝証拠の存在にばかりにこだわる安倍発言の〝異様さ〟が国際的にも浮き彫りになっている。軍慰安所に拘束された性奴隷状態よりも、慰安所に到着するまでの過程の女性の自発性／強制性にこだわるのは、女性に責任を帰する男性中心的な発想である。

慰安所での強制を立証する被害者証言や公文書類は多数存在するのであり、朝鮮人女性の連行の強制性を示す公文書の不在をもって「慰安婦」問題の存在自体を否定する日本の右派の土俵に乗る必要はない。これまで発掘された公文書資料や証言だけで「強制性」を証明するには十分なのである。

朴の議論は右派の土俵がもつ問題性（男性中心性、国家中心性）に無自覚なまま、その土俵の上で公文書資料の不在を語るために、ここでも右派の詐術を代弁することになる。

朴らによる被害者証言や慰安所での強制性の軽視は、文書記録を残せなかった民衆や少数者、底辺女性に対して抑圧的な強者の論理であるとともに、フェミニズムや人権意識からもはるかに遠いところにあるといわざるをえない。

〈「慰安婦」制度研究の否定〉

第二に、本書が一九九〇年代の「慰安婦」制度に関する研究成果を無化・誤読・誤用していることである。ここでは慰安所設置の目的、慰安所制度の定義に関する叙述を見よう。

まず、慰安所設置の目的について、朴は次のように述べる。「『慰安婦』とは、直接的には一般女性の『強姦』を抑止するために考案された存在だった（吉見、一九九八、二七頁）」〔八六〜八七〕。

ここで「（吉見、一九九八、二七頁）」とあるのは、〈参考文献〉によれば前述の吉見の著作『従軍慰安婦』（一九九五年）を韓国で翻訳・刊行した『日本軍　軍隊慰安婦』（一九九八年）をさすようである。このように朴は吉見の研究を持ち出しながら、「『慰安婦』とは、構造的には一般女性のための生贄の羊」〔八七〕と記している。しかし、これもまた誤読である。引用された吉見『従軍慰安婦』では、そのようにはいっていない。

吉見は、岡村・岡部などの当時の高級参謀の資料に基づいて「軍慰安所設置は軍人による強姦事件を防止するためだという論理である」（〔吉見　一九九五日本語版：一七〕。韓国版でも同様）として、軍側の論理（発想）を述べているのである。また、著者が、吉見が慰安所を設けても「実際には、強姦事件はなくなるどころではなかった」〔四三〕と明記している部分を落としたのは、著者が「慰安婦」制度をめぐる事実の表層しか把握していないことを示している。「慰安婦」制度は一般女性を強かんから〝保護〟する目的で考案されたのではなく、吉見によれば、日本軍による強かんが地元の住民の怒りをかったため、治安維持上・作戦上に支障をきたしたので、その対策のため〔吉見 一九九五：三〇〕であり、あくまでも日本軍のためであった。

続いて、慰安所の定義に関わる部分を見てみよう。朴は「慰安所という場所が『国家』の黙認―公認のもとにつくられ、運営された場所」「日本が黙認した慰安所……『国家』が容認」〔一〇三〕などと述べている。

ここには「慰安婦」制度をどう見るかに関して、もっともよく著者の見解が表れた箇所である。換言すれば、「慰安婦」政策の責任の所在に関連する重要な記述であるが、著者のいうところの「国家」の「黙認・公認・容認」とは、慰安所制度の主体が別にあって、国家が認めただけ、国家は主体ではないということになる。

しかし実態はどうだろうか。いうまでもなく慰安所制度とは、日本国家の軍隊である日本軍自らが慰安所設置を立案・管理したのであり、軍の要請を受けた業者による「慰安婦」募集・移送、そのための軍の業者への便宜（軍の渡航証明書）と軍用船などの輸送手段の供与、軍による慰安所規則・利用料金の決定、軍医による性病検査、慰安所業者の選定、建物・食料の供給、軍の慰安所経営の管理・監督、慰安所・「慰安婦」の憲兵などによる監視、コンドーム支給などをまるごと行った。慰安所を利用したのも軍人だけである。また内務省・外務省・台湾総督府・朝鮮総督府などの国家機関が関与した。

日本軍だけではなく日本の国家機関が一体となって「慰安婦」制度を遂行したのであって、日本軍・国家は主体そのものである。著者が依拠する吉見も、「慰安所制度の運営の主体は軍であったことはあきらかである。まさに軍の管理下に設置・運営されていた」〔吉見 一九九五：八四〕と述べている。

いったい朴は吉見の著書のどこを見たのだろうか。

〈支援運動の否定〉

第三に、日本政府や国民基金に対して高い評価を与える一方、それに対し否定的な姿勢をとった韓国、とりわけ韓国挺対協の運動姿勢を厳しく指弾していることである。しかも運動の全面否定とさえいえる激しさである。

国民基金に実際に集まった民間からの募金は約五億六五〇〇万円（目標一〇億円）であった。それに基づく「償い金」は「総理のお詫びの手紙」、国庫から支出した医療福祉支援とともに、韓国、台湾、フィリピンの被害女性二八五人に支給された（インドネシア・オランダは別途。中国や北朝鮮、東南アジア諸国などは除外）。一方、韓国や台湾などでは「国家責任が曖昧」であるとして、受け取りを拒否した被害者が多数にのぼった。そのため国民基金が日本国家による「謝罪」といえるかどうかで激しい論争を呼んだのは、周知の通りである。

ここでまず確認すべきは、朴裕河の立ち位置である。彼女は「韓国のなかでも日本のなかでも、右でも左でもない『あいだ』に立たねばならなくなった」［一〇］と〝中立〟であるかのように装うが、本書あとがきでは「この本が刊行されるよう努めてくださった、和田春樹さん……日本語訳を読んで貴重な助言をしてくださった、上野千鶴子さんと成田龍一さん、高崎宗司さんに深く感謝申し上げたい」［二四二］と述べている。周知のように和田春樹は国民基金・専務理事、高崎宗司は同・運営審議会委員を務めており、とくに和田は「国民基金の顔」と呼べる存在である。このように朴は国民基金に関して中立とはいえないのである。
その朴は「国民基金」を「日本なりの努力、そしてそれに加えた厳格な自己批判と反省の声」［七六］であると捉え、『国民基金』という選択をした日本政府のやり方は、たしかに十分なものではなかった」と認めながら、これに対して挺対協は「正義の『暴走』」ともいうべき反対運動を繰り広げたが、それは「日本政府や『国民基金』の誠意をまったくくみ取ろうとしない頑な姿勢」であり、韓国は「いま少し柔軟な姿勢をとりえた」と譲歩を主張する。そして、そのような態度は韓国人の多くに根づく「日本に対する本質主義的な不信」ゆえであると述べる［八〇～八一］。
朴の韓国挺対協批判は、運動の全面否定にまで突き進む。

非寛容な「正義」であり、……「挺対協」のとった行動は、適切でもなく正しくもなかった［八二］
二〇〇〇年代の韓国で「挺対協」と「慰安婦」の発言が特権的な政治的正しさとなっていた［一〇四］
その正義は、エリート女性がみずからの理想を実現するためのものへと自己目的化［七九］……

しかしながら、この問題を日本政府に公開書簡で最初に訴えたのも、被害者金学順を最初に発掘したのも韓国挺対協であり、国際機関や国際社会に「慰安婦」問題を提起し、現在にいたるまで日本大使館前での水曜デモを毎週行い、国内外での被害者の講演活動を主導し、必要な情報提供を行い、韓国政府からの被害者への生活支援金を勝ち取り、韓国各地にいる被害者をケアし続けているのも彼女たちである。また、韓国発の問題提起は日本やアジアの女性に波及し、「国境を超えた」さまざまな成果を上げることに成功した。アジア連帯会議の開催、北京世界女性会議の行動綱領、さらに国連人権委員会特別報告者のファン・ボーベン、クマラスワミ、マクドウーガルの報告書などである。「慰安婦」問題はアジアの問題にとどまらず、戦時性暴力の再発を防ぐための世界的で普遍的な課題となったのである。韓国挺対協がこれらすべてを担ったわけではないが、重要な役割を果たしてきたのは確かである。国民基金の「努力」や「誠意」を評価するなら、こうした韓国挺対協の運動成果や貢献も評価しなければ、公平とはいえないだろう。

次に、被害者や韓国挺対協が国民基金に拒否的であったのは、「日本に対する本質主義的な不信」ゆえではなく、国民基金が文字通り謝罪として「不十分」であったからである。ここを混同してはならない。韓国挺対協の対応を「強烈な正義感」（朴裕河）「反日ナショナリズム」（大沼保昭）(19)としてのみ解釈・批判するのは無理がある。残念ながら、国民基金に反対する過程で国民基金を拒否した被害者と受領した被害者、それらをめぐって被害者間や運動内部で分裂や葛藤が起きたのは事実である。しかしまず問われるべきは、被害者や被害国に必要のない分裂や葛藤をもたらした国民基金の曖昧な金銭式決着方法なのである。その責任を被害者や支援運動に転嫁するのは本末転倒である。

また朴は「総理のお詫びの手紙」という「形式」を評価するが、この手紙は被害者すべてに宛てられたものではなく、国民基金を受け取った被害者だけに渡された。つまり条件（ヒモ）つき謝罪であり、国民基金を受け取らない被害者は切り捨てられているのである(20)。

国民基金がなぜ被害者の反発を買ったのか。それはアメリカ下院決議を推進したマイク・ホンダ議員がいみじくも語ったように、「現実は、大多数の慰安婦生存者がこれら基金の受け取りを拒否したことであり、日本政府からの疑いの余地も曖昧さもない謝罪がなければ、その金（国民基金──引用者）は彼女たちにとって意味をなさなかった」(21)からである。

3　植民地主義的言説としての韓国ナショナリズム批判

続いて、「慰安婦」制度への事実認識と密接に関係する朴裕河の植民地支配認識を見ていこう。

朴の歴史認識・現状認識において顕著なのは、植民地期に宗主国の民－植民地の民との間に、支配－被支配というレイシズムに基づく非人間的な関係が恒常的につくられ続けたこと、それが現在へも形を変えて継続していることへの批判的視点、換言すれば植民地主義を批判する視点が欠落している点である。確かに植民地支配や植民地主義などと述べてはいるが、それが何を意味するのかを朴は理解していないのではないか。

そのことは第一に、朴が植民地支配・侵略戦争の遂行とその下での朝鮮人の戦争動員（「慰安婦」動員を含む）という全体構造（歴史的な脈略）を軽視して、「韓国の内なる責任」を過度に強調することによく表れている。具体的には朝鮮人女性の「身売り」に関する部分、「慰安婦」と兵士の恋愛、朝鮮人兵士の慰安所利用、韓国軍の慰安隊創設、植民地下の日常などに関する部分などである。

日本人とともに朝鮮人にも人身売買業者・慰安所経営業者はいたし、肉親などによる「身売り」ケースもあったことは、この間の研究の進展で実証されている。しかし朴の叙述は、①その歴史的背景に日本が侵略・植民地支配の過程で、朝鮮に導入・確立した植民地公娼制度と、これをもとに海外に及ぶ人身売買ネットワークがつくられていたこと(22)に言及しておらず、さらに②「慰安婦」制度立案・運営の主役は日本軍であり、業者はワキ役であったという全体構造を見失わせ、③朝鮮からの徴集でもっとも多かったのは詐欺・甘言であったという被害者証言に基づく研究成果(23)など、「慰安婦」制度を理解するための重大なポイントを見落とさせる叙述をすることで、読者に日本の歴史的責任を曖昧にして誤解を与えるものになっている。

また、④植民地下の「一般の人々の日常が、思ったほど過酷なものではなかった」[五四]と述べるが、朝鮮人が民族の支配ｰ被支配という抑圧が空気のように常態化していた日常から逃げることができなかったこと、つまり「日常化した体制としての植民地主義」(24)の存在を軽視している。また「過酷さ」にも階級やジェンダーによる差異があったので一律には語れない。⑤同様のことは、慰安所での兵士と「慰安婦」の恋愛がありえたことについてもいえる。しかし支配者/被支配者、兵士/「慰安婦」ではそれぞれ認識に落差があることに留意が必要である。周囲の兵士から「谷軍曹の女」と見られていた「慰安婦」朴永心が、実は彼を嫌っていたことはそれを示している(25)。またスマトラのパレンバンに騙されて連行された朝鮮人「慰安婦」は、憲兵として慰安所に関わった日本人軍曹に対し「皆な大声で笑ったり、嗅いだりしているけれど、心では泣いているんです。死のうと思ったことも何度もあるんです」と語っている(26)。公文書資料から漏れた被害者のこうした「声なき声」をすくい上げ、男性中心・支配者中心の「正史」を書き直すことが求められているのである。また⑥朝鮮人兵士の慰安所利用、韓国軍の慰安隊創設はそれぞれ歴史的な脈略（韓国軍のルーツは日本軍にある）を明らかにしたうえで、個別に韓国内部の責任を問うべき歴史事実である。

韓国側に内なる責任への省察が必要なことには同意するが、日本軍・日本国家の侵略戦争を起こした責任、植民地支配責任という全体構造（歴史的な脈略）のなかで、その果たした役割や責任を見るべきであろう。「慰安婦」制度を立案・実行した権力主体である日本軍・日本国家と、その下っ端でダーティ・ワークを担った朝鮮人業者の責任は同じではない（誤解なきようにいうと、責任がないというのではない）。侵略戦争を起こして被支配民族を巻き込んだ宗主国の政府・民衆の責任と、巻き込まれた植民地民衆の責任にも質的違いがある。責任を問うのも順番があるのであり、日本政府が「慰安婦」問題に対する法的責任を今もって認めていないことが最初に問われるべきである。

第二に、植民地主義批判が欠落しているために、同列視できない概念を同列視するという誤謬を引き起こしていることである。これは随所で展開されている。一例をあげれば、兵士と「慰安婦」は「国家がそれに属する個人の意志を問うことなくおこなった戦争によって、もっとも凄惨に毀損された『個人』だという点では、ともに国家システムがもたらした最大の戦争『被害者』」［九六〜九七］と述べる。

加害者にさせられた兵士の被害をいいたいのだろうが、だからといって加害責任を免除できるわけではない。日本軍兵士は侵略戦争を推進・加担しただけでなく、各地で民間人への略奪や女性への強かんなどの戦争犯罪を行った。それは命令によらない兵士個人の犯罪だった。また慰安所通いも命令ではなかった。にもかかわらず戦後は多くの場合口をぬぐって、国家補償を受けたのである。さらに兵士といっても、日本人と植民地出身者とでは歴史的意味が異なる。前述のように、植民地出身者は支配民族が勝手に起こした侵略戦争に無理やり動員させられたのである。結局、朴は兵士と「慰安婦」をともに「最大の戦争『被害者』」とすることで、日本人兵士の加害を免責しすくい上げているのである。

「慰安婦」制度への事実に反する叙述とともに、「韓国の内なる責任」を過度に強調し、被害者と加害者を同一視する著者の論理展開は、「日本の責任」との相殺効果を絶妙に発揮することで、ここでも日本に責任なしとする日本の右派の代弁者と化す。朴の議論がそうなってしまうのは、「慰安婦」動員を含む朝鮮人戦争動員、それをめぐる諸現象が民族の支配－非支配をもたらした植民地支配という全体構造のなかの一部分（一環）として引き起こされたという、植民地主義批判の視点が欠落しているからにほかならない。換言すれば、朴の植民地認識は日本の右派に根強い「植民地近代化論」の焼き直しにすぎないのである。しかし問題は、朴が戦略的に植民地主義的言説を実践している節があることである。韓国のナショナリズムを批判するために。

そのことは、前述の「被害者のナショナリズムと加害者のナショナリズムとの違いは、紙一重ぐらいの差でしかない」というフレーズによく表れている。ナショナリズムの定義が不明であるばかりでなく、それぞれのナショナリズムの歴史性とその差異を完全に無視してしまえるところは、歴史研究者ではないゆえの大胆な問題提起というべきなのだろうか。要するに、「韓国のナショナリズムは日本のナショナリズムを批判するが、その韓国ナショナリズムは日本のナショナリズムとそっくりである。日本のナショナリズムを批判する前に、自らの過誤（加害）を清算せよ」といいたいのであろう。しかも以下に述べるように、韓国ナショナリズム批判も戦略的になされている。

第一に、戦後日本や解放後の韓国に対して、あるいは歴史問題に対する韓日の対応について、著者は日本については多面的な理解の重要性を強調する一方、韓国に対しては全面的に批判する二項対立的な手法をとることである。国民基金の称揚と韓国挺対協批判がセットである手法の反復である。

たとえば、日本に対して「わたしのみるところでは、政治家の誰一人として『悪意』はなかった」[九]、「問題の教科書（つくる会の教科書のこと—引用者）が、歴史の歪曲と戦争の美化のみで綴られているとすれば、そのような烙印を押された教科書に臆面もなく同調するほど、日本のエリート官僚や政治家が愚かであるはずはない」[一二]などと、日本の政治家・官僚に絶大な信頼を寄せる。しかし二〇〇二年教科書検定で教科書会社への圧力をかけたのは、「愚かであるはずはない」安倍晋三（当時・官房副長官）らであり、二〇〇六年教科書検定で「慰安婦」記述が消されたことを繰り返し歓迎したのも、日本政府の閣僚たちであったという現実には眼をつぶるのである。

また「戦後日本は平和主義的」[二四]、「戦後日本は加害者としての自己認識から出発」[二九]などと、「戦後日本」を過度に礼賛する。しかし彼女の眼中には、戦後日本の平和主義から排除され続けた沖縄の米軍基地問題、〝嫌韓流〟などで現在も露骨な差別語にさらされている在日朝鮮人の存在などはないらしい。また、日本が平和主義でありえたのは、東アジアの戦争状態（終わらない朝鮮戦争、中台対立）に依存してきたゆえであった現実も見えないようだ。戦後日本が「加害者としての自己認識から出発」していれば、沖縄や在日朝鮮人、アジア諸国との「戦後」はもっと違ったものになっていたはずである。

その一方で、韓国（一部中国）に対しては「日本の知識人がみずからに対して問うてきた程度の自己批判と責任意識を、いまだかつて韓国はもったことはなかった」[二二六]と真逆の評価をする。しかしこれも事実に反する。ざっと振り返ってみただけでも、「二度と愚かな祖先にはなるまい」(張俊河《チャンジュナ》『石枕　韓民族への遺書』安宇植訳、サイマル出版、一九七六年)、韓洪九《ハンホング》著『韓洪九の韓国現代史』(Ⅰ・Ⅱ、高崎宗司監訳、平凡社、二〇〇三・二〇〇五年)など多数あげることができる。そもそも韓国の民主化運動は、軍事独裁体制への自己批判であるし、韓洪九も加わって進行中の過去事清算は韓国近現代史への自己批判である。ここにはベトナム戦争に派兵された、韓国軍によるベトナム民間人虐殺の加害責任の克服も含まれている。

第二に、韓日連帯運動に関しても、日本の運動を称揚し韓国の運動を批判する二項対立的手法が繰返される。

「日本の側はみずからの問題を問おうとする脱民族主義的批判」であるのに対して、「韓国からの批判が民族主義にもとづく本質主義的なもの」〔二二一～二二二〕と断ずる。

しかし、本書に一貫する、日本への根拠なき信頼や韓国への現実を見ない批判という二項対立的な図式こそが、著者の両国への「本質主義的な理解」からきているのではないか。韓国の日本への対応が「批判と拒絶」〔二一〇〕、「相手に対する理解がともなわなかった」〔二二〇〕わけではなかったことは明らかである。一九九〇年代以降、「慰安婦」問題や日本の歴史教科書をめぐって「国境を超えた」具体的な共同作業が行われ、数々の成果を生んできた(27)。そうしたなかでなしえた歴史的成果の一つが、加害国日本の女性が呼びかけ韓国など被害六カ国が応えて、ともに東京で開廷した二〇〇〇年女性国際戦犯法廷であったといえるだろう。

しかし、これら法廷を含む「国境を超えた」共同行動の叙述は本書から欠落している。単なる無知ならばこの問題を論ずる資格はないし、知っていて書かないのなら偶然ではないだろう。なぜならこれらを登場させることは、韓国ナショナリズムの狭量さを指摘する本書の論旨を破綻させるからである。このように朴は「解放後韓国」のナショナリズムを歴史性や多様性を無視して一枚岩のごとく批判することで、「戦後日本」を〝特権化〟する。朴にとっては、韓国ナショナリズムを批判するために、歴史問題と日本を道具に使っているにすぎないのである。

4 〈帝国のフェミニスト〉のパターナリズム

しかしながら以上にもまして危機的なのは、粗雑であるばかりでなく、フェミニズムからもほど遠く、日本と韓国の歴史修正主義者たち（日本の右派・韓国のニューライト）に親和的な歴史認識・現状認識が、二一世紀に韓国の「日本学」研究者から提起され、それが日本の「良心的」知識人、マスコミ、フェミニストなどによって「お墨付き」をもらうという倒錯的状況が生じていることである。なぜそうなってしまうのか。上野千鶴子がいうパターナリズム（後述）にヒントがあると思われる。そこで、前述のように朴の「議論の多くに同意する」と賛意を表した上野の言説(28)を見てみよう。

第一に指摘すべきは、上野が「慰安婦」問題に関して〈帝国のフェミニズム〉を超える実践をしえたのか、という点である(29)。

〈帝国のフェミニズム〉とは何か。私がこの用語に関心をもったのは、上野というより藤目ゆき『性の歴史学』（一九九七年）を通じてであった。ここでは欧米女性史だけではなく、日本女性史研究における〈帝国のフェミニズム〉批判の重要性について具体的に語られていた。藤目は、在日朝鮮人女性研究者による指摘や研究――日本女性史研究における植民地認識の欠落（任展慧《イムジョネ》）、日本女性の無知・無関心（李順愛）、「民族的視点を欠落させてきた日本のフェミニズムの歴史的限界」（宋連玉《ソンヨノク》）――などに依りながら、日本女性史研究や「慰安婦」問題を看過してきた日本フェミニズムのあり方を批判し、「階級や民族への視点の欠如」を指摘した。つまり、過去の欧米白人フェミニストにとどまらず、日本人女性の運動の捉え方や研究上の認識における日本的〈帝国のフェミニズム〉のあり方を問うたのである(30)。換言すれば、日本人フェミニストが脱植民地主義に向けてどのような実践をしたのかを問うているのである。

私はかつて上野に対し「山下（英愛）による（韓国女性運動、とくに韓国挺対協の――引用者）『民族言説』批判に同調するあまり、朝鮮人『慰安婦』問題がもつ民族問題の側面を知っているつもりになって看過しようとしているのではないか」と指摘し、「上野をはじめとする日本人フェミニストたちが『帝国のフェミニズム』をどう具体的に超えるのかは、個別具体的な課題である『慰安婦』問題をめぐって試されるのだと思う」と結論づけたことがある(31)。

上野は、朴による植民地主義的言説の実践としての韓国ナショナリズム批判をめぐって、かつてと同じことを繰り返しているのではないか。在日朝鮮人女性、韓国人女性の韓国ナショナリズム批判に安易に乗っかり、ご都合主義的に利用する言説実践こそ、パターナリズムであり〈帝国のフェミニスト〉の姿ではないのか。

こうした上野の言説実践は、「慰安婦」裁判や女性国際戦犯法廷に関する初歩的な事実関係の誤認・

誤解に簡単につながる(32)。何よりも、朴のような植民地主義的言説を批判的に克服することなしに〈帝国のフェミニズム〉を超えることはできないのではないか。

第二に、上野がこれまでの主張を翻して、日本版「歴史修正主義者」たちと同じ論点を主張する朴裕河を擁護するだけではなく、彼女への批判をあらかじめ封じようとしていることである。

これまで上野は日本版「歴史修正主義者」たちの論点を、①慰安婦強制連行を裏付ける実証資料がない、②文書資料至上主義の立場から、被害者の証言の信頼性を疑うと整理し、これらはヒットラー署名の文書資料がないことを論拠に「ホロコーストはなかった」という「ネオナチの論理と変わるところがない」と批判し、「彼らの背後にあるのは、はっきりしたナショナリズムと大国意識」であると指摘した。また、「慰安婦」をめぐる歴史修正主義論争は「フェミニズムとジェンダー史が積み上げてきた成果に対する深刻な挑戦」とも述べている(33)。これには私も「同調」するところである。

ところが、前述のように、朴が強制性に関して文書資料至上主義的な立場から被害者の証言を軽視してきたことは明らかである。朴の主張は前記①②の論点と変わるところがないのである。文書資料至上主義を批判してきた上野がそれをかなぐり捨て、フェミニズムやジェンダー史に「深刻な挑戦」をした朴の議論を熱心に擁護するのはどうしたことか。これこそが朴に対し対等に見ないゆえに、批判ではなく「同調」を選んだ上野のパターナリズムの表れではないのか。しかし上野の朴擁護はこれにとどまらない。

朴さんの意見は、日韓のナショナリストの怒りを買うことだろう［二四四］。

彼女のこみいった議論を聞きながら、いらいらして「おまえはいったいどっちの側なんだ?」と詰め寄りたい気分になった読者がいたとすれば、そのひとをナショナリストと呼ぶことにしよう［二四六］。

ここには、朴裕河の意見に対して〝怒るのはナショナリスト〟と先取りして決めつけることで、批判を狡猾に封じ込めようとする意図が見える。上野はナショナリストと決めつければ誰もが黙ると思っているらしい。しかし前述の上野の指摘に従えば、日本版歴史修正主義者と変わらない論点を主張する朴の議論の「多くに同意」するとはっきりと表明した上野自身の「背後にあるのは、はっきりしたナショナリズムと大国意識」ということになるのではないか。

第三に、上野が韓国挺対協、VAWW－NETジャパンの運動、及び女性国際戦犯法廷の意義を本質的に理解・認識していないことである。次の弁がそれをよく表している。

「国家による公式謝罪と補償」を唯一の解として、国家対国家、民族対民族の対立の構図がつくられたのは、一部は韓国内の女性団体のナショナリズムにも原因がある。日本の「良心的な」女性団体は、これを指摘することに躊躇し、かえって全面的に同調することを選んだ。「加害者国民意識」からである。それは被害国民を尊重すると見えて、かえって対等には見ないパターナリズムではなかったか［二四七］。

日本の「良心的な」女性団体とは名指しはしていないが、法廷が出てくることからVAWW－NETジャパンと思われる。上野は、韓国女性運動のナショナリズムと日本女性運動の「同調」するだけのパターナリズムによって「国家対国家、民族対民族の対立の構図」がつくられたと見なしているのである。

実際に運動に参加していないのに、どうしてこうした暴論をはけるのか疑問だが、謝罪・補償を求める運動のなかでつくられていったのは、国家VS国家でもなければ民族VS民族でもなく、謝罪・補償を求めて連帯・共闘する被害国・加害国の「国境を越えた」女性・市民VS日本国家、の対立の構図である（この日本国家側には、強弱はあるにせよ和田・上野・朴のような国民基金を「謝罪」と見なす「国境を越えた」連帯も入るだろう）。謝罪・補償とともに、責任者処罰を求めて故松井やよりを代表とするVAWW－NETジャパンが一九九八年に提唱し、被害六カ国が受けて、昭和天皇や日本政府を被告として開廷した二〇〇〇年女性国際戦犯法廷は、そうした「国境を越えた」女性連帯の一つであった。国際実行委員会では、開催にいたるまでの二年半の間に、法廷のあり方や起訴状などをめぐって数々の激論を戦わせ、不協和音を乗り越えたからこそ、歴史的な法廷を実現できたのである。もちろん相互に積み残した課題も少なくなかった。故松井が「慰安婦」問題を家父長制の問題とのみ捉え、「アジアの人びとに対する差別と捉える」被害国・韓国の議論を受け入れることができなかったと、尹貞玉が追悼した(34)のも、その一つであった。松井とともに法廷を担った者として、尹の提起に必ずしも首肯はできないが、肝要な点は尹にはそのように見えたということである。松井が亡くなった現在、日本の女性運動、日本社会の課題と見るべきであろう。

しかしながら、上野が謝罪・補償要求の原因を、韓国のナショナリズムに矮小化し、日本人女性が提唱した女性国際戦犯法廷の試みを無視して、被害国に同調するだけのパターナリズムとのみ矮小化できるのは、運動の現場を知らないだけでなく、運動が何をめざしてきたのかを根本的に理解できていないからである(35)。韓国挺対協は謝罪・補償を実現するために、日本政府と国民基金を推進する人々と闘ってきたのであって、韓国のナショナリズムのためではないだろう。上野は朴や自分を批判する人はナショナリスト、韓国の運動はナショナリズムと決めつけることで安心してしまい、思考停止に陥っているのではないだろうか。

第四に、上野が国民基金への歴史的な総括をした際に、韓国の「被害者が受け取り拒否」をするという「不幸な事態」をまねいた結果責任は、国民基金側にあると認める一方で、これまでの「批判的な立場」を翻して「あのとき国民基金をつくらなければ、その後つくる可能性は非常に低かっただろう」として、「一〇年たってその結果を歴史的に判定してみれば、……基金関係者の政治判断は正しかった」と高い評価を与えていることである(36)。

果たしてそうだろうか。ある事象への歴史的評価は変わることがあるが、「一〇年たった」現在の上野による国民基金評価が「正しい」とは限らない。国民基金が韓国の被害者に対し「不幸な事態」を招いた結果責任を認めるのなら、国民基金設立時の政治判断は「正しかった」というのは明らかに矛盾している。事後的に見ても、基金創設が「正しくなかった」から「不幸な事態」が生じたのである。

また私たちは、政治決断により補償が実現した次の事例を事後的に知っている。小泉前首相は二〇〇一年五月の熊本地裁での「ハンセン病国家賠償請求訴訟」の原告勝訴の判決を受けて、控訴を断念し謝罪するとともに「新たな補償を立法措置により講じる」という政治決断（「ハンセン病問題の早期かつ全面的解決に向けての内閣総理大臣談話」）をすることにより、直ちに同年六月にハンセン病補償法（「ハンセン病療養所入所者等に対する補償金の支給等に関する法律」）を成立させ、対象者らに補償金が支払われることになった(37)。その後、植民地であった韓国・台湾の療養所入所者も東京地裁に提訴するなどの経緯をへて、韓国・台湾などの入所者にも追加的に補償する法律に改正されたのである。

ハンセン病問題もまた旧植民地出身者を含む問題であるが、右派的な自民党政権下でも政治決断さえあれば、歴史的不正に対する謝罪・補償が可能であることを示唆している。

おわりに

本論を書きながら、胸のもやもやが晴れることはなかった。むしろ憂鬱が深くなるばかりである。日本の右派を相手に反論している徒労感と空しさを感じるからである。運動を知らずして運動を批判し、歴史的文脈を無視して歴史を語り、被害者を見ずして「和解」を語る。いったい誰のための、何のための「和解」なのか。

とくに「慰安婦」問題において「赦す」当事者は「慰安婦」被害者である。著者が「謝罪を見届けてから赦すのではなく、赦しが先にたつのではないか」［二三九］と「赦し」のあり方を一方的に決めつけるのは、それ自体が抑圧的なのではないか。被害者は傷つけられたうえに、なぜ譲歩や妥協まで強要されるのだろうか。

朴裕河の歴史認識・現状認識に目新しいところはない。それが日本で目新しく映るのは、彼女が「中立」を装う韓国人女性知識人であるからであろう。その言説の政治的効果とは、日本の加害事実に関する歴史教育をまともに受けてこなかった日本の読者（私もその一人である）に対して、加害や責任の問題から目をそらさせ、安堵感を与えることにある。ここでは一九九〇年代から積み上げられてきた、被害者証言・研究・運動の成果はまったく無化されている。

しかしながら、歴史の事実や責任に向きあわずして、「和解」はありえない。その意味でフェミニズムの視点、植民地主義批判の視点が欠落しているばかりではなく、事実誤認に満ちた朴の歴史認識・現状認識や、そのなかで展開される韓国ナショナリズム批判は、加害の歴史と責任から逃れたい日本の読者に対し、一服の清涼剤としての役割を果たすかもしれないが、「和解」の扉を開けることにはつながらないと確信した。また「慰安婦」問題に対する韓国ナショナリズムは、一国主義的で本質主義的に存在するのではなく、現在の被害者への国家補償を避けてきた日本政府や国民基金、あるいは「慰安婦」問題を否定する右派などに顕著な、日本ナショナリズムとの対抗関係のなかで構築されたものであり、日本政府・社会との関係性のなかで変わりうるものである。そもそもの原因をつくった日本ナショナリズムと相互の関係性を見ずに、韓国ナショナリズム単独で解釈したり一方的に批判・非難しても、「和解」は遠のくばかりである。

和解は、まず加害国（民）が歴史と責任に向きあうところから始まる。とりわけ植民地支配を背景に、戦時性暴力の記憶を封印された朝鮮人「慰安婦」問題への歴史的理解を深めるためには、脱植民地主義的なフェミニズムの視点が不可欠である。また被害のなかの加害認識も今後深めていきたい課題である。

しかし責任という点では、日本の右派から一貫して批判にさらされている河野談話でさえ、「軍の関与の下で」女性たちを傷つけた「道義的な責任」を認めてはいるが、その責任の主体が軍・政府にあったことや「法的責任」を認めているわけではない。その河野談話さえ事実上後退させたのが安倍首相（当時）であった。しかし逆にその安倍発言が注目されたことによって、「謝罪」を内と外で使い分ける日本外交のダブルスタンダードや、責任を曖昧にする国民基金が国際的にも通用しないことが明らかになった。アメリカ下院決議に明記された「明確かつ曖昧さのない」歴史的責任と公式謝罪を求める議員や市民の動きは、カナダやオーストラリア等にも広がり、日本政府が被害者に向けて果たすべき国際公約になろうとしている。

朴裕河や上野も、こうした〝現実〟を認め、歴史と責任に向きあい、「和解」の扉を開く被害者への「曖昧でない」謝罪・補償を求める運動に加わってほしいものである。

第8章

在日朝鮮人女性と日本軍「慰安婦」問題解決運動

一九九〇年代のヨソンネットの運動経験から

はじめに

一九九〇年代初頭から展開されてきた「慰安婦」問題解決運動を日本や韓国の女性運動の文脈で語るとき、一国主義的な枠組みのなかで語られることが多い。その場合それぞれ日本人女性、韓国人女性が担ったことを自明の前提にし、在日朝鮮人女性（以下、「在日女性」と記す。韓国籍・朝鮮籍・日本籍を含む）(1)が独自の役割を果たしながら関わってきたことは視野の外に置かれやすい（いうまでもなく、ほかのアジア諸国でも展開されたが、テーマからずれるので省きたい）。

本章では、この運動に在日朝鮮人女性たちがどのような理念や役割をもって参加してきたのかについて、主に一九九〇年代に関東在住の在日女性たちによって結成された「従軍慰安婦問題ウリヨソンネットワーク」（ウリ＝私たち、ヨソン＝女性の意。以下、「ヨソンネット」と記す）の運動経験を通じて、ヨソンネットに創立当初から関わった当事者の一人として振り返ってみることにしたい。

留意すべきは、当事者だから語れる部分もあるが、当事者だからこそ全体を見渡せないという陥穽にはまり、ヨソンネットの運動を語るには限界があるということである。その意味で本章は、一当事者の語りという制約をもつが、在日女性運動史を研究する立場も放棄せず、当時の文献（パンフレット、会報）などに記された複数の語りに基づきながら、一九四五年解放後の在日女性運動史のなかにヨソンネットの活動を位置づけたいと思う。なお、この運動には参加しなかったが、在日女性である徐阿貴がヨソンネットの社会学的な分析を試みている(2)ので参照されたい。

1 〝遅れてきた〟〝女たち〟による戦後補償運動

まず、運動の発端を簡単に振り返ってみよう。日本政府に対し戦後補償を求める運動は、サンフランシスコ平和条約によって主権を回復した一九五二年前後から在日朝鮮人元BC級戦犯、元傷痍軍人軍属などによって始められ、さまざまな被害者・支援者によって連綿と展開されてきた(3)。しかし一九九〇年代に〝遅れてきた〟戦後補償運動として始まった日本軍「慰安婦」問題解決運動(4)は、それまでの戦後補償運動とは異なる性格をもつ。この運動が主に〝女たち〟によって準備され、展開されたという点である。

周知のように、運動の契機となったのは、一九九〇年五月韓国盧泰愚大統領の訪日に際して、韓国の女性団体が「挺身隊」（＝ここでは「慰安婦」をさす）問題の真相究明と解決を求める声明を出したことだった。六月に日本の国会で労働省局長が「(「慰安婦」を)民間の業者が軍とともに連れ歩いた」ので調査はできないと答弁し日本軍の関与を事実上否定したことで、運動が本格化した。この発言に抗議する過程で、一一月に三七女性団体によって韓国挺身隊問題対策協議会(以下、「韓国挺対協」と記す)が結成された。

日本では一九七〇年代にウーマン・リブの問題提起、千田夏光『従軍慰安婦』(七三年)、金一勉『天皇の軍隊と朝鮮人慰安婦』(七九年)など一連の著作や、沖縄在住の被害者・裵奉奇を扱ったドキュメンタリー映画(『沖縄のハルモニ』)やノンフィクション(川田文子『赤瓦の家』)、「アジアの女たちの会」の会報「アジアと女性解放」などを通じて、「慰安婦」問題の所在は知られていたが、解決すべき運動の課題とは見なされてこなかった。

それを大きく転換させたのが、一九八七年六月民衆抗争により民主化を勝ち取った韓国の女性運動であった。一九九〇年代に韓国の女性運動が「慰安婦」問題に取り組んだのは偶然ではなく、一九七〇年代以降に民主化運動とともにキーセン買春観光問題、性暴力・性拷問事件に取り組んできた経緯があったからである(5)。しかし運動体はできたものの、半世紀前の戦争と性がからむ問題であったがゆえに、〝被害当事者のいない問題〟であり続けた。そこに画期的な転換をもたらしたのが、一九九一年八月に韓国で金学順《キムハクスン》が実名で名乗り出たことだった。彼女は他の「慰安婦」被害者(仮名)や元軍人軍属、その遺族とともに同年一二月に来日し、東京地裁に日本政府を相手取って補償を求めて提訴した(「アジア太平洋戦争韓国人犠牲者補償請求事件」)。このときに金学順を囲んで東京や大阪で証言集会がもたれ、「慰安婦」問題が日本のなかで社会問題化される契機となった。……と、ここまでは筆者も何度も述べてきており、「慰安婦」問題に関心をもつ者なら知っていることだろう。

2　在日朝鮮人女性という〝運動主体〟の登場

しかし、日本社会で日本軍「慰安婦」問題や解決運動が広がる際に、在日朝鮮人女性が重要な役割を果たしたことはあまり知られていないし、語られてこなかった。

沖縄在住の被害者・裵奉奇《ペボンギ》を最後まで世話をした（一九九一年一〇月死亡）のは、那覇在住の金賢玉《キムヒョノク》であった。また先述のように一九九〇年六月の労働省局長の答弁に抗議するため一〇月に韓国の女性団体五人が来日し日本政府への抗議の公開書簡を送ったが、この活動には日本基督教協議会（NCC）女性委員会に属する梁霊芝《ヤンヨンジ》などが加わった。その直前の一〇月二五〜二七日に沖縄の渡嘉敷島で韓国教会女性連合会と在日大韓基督教全国女性連合会約三〇人によって、元「慰安婦」合同追悼式が行われた。

ここで注目すべきは、在日女性が「慰安婦」問題解決運動の運動主体として登場したことである。それは一九八〇年代に先述の金学順さんを囲んでの証言集会を主催したのは、在日女性だったのである。それは一九八〇年代に準備されていたが、その経緯を簡略にたどってみよう。

一九九〇年一二月、韓国でこの問題の火付け役となった尹貞玉《ユンジョンオク》・韓国挺対協共同代表が来日し、日本人女性や在日女性の前で「慰安婦」問題に関する講演を行ったが、これを契機に「慰安婦」問題に取り組む団体結成が相次いだ(6)。両者をつないだのが、韓国の梨花女子大学校に留学し女性学を専攻し、尹貞玉らとともに挺身隊研究会の結成に加わった山下英愛《ヨンエ》であった（〜一九九八年まで韓国在住）。

在日女性の場合は、彼女も含め一九八四年に結成された「朝鮮女性史読書会」（～一九九二年）(7)というサークルが母体となり、九〇年一二月に東京で在日女性一七人を前に「尹貞玉先生を囲む在日同胞女性の会」が催された。講演で尹貞玉が「慰安婦」問題は「家父長制の問題である」と強調したことに新鮮な衝撃を受けた在日二世・三世女性たち（金英姫《キムヨンヒ》、朴潤南《パクユンナム》、金薫子《キムフンジャ》、金富子《キムプジャ》）は、読書会とは別途、尹貞玉がハンギョレ新聞紙上に掲載した「挺身隊取材記」（一九九〇年一月）を翻訳し、さらに在日女性がこの問題をどう考えるのかをテーマにした座談会（梁澄子《ヤンチンジャ》、朴和美《パクファミ》、山下英愛が加わる）やアンケート、資料を盛り込んだパンフレット『私たちは忘れない　朝鮮人従軍慰安婦』を自主製作し、刊行した。これは増刷に増刷を重ねた。パンフレット発刊メンバーの金英姫は『世界』誌（一九九一年一〇月号）に「忘れることが優しさか」を書き、「慰安婦」被害者を侵略戦争、植民地支配、女性差別の被害者と分析し反響を呼んだ(8)。一九九一年初以降、「慰安婦」問題に関するさまざまな集まりが相次いで開催されたが、問題意識をもちながらも組織や国籍、政治的立場などの壁に分断されて出会うことがなかった在日女性が出会うこととなった。

こうして「女から女へ」とのネットワークが始まり、同年八月には合宿「語りあかそう！『在日』女性の明日に向かって――尹貞玉さんとともに朝鮮人従軍慰安婦問題」をもつにいたる。合宿をはさんで九回の準備会をへて、「慰安婦」問題の解決をめざす在日女性独自の運動団体として、九一年一一月に関東で「従軍慰安婦問題ウリヨソンネットワーク」（「ヨソンネット」一九九八年解散）が結成された。関西でも同時期に、皇甫康子《ファンボガンジャ》・李和子《イファジャ》などにより「朝鮮人従軍慰安婦問題を考える会」（以下、「考える会」と記す。現在も継続）が結成された。双方のメンバーとも組織に属さない、無名で、三〇～五〇代の二

〈写真〉ヨソンネットの発刊物

（筆者撮影）

世・三世の在日女性たちだった。子育て真っ最中の女性も多かった。両者はときに連携したが、金学順が同年一二月に日本政府を相手に補償を求めて東京地裁に提訴するために来日した折にも、東京及び大阪でそれぞれ金学順の証言集会を主催したのは先述の通りである。一二月九日にヨソンネットが開いた「金学順さんの話を聞く集い」（於在日韓国ＹＭＣＡ、東京）には四五〇人の参加者が会場を埋め尽くし新聞などでも大きく取り上げられる(9)など、「慰安婦」問題が日本で一躍社会問題化する際に大きな役割を果たした。

翌九二年一月、「慰安婦」問題への軍関与を否認していた日本政府は、吉見義明教授による軍関与を立証する公文書発見の報道がなされるや、一転軍関与を認めた。その直後に開設された「従軍慰安婦一一〇番」には追跡調査も含め二四〇件の情報が寄せられたが、ここにヨソンネット・在日韓国民主女性会（後述）が主催団体として参加した(10)。このときの情報をもとに在日朝鮮人（韓国籍）の元「慰安婦」宋神道《ソンシンド》を知ることになり、一九九三年四月には宋神道による日本政府への提訴（東京地裁）をきっかけに「在日の慰安婦裁判を支える会」（以下、「支える会」と記す）が結成された。ここには主に在日女性二・三世（梁澄子、朱秀子《チュスジャ》、李文子《イムンジャ》などヨソンネット・メンバーと重複）、日本人女性の若い世代が集まり、最高裁まで続いた長い闘いを担った(11)。独特の個性をもつ宋神道の出現は、在日女性に多くの活力と刺激を与えた。支える会のメンバーはのちに、一部勝訴した画期的な関釜裁判判決を生かして「慰安婦」問題を早期解決するためにつくられた下関判決を生かす会（戦時性暴力被害訴訟支援団体の連絡会）などの活動も行った。また、金英姫は「戦後補償実現！Japan＝Korea ネットワーク」でも活動し、ヨソンネット解散後も金薫子などとともに「韓国戦後補償速報」（七年間続く）を翻訳・発刊した。

ヨソンネットは、求めに応じて「慰安婦」問題に関する講演活動を精力的に展開したほか、韓国挺対協・韓国挺身隊研究会（のち研究所）による被害者証言集『証言　強制連行された朝鮮人軍慰安婦たち』（明石書店、一九九三年）を翻訳・出版、また高校生の歴史副読本をイメージして宋神道のライフ・ヒストリーを含めた『もっと知りたい「慰安婦」問題』（梁澄子／金薫子／朴潤南／金富子著、明石書店、一九九五年）を出版した。朴潤南が初めて作成し同書に所収された慰安所マップは、テレビ放送や韓国でも使われた。梁澄子・金薫子（韓国語）、朴和美（英語）など語学力のあるメンバーたちは、通訳・翻訳を通じて運動に貢献した。また関西の考える会の創作劇「マダングッ私たちは忘れない　朝鮮人従軍慰安婦」（主催・東京YMCA）や、韓国から来た「慰安婦」問題を扱った演劇「声なき挽歌」（一九九三年、大阪・東京・横浜）を支える会とともに上映した。何人かのメンバー（梁澄子・金富子）は日本の戦争責任資料センター「慰安婦」研究部会に加わり、吉見義明・林博史編著『共同研究　日本軍慰安婦』を共著で出版した。

一九九三年にウィーンで開かれた国連世界人権会議（朴和美が参加）、また一九九五年九月に北京で開かれた世界女性会議にも、在日女性（朴潤南、金富子、皇甫康子）が日本人女性（上野千鶴子など）とともに六人でワークショップを主宰し、その他韓国やアジアの女性たちと大小さまざまな催しや宣伝活動を行い、「慰安婦」問題を国際社会に広げるのに寄与した。しかしヨソンネットのメンバーの活動がその枠を越えて広がり比重が増すなかで、一九九八年にヨソンネットは解散した（後述）。なお、ヨソンネットとは直接的な交流はなかったが、朝鮮人強制連行真相調査団も国連で精力的な活動を行った。

また、一九九八年六月には在日女性も含めてＶＡＷＷ－ＮＥＴジャパン（戦争と女性への暴力日本ネットワーク）[12]が結成された。ＶＡＷＷ－ＮＥＴジャパンは、「慰安婦」問題に対して真相究明と謝罪・補償に加えて責任者処罰に踏み込むため、二〇〇〇年一二月に韓国挺対協など被害六カ国、国際実行委員会を結成し「日本軍性奴隷制を裁く女性国際戦犯法廷」を東京で開廷した。三日間の法廷審理では準備過程で起草した法廷憲章に基づき、被害女性・元日本兵・専門家等の証言や提出された膨大な証拠に基づいて審理が行われ、「昭和天皇の有罪、日本政府に国家責任」という画期的な判決が下された[13]。二〇〇〇年六月の南北首脳会談の成功を受けて法廷では南北コリア検事団が結成され、南・北・海外の被害者（在中国）が証言を行ったが、そのため各国で開催された国際実行委員会参加（金富子・宋連玉）や起訴状作成など法廷準備過程（前記＋金栄《キムヨン》）[14]や法廷当日の南北代表団・被害者のアテンドなどに多くの在日女性（梁霊芝ら）が参加した。

一方、「慰安婦」問題に触発されて、在日女性などによる出版・研究・文筆活動が一九九〇年代以降活発化したのも特徴的なことである。尹貞玉とともに在日女性（前掲『私たちは忘れない』メンバー）が出版した『朝鮮人女性がみた「慰安婦問題」』（一九九二年）などを皮切りに、宋連玉、山下英愛は、それぞれ「慰安婦」制度の土台となった植民地朝鮮の公娼制度研究の先鞭をつけ、研究を一気に進展させた（15）。その後、宋連玉は植民地朝鮮の女性史・ジェンダー史研究に加えて、在日朝鮮人女性研究を深めていった（16）。また山下も韓国女性運動に関する女性学的な考察を行った（17）。金富子は植民地期朝鮮の初等教育とジェンダーとの関連についての研究をまとめた（18）。朴和美は英語の語学力を生かしてフェミニズム関係の翻訳本を出版した（19）。また「女性のためのアジア平和国民基金」（国民基金、一九九五年七月～〇五年三月）をめぐって、李順愛《イスネ》はこれを擁護する論陣を張った（20）。韓国人留学生である尹明淑《ユンミョンスク》は「慰安婦」問題に関する初めての博士論文を完成させた（21）。徐京植は、在日男性としては例外的に「慰安婦」問題の論争に介入した（22）。沈光子《シムミジャ》、李美子《イミジャ》、朱秀子、金明美《キムミョンミ》などヨソンネット・メンバーは、在日女性の文芸誌『鳳仙花』でも活発な文筆活動を行い、最近では朴和美も含め在日女性文学誌『地に舟をこげ』などに執筆の場を広げている。慎民子《シンミンジャ》などは、関東大震災の朝鮮人虐殺掘り起しに関わる運動を続けている。「慰安婦」問題に限らないが、このように在日女性が運動、研究や表現・文筆に携わる動きは二〇〇〇年代に入っても広がっている（23）。

3　運動理念と運動論——ヨソンネットの経験から

さて、ヨソンネットの諸活動は在日運動、在日女性運動のなかでどう位置づけられるのだろうか。

解放後の在日女性の組織は長らく、南北分断を反映して朝鮮総連系の「在日本朝鮮民主女性同盟」、民団系の「大韓婦人会」に二分されてきた。前者は綱領に名目的であれ「朝鮮女性の解放」を掲げ、後者は「賢母良妻」を掲げたが、ともに男性中心的民族団体を下支えする内助的役割を担ってきた[24]。そこに民団民主化運動、韓国民主回復統一促進国民会議（韓民統、のち韓民連）の結成などの流れのなかで一九八六年に「在日韓国民主女性会」が「韓国の民主化と統一」「女性解放」等を掲げて結成されたが、男性民族団体とともに歩むという点では同じであった。すなわち、在日の女性運動は冷戦と南北分断を反映して総連、民団、韓民連という大きな（男性）組織のワクにとらわれ、その組織が掲げる民族的課題の遂行を最優先するとともに、運動展開においても性別役割分業が顕著な、「組織」中心の運動であったといえるだろう。

しかし一九九〇年代のヨソンネットなど在日女性の「慰安婦」問題解決運動においては、以下の特徴をあげることができる。

第一に「慰安婦」問題を「植民地支配の未清算、民族差別・抑圧」という「民族」の視点だけでなく、「在日同胞女性が抱えるさまざまな問題が凝縮している」という問題意識のもとで、「男性中心の家父長制的社会構造」が産み出した「性差別」の問題としても捉え直したことである[25]。ここでは、性がからむ問題ゆえに半世紀もこの問題を等閑視してきたことへの内省と意識変革の必要性が自覚され、また問題への「多角的な視点と取組み」が強調[26]されており、一九八〇年代以降のフェミニズムの影響が見てとれる。「慰安婦」問題を内なる問題と捉えたヨソンネットでは、幾度となく内部で学習会がもたれ討論が闘かわされたが、メンバー各自のフェミニズム的認識にはかなり濃淡があり一枚岩ではなかった。民族問題として捉えるべきというメンバーも少なくなかった。

このように「慰安婦」問題への問題意識に違いがあったが、誰かの号令のもとに無理矢理「民族か、性差別か」に一元化しようとはせず、それぞれの意見を尊重した（換言すれば、踏み込まなかった）。しかし両者の関係性を理論的に整理するまでにはいかなかったので、フェミニズム的な視点が強いメンバーにはヨソンネットが民族主義的に見えたし、民族的な視点の強いメンバーにはフェミニズムが強かったという思いを抱かせ、それぞれに物足りなさを感じさせたという側面があったのではないかと思う。

第二に、それまでの南北対立的な民族団体とは違い、在日女性の出会いをはばんできた南北分断、国籍（韓国籍・朝鮮籍・日本籍）や組織・立場の違いを乗り越えて、一つの目標の解決のために集まり活動をしようとしたことである。ヨソンネットの正式名称にある「ウリヨソン（＝私たち女性）」に、そのことへの想いが込められている。

> 朝鮮語の「ウリヨソン」には（韓国からの留学生を含む）日本に在住する韓国・朝鮮人同胞女性という意味を、ネットワークには横のつながりを大事にしたいという想いを込めた。つまり、「従軍慰安婦問題」の解決を求めるという一つの課題に向かって、在日同胞女性がそれぞれの国籍・所属団体・立場などを超えて、個人の自主性を軸につながっていくという私たちの意思をこの名称は表している(27)。

朝鮮でも韓国でもなく、「ウリ」としたのは、南北分断が在日社会に及ぼした政治的対立・信条の違いなどによりもたらされた「それぞれの国籍・所属団体・立場など」を乗り越えたい、そしてこの問題を解決する主体として「ヨソン」同士個人単位で出会い集まりたいという想いからであった。また「立場」には民族主義とフェミニズムへのアプローチの違いも含まれていたように思う。

第三に、先の引用にもあるように、これまでの「組織」中心、男性中心の運動とは異なり、「それぞれの政治的立場や信条を認めつつ、慰安婦問題の真相究明と個人解決という共通の目標に向かって、ゆるやかにつながることをめざし」（朴和美）(28)た、「個人の自主性」を軸としたネットワーク型の運動であったことである。「ネットワーク」にこだわったのは、男性組織にありがちな上意下達型の運動論を意識的に否定して「代表」に類するものは置かず、「自分で考え、判断し、責任を負う」ことを尊重した「言い出しっぺ」方式（沈光子）(29)というメンバー独自の自主性に任せた運営形態を選択したかったからである（この点は韓国挺対協とも異なる）。

その想いを体現したのが、ヨソンネットがイメージカラーとした〝セットン〟であった。セットンは青・朱・白・黒（緑）・黄の五色で陰陽五行説にちなみ民族衣装にも使われる朝鮮民族のシンボルカラーだが、「ヨソンネットはセットンみたい。個性ある人が各々カラーをもって、解け合うのではなく、調和してきれい！」という発言から発展(30)（慎民子）して、封筒などに使われるようになったのだ(31)。ネットワーク型運営形態は、古くはベ平連の三原則(32)など現在の日本の市民運動では当たり前であったが、ヨソンネットではそれまでメンバーの多くが参加し辟易してきた民族運動など男性組織型運動論への自戒から長い討論の末に選択したものだった。

こうした個人の力量に頼るネットワーク型運動は韓国や日本の女性グループ、ほかの戦後補償運動との連帯を産み出す「力」ともなったが、他方で自主性に任せた運営はヨソンネット自体の運動の空洞化を招きやすいという弱点にもなった（のちにヨソンネット解散の理由となった）。

第四に、メンバーには一九七〇～八〇年代に在日女性の立場で韓国民主化支援や政治犯救援運動、学生運動や民族組織に参加した経験をもつ在日二世・三世の女性たち、あるいは女性グループなどで活動をしてきた女性、さまざまな職業や職歴をもつ女性たちが多かったことである。主婦も含め医師・薬剤師、通訳・翻訳者、大学院卒・在学中も含む高学歴者も少なくなかった。詩人・文筆家やプロの写真家もいた。韓国の女性運動が「慰安婦」問題に取り組んだのが偶然ではないように、さまざまな人生経験や活動経験をもつ在日女性たちがそこでえた問題意識や経験、情報、人脈を土台に、個人の名前で自主的に運動を展開できる力をもつまでにパワーアップしたということである。

第五に、この運動を通じて朝鮮半島の南北の女性や運動体との間に、直接的な人的交流や関係が広がったことである。韓国が軍事独裁政権下の七〇年代・八〇年代が相互に「顔の見えない」韓・日・在日の女性連帯運動であったのと違って、韓国の民主化宣言以後の九〇年代には、韓国挺対協や、朝鮮の「従軍慰安婦」・太平洋戦争被害者補償対策委員会などと「顔の見える」南・北・日本・在日の女性連帯運動の一翼を、語学力や立場性、問題意識などで在日女性の特徴を生かしながら、日本人女性とともに直接担った。また民族のワクにとらわれずフィリピンや台湾の被害者支援運動に参加したケースもあった。既成の運動や民族のワクや国境を、最初はおそるおそる、徐々に軽々と乗り越えて、在日女性それぞれが自分の判断で行動と連帯の輪を広げていった。

おわりに

一九九一年に始まったヨソンネットは旺盛な活動を一九九六年頃まで展開(33)し、一九九八年に解散した。ヨソンネットは在日女性に広く呼びかける形での大衆運動を展開したわけではない。しかしそれは限界ではなく、特徴である。またそこで活動したメンバーはせいぜい二〇人足らずだったが、それでも現在にいたるまで、在日の慰安婦裁判を支える会、戦後補償ネットワーク、VAWW－NETジャパン、アクティブ・ミュージアム「女たちの戦争と平和資料館」(wam)、あるいは海を越えて韓国挺対協、ナヌムの家などの活動、最近では「戦争と女性の人権博物館」日本建設委員会(二〇〇九年二月結成)などの活動に何らかの形で関わり、今も「慰安婦」問題解決のための活動や研究を継続している。「慰安婦」問題が「明確かつ曖昧さのない形での」謝罪と責任はなされておらず(34)、いまだ問題は解決していないからである。また、先述のように在日女性の視点にこだわった表現活動や運動も別途続けられている。その意味で「慰安婦」問題解決運動のなかで当初から意識されていた「脱植民地・過去清算」は未完である。

それどころか、日本の社会には一九九〇年代後半からは「新しい歴史教科書をつくる会」などに代表される歴史修正主義が台頭し、二〇〇〇年代に入ってからはその変種であるマンガ「嫌韓流」が登場した。自民党政権の中枢には日本版歴史修正主義者が多数を占め、「慰安婦」記述が中学歴史教科書から一斉に「消去」された(二〇〇六年)。こうした現象に見られるのは、日本敗戦＝朝鮮解放後六〇年が過ぎても依然として日本の社会の根底に流れ続けている〝継続する植民地主義〟であり、家父長的な女性観なのではないか。

ヨソンネットの運動や解散後のメンバー個々人の活動の意義の一つは、在日女性の立場・視点から日本社会や在日社会、韓国社会に対しても、ささやかではあるが、そのことに対する異議申し立てと行動提起をし続けてきたことにあると思う。

註

第1章　帝国／植民地における「臣民」とジェンダー

（1）「外地」という用語は、一九二九年の拓務省設置に際し省の名称及び総督の権限問題にからんで、主として朝鮮の官民が、統治政策上朝鮮が「植民地扱い」されることを嫌って、従来あった「内地」に対する造語として普及したという［松岡　一九三六：六～七］。松岡がいう「朝鮮の官民」が「植民地扱い」を嫌ったために造られた用語ということには疑問がわくが、「帝国主義的搾取といふやうな特殊の連想を伴ひがち」な「植民地」という語［清宮　一九四四：一～二］をカモフラージュするために発明された婉曲的な用語、それこそ植民地主義的な用語であったことは間違いのないところであろう。そのため批判の意を表すために「　」をつけている。

（2）「国籍法」の朝鮮への不施行は、朝鮮と陸続きの国境地帯にある中国領・間島地方に多数の朝鮮人が移住・亡命しており、それらの朝鮮人が日本国籍を離脱して、亡命先（中国やロシアなど）の国籍を取得し抗日独立運動をした場合に、総督府の取締管轄外になることを防ぐため、すなわち朝鮮人の取締りのためであり、一九二〇年代以降は、満州の朝鮮人を利用して日本の権益拡大を図るためであったとされる［小熊 一九九八・水野 二〇〇二］。

（3）倉沢愛子ほか編集『岩波講座 アジア・太平洋戦争』全八巻、岩波書店、二〇〇五年など。

（4）宇垣一成『宇垣一成日記Ⅱ』みすず書房、一九七〇年、九八一～九八二頁。

（5）納税要件は、一九〇〇年法で直接国税一〇円以上、一九一九年法では直接国税三円以上となった。

（6）参考までに、有権者数は三二八万人から一二四〇万人に増えている［総務省選挙部「目で見る投票率」二〇一〇年三月］。

（7）居住要件に関しては、「六カ月以上」同一選挙区に居住するという一九一九年法を、一九二五年法で「一年以上」に改悪、三四年改正で再び「六カ月」に緩和した。一九二八年、三〇年、三二年、三六年、三七年の五回にわたる衆議院議員選挙における在日朝鮮人総人口に対する有権者比率は九・三～一三％であり、日本人有権者に比べて半分であった［松田 一九九五：三六～三七］。

（8）「（秘）朝鮮教育令中改正勅令案参考資料 朝鮮教育令実施ノ概況」七頁、及び一一頁。外務省外交資料館I――三四『本邦ニ於ケル教育制度並状況関係雑件 朝鮮教育令沿革』所収。一九三七年頃の刊行と推察される。

（9）在日朝鮮人の小学校入学に際してもっとも居住数が多い大阪府や東京府の場合、①入学希望の申し出があった場合に入学できる申し出制、②学校施設に余裕があるときに入学が許可されるという許可制であった［伊藤悦子 一九八三］。そのため、一九四二年でも在日朝鮮人児童の就学率は六四・七％であった［田中勝文 一九六七：一六二］。

（10）台湾総督府文教局学務課「義務教育制度」『台湾時報』第二八〇号、一九四三年四月号、二二頁。駒込武氏のご教示による。お礼を申し上げる。

（11）朝鮮総督府情報課編纂『新しき朝鮮』（一九四四年四月刊行）復刻版、風濤社、一九八二年、二八頁。
（12）同前書、八一頁。
（13）台湾総督府文教局学務課、前掲文。
（14）鍾清漢によれば、台湾の「義務制は一部しか実施されなかった」［一九九三：二三六］が、その根拠は示されていない。
（15）朝鮮・台湾に在住する日本人児童の「小学校」就学率は一九二〇年代に男女とも九七～九九％以上（朝鮮は［金 二〇〇五］、台湾は［鍾 一九九三］）であった。他方、朝鮮人の「普通学校」就学率は、一九三〇年一七・三％（男子二八・〇％、女子六・二％）、一九三五年二三・四％（同三六・七％、九・八％）、一九四〇年四一・六％（六〇・八％、二二・二％）、一九四二年四七・七％（六六・一％、二九・一％）（［呉 二〇〇五：一三三］）だった。また、台湾人の「公学校」就学率は、一九三〇年三三・一％（男子四八・九％、女子一六・六％）、一九三五年四一・五％（五六・八％、二五・一％）、一九四〇年五七・六％（七〇・六％、四三・六％）、義務教育制が施行された一九四三年七一・三％（八〇・九％、四三・六％）であった［鍾 一九九三：三二八～三二九］。朝鮮よりも台湾の方が就学率は二倍ほど高かった。しかし就学率のジェンダー差が顕著な点は共通していた。

第2章　植民地教育とジェンダー

（1）本章は、拙著『植民地期朝鮮の教育とジェンダー――就学・不就学をめぐる権力関係――』（世織書房、二〇〇五）に基づいている。詳しくは拙著を参照されたい。
（2）「不就学」には、「学校に入学しない不入学」（＝完全不就学）と「中途退学」（＝部分不就学）があるが、就学率では両者の区別はできない。そのため、「入学率」を設定し算出した。その算出方法は、一九三〇年朝鮮国勢調査で示された六歳児人口の総人口に占める人口比二・六%から各年ごとの「六歳児人口（推定）」を割り出し、各年ごとの五月末現在の「第一学年」（入学者）の比率である「入学率」を算出する。それを反転させれば「完全不就学率」となる。

（3）大野謙一『朝鮮教育問題管見』朝鮮教育会、一九三六年、一三〇頁。渡部学・阿部洋監修『日本植民地教育政策史料集成（朝鮮篇）』東京：龍渓書舎、一九八七〜一九九一年、第二八巻所収。以下、「『史料集成』」と記す。

（4）別学原則は、戦時期に入り学校名称が日本と同一名称である「小学校」（一九三八年〜）、ついで台湾も含めて「国民学校」（一九四一年〜）と変更されても、植民地支配が終焉するまで変わらなかった。

（5）「（秘）朝鮮教育令中改正勅令案参考資料　朝鮮教育令実施ノ概況」七頁、及び一一頁。外務省外交資料館I—三四『本邦ニ於ケル教育制度並状況関係雑件　朝鮮教育令沿革』所収。一九三七年頃の刊行と推察される。

（6）一九一九年度の平安南道寧遠公立小学校のケース。朝鮮総督府学務局『大正八年　朝鮮諸学校一覧』五三〜五四頁、『史料集成』第五三巻所収。

（7）前掲拙著である［金　二〇〇五：一一六〜一二一］を参照。

（8）在朝日本人就学率は『朝鮮総督府統計年報』（一九三〇年度版）、朝鮮人就学率は［呉・二〇〇〇：一三三］より。また、就学率の算出方法は、義務教育制が適用された在朝日本人児童とそうでない朝鮮人児童では異なっていた。詳しくは［金　二〇〇五：三一〜三三］参照。

（9）「授業料を引き下げよ」『中外日報』社説、『朝鮮思想通信』一九三〇年七月三日付訳文より。

（10）盧東奎「昭和七年朝鮮農家経済実相調査解剖（1）」『韓』一九七六年一月号。訳者渡部学によれば、同論文は学海社発行『学海』（編集兼発行人洪炳哲、一九三七年一二月、京城）中の同名論文を訳出したもの。一九三二年の夏期休暇を利用し同校学生総勢二九人によって学生各自の郷里三三カ所、一、二五六戸に対して行った調査結果の一部である。［前掲金 二〇〇五：一二五、表七―二］参照。

（11）総督府が女子教員養成に本腰を入れるのは、一九三五年に京城女子師範学校が創設されてからである。

（12）「説明書 第一 師範学校ノ増減員」拓務省「昭和一〇年三月朝鮮総督府諸学校官制中改正ノ件」（頁数無記載）、外務省外交史料館I―三〇「昭和十年 本邦ニ於ケル教育制度並状況関係雑件 朝鮮関係」所収。

（13）『朝鮮日報』掲載「一〇、普通学校の女子教育」（「朝鮮人と普通教育」所収）、訳文は『朝鮮思想通信』一九二七年一一月二日～七日付より。なお、金振国「朝鮮普通教育の欠陥（一二）」を所収した一九二七年一二月二二日付同『通信』に、金振国の名が慶南密陽公立普通学校（総督府職員録）に掲載との記載があるので公立普通学校教職員と考えられる。

（14）植民地近代性をめぐる最近の研究動向などについては、板垣竜太「〈植民地近代〉をめぐって」『歴史評論』第六五四号、二〇〇四年。高岡裕之／三ツ井崇「東アジア植民地の『近代』を問うことの意義」『歴史学研究』第八〇二号、二〇〇五年などを参照のこと。

（15）宇垣一成「朝鮮の将来（全国中学校長会同の席上に於ける総督の講演要旨 昭和九年九月一一日京城帝国大学講堂に於て）」（朝鮮総督府）『伸び行く朝鮮（宇垣総督講演集）』一九三五年、六〇頁。

（16）大野謙一「決戦下の新年に際し全鮮の教育戦士に呼びかける」『文教の朝鮮』一九四四年一月、二一八号、二四頁。

（17）張膺震（総督府視学官）「朝鮮婦人問題に対する管見」『朝鮮』一九三六年一〇月号、一七頁。

（1）朝鮮人・台湾人の参政権保持に強硬に反対し、その停止に大きな影響を与えたのが、衆議院議員・清瀬一郎である。その意見をまとめて議会・政府関係者に配布されたと思われる清瀬の意見書「内地在住の台湾人及朝鮮人の選挙権、被選挙権に就いて」（一九四五年一〇月下旬作成）には、「内地」在住の「外地人」に選挙権を認めれば、その数二〇〇万人にも及び「最少十人位の当選者を獲ることは極めて容易なり。……次の選挙に於いて天皇制の廃絶を叫ぶ者は恐らくは国籍を朝鮮に有し内地に住所を有する候補者ならん」と誇張も交えて記し、治安維持的観点からの反対論を述べている［水野　一九九六：四六～五〇］。

（2）在日外国人、とりわけ在日朝鮮人の生活保護との関わりに関しては、吉岡増雄「在日外国人と生活保護」吉岡増雄他『在日外国人と日本社会――多民族社会と国籍の問題』社会評論社、一九八四年を参照。

（3）難民条約が日本国内で効力が発生した一九八二年一月一日に同法が「出入国管理及び難民認定法」に改定されたのに伴い、同規定が削除された。

（4）在日朝鮮人と年金制度に関しては、次の論文を参照されたい。金井塚康弘「在日コリアンと年金差別」空野佳弘／高賛侑『在日朝鮮人の生活と人権』明石書店、一九九五年。慎英弘「在日朝鮮人と社会保障」朴鐘鳴編『在日朝鮮人　歴史・現状・展望』明石書店、一九九五年。同「定住外国人の無年金問題とは何か」空野佳弘・高賛侑、前掲書。

（5）新国民年金制度実施時である一九八六年四月一日時点で三五歳を超えている専業主婦等が無年金になることを防ぐために、国民年金への未加入期間を加入したこと（＝カラ期間）にして、その後に実際に加入した期間を合わせて二五年あれば老齢基礎年金を支給するが、実際の年金支給は未加入期間の分を差し引き、実際に加入した期間だけの年金を支給する制度である。このように未加入の期間をカラ期間と呼んだのである［慎一九九五a〕。

(6) 援護法付則には「戸籍法の適用を受けない者については、当分の間、この法律を適用しない」として、戸籍制度に基づき朝鮮人・台湾人を排除した〔田中宏 一九九三〕。戸籍制度は、宗主国の民たる日本人と植民地の民たる朝鮮人・台湾人とを厳然と区別し、双方に異なる処遇を自在に実行できた効果抜群の法的装置であるが、援護法でもその威力を存分に発揮した。

(7) 二〇〇二年一二月、中国残留日本人六三七人は、国家賠償を求める集団訴訟を起こした。永住帰国した孤児たちの四分の一が原告になった〔中国「残留孤児」国家賠償請求訴訟弁護団 二〇〇三〕。報道によれば、「(北朝鮮による)拉致被害者支援法」との格差も念頭に置かれているようである(『朝日新聞』二〇〇二年一二月二〇日付)。

〈追記〉その後、この集団訴訟を皮切りに、日本に永住帰国した内八割に当たる二〇〇〇人以上が全国一五の地裁で提訴した。神戸地裁で国に賠償を命じる判決が出された以外は、原告の訴えは退けられた。こうしたなか、二〇〇七年に「中国残留邦人等の円滑な帰国の促進及び永住帰国後の自立の支援に関する法律」が改正され、公的年金については、高齢になってからの帰国のため生じた年金未加入期間の保険料を政府が納付することなどにより、満額の老齢基礎年金が支給されるとともに、(生活保護とは別途の法律に基づく)老齢基礎年金を補完する支援給付がなされるようになった。政府の責任に言及はなかったが、同年一二月福田康夫首相(当時)は、訴訟の原告団代表に対して謝罪した。

第4章 朝鮮植民地支配と「慰安婦」戦時動員の構図

(1) アクティブ・ミュージアム「女たちの戦争と平和資料館」(wam)、VAWW-NETジャパン仮訳二〇〇七年度一一月一二日版。

（2）一九三二年一月に始まる第一次上海事変時に日本陸軍が長崎県知事に要請して「慰安婦団」を招いた（稲葉正夫編『岡村寧次大将資料』上巻・戦場回想編）。「海軍慰安所」の存在も「昭和七年一二月末調　邦人の諸営業」で確認されている［吉見義明編集・解説　一九九二］。ただし、「慰安婦」制度という名称にこだわらなければ、日本の朝鮮侵略・植民地支配下の日本軍と公娼制度が密接な関係があったことがわかる。ソウルの桃山遊廓は龍山の韓国駐劄軍司令部をあてこんで一九〇六年に開設された［宋　一九九三：五六］。一九一〇年から海軍基地建設が始まった鎮海（慶尚南道）では、軍自らが遊廓地を計画・造成をしたうえで民間業者を選定して貸与しようとしたが、軍港計画の縮小により同予定地には海員養成所が設立された［竹国　一九九九：一一七～一二〇、一二六］。さらに、鎮海の兵営設置に際し「強制的に連れて行った韓国人女性四～五人は兵営でかわるがわる辱めた」［同前：六二～六三］。こうしたことから、軍と遊廓との密接な関係や「慰安婦」制度のプロトタイプが「併合」前からすでに生じていたのである。

（3）［山田／古庄／樋口　二〇〇五］でも、朝鮮人戦時労働動員の内容を、①強制連行、②強制労働、③民族差別の問題点を含むと定義をした。しかし同書には女子勤労挺身隊の分析は入っているが、兵力動員や「慰安婦」動員の分析はない。戦時下朝鮮の女性動員に関しては、［樋口　二〇〇五］なども参照。

（4）一九四四年七月三一日付、内務省管理局長あて『復命書』。外務省外交資料館所蔵の外務省記録「本邦内政関係雑件・植民地関係」より重引。

（5）古庄正「研究ノート　朝鮮人戦時動員の構造——強制連行に関する一考察」『日本植民地研究』No.一五、二〇〇三年。

（6）日本軍「慰安婦」制度を国際法で裁いた女性国際戦犯法廷のハーグ最終判決の事実認定及び判決文から以下引用したい。

(7) 日本陸軍は植民地朝鮮に二個師団(第一九師団=咸鏡北道羅南、第二〇師団=ソウル龍山)を駐屯され(=朝鮮軍)、海軍も鎮海(慶尚南道)などに海軍基地を創設した。こうした日本陸海軍の周囲には遊廓や慰安所が設置されたが、その一例として一九九九年に朝鮮民主主義人民共和国咸鏡北道清津市に、日本海軍専用慰安所「銀月楼」が発見された。[VAWW-NETジャパン編 二〇〇〇(第3巻)・宋連玉/金栄編著 二〇一〇]参照。

(8) 本章の被害者証言は、[アクティブ・ミュージアム「女たちの戦争と平和資料館」編 二〇〇六]に収録された朴永心、宋神道、金学順、李桂月、郭金女、朴頭理、金英淑、黄錦周、朴玉善、李玉善、文必琪、姜徳景の一二人の「慰安婦」被害者の証言などに基づく。これらの出典は、韓国挺身隊問題対策協議会・韓国挺身隊研究会編『証言集 強制連行された朝鮮人軍慰安婦たち』(ソウル・ハヌル、一九九三年)、同右編『同Ⅱ』(同、一九九七年)、朝鮮 日本軍「慰安婦」・強制連行被害者補償対策委員会、梁澄子(在日の慰安婦裁判を支える会)である。また二〇一〇年に、同書の下巻も刊行されたので、参照されたい。

(9) 先行研究には、占領地も含めた地域への連行例に関して[吉見 一九九五・吉見/林編著 一九九五]がある。とくに植民地期朝鮮の資料を通して、朝鮮人「慰安婦」の動員(徴集)と歴史的な背景を詳しく論じた論文に[尹明淑 二〇〇三]がある。

(10) 土金冨之助『シンガポールへの道 下』創芸社、一九七七年(石出法太/金富子/林博史『「日本軍慰安婦」をどう教えるか』梨の木舎、一九九七年、所収より重引)。

(11) アメリカ戦時情報局心理作戦班「日本人捕虜尋問報告 第四九号 一九四四年一〇月一日」吉見義明編集・解説前掲書所収。

(12) 千田夏光『従軍慰安婦〈正編〉』三一新書、一九七八年、一〇二~一〇五頁。

(13) 同前書を読んだ村上貞夫が千田夏光に送った手紙に、その経緯が書かれている。千田の好意により、VA

WW－NETジャパン編『「慰安婦」・戦時性暴力の実態Ⅰ』緑風出版、二〇〇〇年、に原文を掲載させていただいた。

（14）秦郁彦『慰安婦と戦場の性』一九九九年、新潮選書、三八七頁。

（15）本書校正中に、「慰安婦」募集広告をどう解釈するかに関して、吉見義明『日本軍「慰安婦」制度とは何か』（岩波ブックレット、二〇一〇年）が出版されたので、参照のこと。

（16）石田米子／内田知行編『黄土の村の性暴力——大娘たちの戦争は終わらない』創土社、二〇〇四年

（17）判決文では、性奴隷制という犯罪行為を「個人を性的に支配するか性的自律性を個人から奪うことによって、所有権に伴う機能の一部または全部を、その個人に対して行使すること」と定義している［VAWW－NETジャパン 二〇〇二（第6巻）：二八〇］。また、元「慰安婦」被害者の申し立てにより、今日では「性奴隷制」という言葉は国際社会に広く認められ、国際刑事裁判所（一九九八年設立条約、一一〇カ国以上署名）にも盛り込まれた［同前：二七九］。

（18）独立攻城重砲兵第二大隊「常州駐屯間内務規定　第九章慰安所使用規定　昭和一三（一九三八）年三月」吉見、同前書所収。

（19）伊藤桂一「慰安婦と軍隊」金一勉編著『軍隊慰安婦』徳間書店、一九九二年。

第5章　植民地期・解放直後の朝鮮における公娼認識

（1）最近の韓国では「春」という字に肯定的なイメージがある売春や買売春の代わりに「性売買」と呼称するようになった（詳しくは［山下 二〇〇一、二〇〇二］）が、本稿では暫定的に「買売春」と呼称する。

（2）朝鮮戦争を契機に一九五〇年代に蔓延した買売春に対処するため制定されたのが、朴正熙がクーデターで

政権掌握した半年後である一九六一年一一月に制定された「淪落行為等防止法」である。「特定地域」を指定して効率的に売春を管理しようとした同法は、売春に関与した者すべてを罰するためのものであったが、実際に罰せられたのは常に売春女性であった［申惠秀　一九九一＝一九九七］。すなわち、「淪落行為」の主体・犯罪者として烙印を押されたのは、女性であった。

（3）宋連玉［二〇〇〇］は、「公娼」「私娼」「売春婦」「女郎」「酌婦」「娼妓」「芸妓」「娘子軍」「慰安婦」など本質は同じであっても、その時々の利害や観点などに応じて呼び替えられたにすぎない欺瞞的な名称への再検討や、その欺瞞的な名称に騙されないためにも、一五年戦争史観ではなく「五〇年戦争」（一八九五年台湾植民地化から一九四五年日本敗戦まで）の立場に立つべき、とのパラダイムの転換を迫る問題提起を行ったが、筆者もこの立場に立っている。

（4）宋連玉［一九九四：七八］は、公娼制度の罪は「不労所得の略奪者である遊廓主人にあり、現状を保護する官僚にあり、貧富対立の社会制度にある」（木山人「公娼廃止運動と社会制度」『開闢』一九二四年三月号）という文章を引用して、これが当時の大方のジャーナリストの見解であると分析している。

（5）「出家婦女子激増　大概は誘引魔の毒牙に」一九三三年八月二四日付など。『東亜日報』社説「頻発する少女失踪事件——警察は果たして健在か」一九三五年八月三日付では、頻発する少女失踪事件は「過失による偶然的に発生事故ではない。それは某種の魔手によって計画的に実行されたもの」と推測。

（6）たとえば、「満州遊廓を目標とする農村婦女の誘引団」『東亜日報』一九三三年四月一九日付。「就職させてあげると農村処女を誘引」『東亜日報』一九三四年四月一三日付。「被災地の後を尋ね探す婦女誘引団の魔手生途を探す夫を捨て妻は毒牙にかかり酌婦に」『東亜日報』一九三四年一二月四日付。「農村処女誘引　異域青楼へ売喫　窮農期に跋扈する悪魔」『東亜日報』一九三五年六月一五日付。「医師、代書業者等結託〝飢餓農村婦女〟誘引　魔手にかかった婦女全朝鮮で二五名　二回に四一名を送局」『東亜日報』一九三六年三月五日付。

「人事紹介業看板かかげ婦女誘引団を検挙」一九三六年一月二一日付。「(女性用)小間物商売手先　誘引魔の毒牙　窮乏の農家、不和の過程探し　公印偽造、人身売買」一九三一年一月三一日付。「春窮をねらう悪魔! 農村に人肉商跋扈　就職の甘餌に処女等を誘出」『東亜日報』一九三六年三月一五日、「災害地婦女ねらう　誘因魔を厳重取締　惨憺たる災害後に潜む〝黒い手〟慶北道で各警察に厳達」『東亜日報』一九三六年八月二五日。

(7) 日本国内で内務省が公娼制度廃止の意向を示した一九三四年には、朝鮮においても廃止を求める主張が見られた。「公娼制廃止問題——朝鮮でも断行せよ」(一九三四年五月一九日付)、公娼を廃止しても私娼を認定することを弊害を大きくすると主張する「公娼廃止、私娼認定」(同年六月一四日付)、「公娼廃止運動に対して」(同年一二月九日付)など。

(8) 朝鮮社会への性病の浸透に関する警告的な記事として「民衆保健に最大癌　各界に浸透する花柳病　京畿道内にだけ四八〇〇名　要求される時急の対策」(一九三七年六月一三日付)のなかで、第一に「公娼、私娼に対する厳密な健康診断」を要求している。それ以外にも「性病の温床遊廓村　病菌保有八〇%(平壌)」(一九三八年六月九日付)、「性病退治の烽火! 文化発達に正比例して各種花柳病いっそう蔓延　戦時の増加率激甚に鑑みて総督府で特別防疫策講究」(一九三八年一一月二日付)など。

(9) 性病を「文明病」と見なす見方の前例としては、一九二八年に「花柳病は文明病だとして朝鮮も文明の恩沢を受けたために花柳病患者が徐々に蔓延しはじめた状態」であるとして、総督府衛生課でも花柳病防止策を講究中との記事(一九二八年一二月二日付「花柳病患者推定統計　壮年以上人口の半数　不遠間実地に点検」)がある。ここでは総督府の見解としての「文明病」説である。

(10)「婦女子売買禁断　日帝の毒素公娼等完全抹殺」『中央新聞』一九四六年五月二八日付。同紙は『解放空間新聞資料集成』より。

(11) なお、日本では米軍向け慰安所RAA設置をへて、GHQが「デモクラシーの理想に反」するとして一九四六年一月二一日覚え書「日本における公娼廃止に関する件」を発し、続いて二月日本政府が公娼制度関連法規を廃止した。朝鮮より二年早いことになる。朝鮮解放後の代表的な女性団体である朝鮮婦女総同盟がホッジ中将に提出した「公私娼廃止決議文」(一九四六年三月六日)では、日本で廃止された公娼制度を朝鮮でも廃止すべきと主張した。

(12) 東亜日報社説「公娼制度撤廃の公布」一九四六年五月二七日付。東亜日報は韓国民主党の機関紙的役割を果たし、米軍政から右翼と分類されていた[宋恵媛 二〇〇三:六七]。同紙によると、ソウル市内には六九九人の娼妓がいたという(一九四六年四月末現在。同年五月二八日付)。

(13)「婦女子売買禁断 日帝の毒素公娼等完全抹殺」『中央新聞』一九四六年五月二八日。『中央新聞』は左右の論客をしばしば登場させた中立系とされた。「解放空間新聞資料集成を出して」『解放空間新聞資料集成』より。

(14) 金起田発言。「人身売買禁止令は空念仏 公娼制度を根本撤廃せよ 婦総主催 公娼廃止と社会対策座談会」『現代日報』一九四六年六月二四日付。『現代日報』は中道左翼より南労党系列の論調を反映した新聞とされた[同前]。

(15)『自由新聞』一九四六年五月二八日。この頃は左翼的傾向を部分的に見せた中立紙であった[同前]。

(16) そのため、高保安課長が「婦女売買全的禁止であり、公娼廃止はまだ指示ない」と談話を発した(『東』一九四六年五月二九日)のに続き、ラーチ軍政長官も同様の談話を発表した(同六月五日付)。

(17) ただし、公娼制度廃止の論理として、左翼女性団体(前記婦女総同盟など)が公娼制度を日帝の植民地政策の残滓、経済的な矛盾により不可避的に生まれた構造的問題というアプローチだったのに対し、右翼女性団体は個人的意識覚醒の不足、性病蔓延、道徳上の問題から家庭保護のために主張したという違いがあった[カン 一九九九]。

（18）「予防医学局長崔永泰談」「再論される公娼制度――保健厚生部方針は存続を支持」『中央新聞』一九四六年七月二六日付。
（19）同法令では、「日政の悪習を排除し人道を彰明すべく男女平等の民主主義的見地から公娼制度を廃止し一切の売春行為を禁止」（第一条）を目的に、第二条「一九一六年三月警務総監府令第四号遊廓業娼妓取締規則」の廃止、同令より取得した遊廓（貸座敷）営業、娼妓稼業の許可及び遊廓営業者組合設置の認可効力の喪失（第二条）を明記している。
（20）「資料三　敗戦＝「解放」直後の『慰安婦』帰国に関する新聞記事」［ＶＡＷＷ－ＮＥＴジャパン編　二〇〇〇（第３巻）：三四四～三四五］。
（21）文ジョンラン「米軍政期韓国女性運動に関する研究」梨花女子大学女性学修士論文、一九九〇年よりの再引用。報告者未見。
（22）韓洪九［二〇〇三］によれば、一九四四年植民地末期に実施された徴兵制は一九四九年李承晩政権のもとで復活し、五〇年三月の徴兵制廃止、志願制採択、朝鮮戦争最中の同年九月の第二国民兵召集を経て、五一年五月に再復活した。一九五二年一〇月で二五万人、五三年七月の休戦協定時には五五万人、五四年には六五万人に急増した。このように朝鮮戦争が徴兵制復活の契機になった。
（23）崔正錫「解放された娼妓五〇〇〇名」『開闢』七七号、一九四六年三月。［宋　一九九四：三八］より重引。
（24）一九五八年、韓国の売春女性三〇万のうち対韓国人男性が四〇・九％、対国連軍人が五九・一％を占めたという（『京郷新聞』一九五八・八・一二）［鄭喜鎮　一九九九］。韓国人男性（一〇〇〇万人以上）と国連軍人（実質米軍人＝約六万二〇〇〇人推定）の人口を考えると、後者の買春率の高さがうかがえる。ここに、一九六五年日韓条約＝国交回復以降は、日本人男性が「キーセン買春観光」という形で参入していった。朝鮮人売春女性の身体は、植民地期には主に日本人男性、解放後には主にアメリカ人男性、そして再び日本人男性にも所有されてきたわけである。なお、韓国人男性対象の風俗産業が盛況になるのは、経済発展をとげた一九八〇年代以降であるという［申 前掲］。

(25) 東亜日報社『東亜日報索引 八 一九四五〜一九五五』（一九八〇年刊）の「売春・淪落」の項をみると、一九五五年に突然「淪落」という言葉が登場している。

(26) 二〇〇三年一一月二二日国際シンポジウム「《記憶の場》の問いから想起することと忘却することと」（東京外国語大学）におけるイ・ヨンスク発言。

(27) その理由の一端を、現代の日本人男性の買春意識調査（一九九七年）から、「慰安婦」問題との関係を分析した池田恵理子［二〇〇〇］の知見をヒントにセクシュアリティの視点から考えてみたい。池田は、調査の結果「男たちの性意識・行動に世代間格差はみられない」と結論づけ、こうした買春容認意識・性欲自然主義を背景に、買春経験が日本人男性の生活習慣の一部となっている現状を指摘する。そうした「買春が女性差別を内包し、再生産しているがゆえに」、「慰安婦」＝公娼と主張する自由主義史観派の戦略に対し、買春肯定論者は「性差別意識・売春婦差別意識を利用して『慰安婦』の告発をなきものにしようという」戦略に簡単にはまるというのである［二〇〇〇：一三二〜一四一］。

今や日本と並ぶ、あるいはそれ以上の「買春天国」といえる韓国ではどうか。逆方向に機能したといえる。すなわち、「慰安婦」問題を公娼制度から切り離し、これを「民族」問題に純化——回避・逃避——することで自己防衛をはかる方向に機能した。その結果、「慰安婦」は「民族の受難」の被害者だが、公娼はそうではないというわけである。それでも、「慰安婦」問題は朝鮮人男性にとって「自民族の女を日本の男に奪われた情けない朝鮮の男の物語」という側面をもつ。たとえば、「挺身隊（この場合、慰安婦をさす）の悲劇は、加害者にも被害者にも共通の恥辱」「そうした恥辱を歴史のなかに葬るためには」真相究明が必要と主張する（『朝鮮日報』一九九二年七月八日付社説）が、なぜ被害者にとっても「恥辱」とされるのか。その「恥辱」を

「歴史の闇に葬りたい」のはなぜか。「恥辱」と感じるのは、自らの民族に属する女性の身体を奪われた男性として筆者自らなのではないのか。このように、「慰安婦」に関して日本では売春婦であるとされ、逆に韓国では売春婦ではないと正反対に認識されたが、導き出される結論は同じであった。

日本人男子学生が「日本はいつまでも被害を主張しません。韓国も大人になるべきです」「(「慰安婦」問題を)韓国の人たちは早く忘れてください。それが最善の結論」という主張[池田 二〇〇〇]は、民族言論(この場合、韓国人男性)の「恥辱を歴史のなかに葬」(前述『朝鮮日報』)りたいという主張と呼応する。両者とも性暴力の告発を抑止し、さらにその記憶を男性同士の利害のために「忘却」させようとする点で共犯関係となる。「慰安婦」制度や公娼制度がもつ性奴隷制としての実態は直視できず、「『純潔』でない女性に汚名をきせて排除」(前記藤目)する点でも同じである。さらに、現代の韓国や日本における性売買の現実、あるいは駐韓・駐沖米軍及び韓国軍と連結する軍事主義とジェンダーの関係性に直面できないことにつながっていくのではないか。

第6章　女性国際戦犯法廷が乗り越えたものと乗り越えなかったもの

(1) 法廷の主催者である国際実行委員会の三人の代表は、松井やより(VAWW-NETジャパン代表=当時)、尹貞玉(韓国挺身隊問題対策協議会・共同代表=当時)、インダイ・サホール(国際諮問委員会代表、フィリピン・女性の人権アジアセンター=当時)である。

(2) 法廷開催期間中の一二月一一日には、ジェンダー正義を求める女性コーカス(在ニューヨーク)主催で「現代の紛争下の女性に対する犯罪」国際公聴会が開かれ、最近の紛争被害について、世界各地から一五の証言が主に被害女性本人から発表された。

（3）首席検事は、パトリシア・ビサー・セラーズ（旧ユーゴ国際刑事法廷法律顧問／アメリカ合衆国）、ウスティニア・ドルゴポル（国際法学者／オーストラリア）であり、前者が個人の刑事責任、後者が国家責任を担当した。

（4）アミカス・キュリー（amicus curiae）とは、裁判所に対し事件についての専門的情報または意見を提出する第三者であり、裁判所の友、法廷助言者と訳される。「法廷」でアミカス・キュリーを担った今村嗣夫弁護士は、朝鮮人BC級戦犯の補償請求裁判等を担当した戦後補償に詳しい弁護士である。

（5）判事はガブリエル・カーク・マクドナルド（旧ユーゴ国際刑事法廷前所長／アメリカ）、カルメン・マリア・アルフバイ（国際女性法律家連盟会長／アルゼンチン）、クリスチーヌ・チンキン（ロンドン大学国際法教授／英国）、ウイリー・ムトゥンガ（ケニア人権委員会委員長／ケニア）の四人である。

（6）VAWW-NETジャパンは正式名称を「戦争と女性への暴力」日本ネットワークといい、一九九七年一〇月「戦争と女性への暴力」国際会議を契機に、一九九八年六月正式に結成された。詳しくは、http://www.jca.apc.org/vaww-net-japan。法廷の判決概要や法廷憲章などが英文・日本語訳で掲載されている。

（7）共通起訴状で起訴されたのは、昭和天皇ヒロヒトを筆頭に、松井石根、畑俊六、寺内寿一、板垣征四郎、東條英機、梅津美治郎、小林躋三、安藤利吉、山下奉文の一〇人である。これ以外に各国検事団が起訴した被告は合計二五人である。

（8）D・C・S・シソンズ（小菅信子訳）「オーストラリアによる戦争犯罪調査と裁判・天皇免訴にいたる過程」『近代日本と植民地8　アジアの冷戦と脱植民地化』岩波書店、一九九三年。

（9）山田朗『大元帥　昭和天皇』新日本出版社、一九九四年、他。また法廷前にHerbert P. Bix, *Hirohito and the Making of Modern Japan*, HarperCollins Publishers, 2000. も出版された。

（10）一九三七年の南京事件については、徳川義寛『侍従長の遺言　昭和天皇との五〇年』朝日新聞社、一九九七年。また、一九四三年から一年間南京の総司令部に赴任した天皇の三弟・三笠宮崇仁は、見聞した日本軍の残虐行為を天皇に報告したという発言が報道された（『朝日新聞』二〇〇〇年六月一七日付）。

(11) 吉田裕『昭和天皇の終戦史』岩波新書、一九九二年、ほか。

(12) 吉見義明／林博史編著『共同研究　日本軍慰安婦』大月書店、一九九五年。吉見義明『従軍慰安婦』岩波新書、一九九五年、など。なお、後者の英訳である“*Comfort Women*”(Suzanne O' Brien 訳、Colmbia University Press, New York　二〇〇〇）が法廷直前に刊行されたが、吉見の厚意により法廷の前に判事・主席検事たちに配布することができた。

(13) それ以外の専門家証人としては、国家責任についてフリッツ・カールスホーベン教授（オランダ）、トラウマはレパ・ムラジェノヴィッチ女性自立センター代表（ベオグラード）、日本人「慰安婦」については藤目ゆき助教授が証言した。証言の詳細や法廷の全記録はＶＡＷＷ‐ＮＥＴジャパン編『日本軍性奴隷制を裁く女性国際戦犯法廷の記録　第五巻女性国際戦犯法廷の全記録〔Ｉ〕』（緑風出版）に掲載。

(14) 問題は、「天皇有罪」判決をめぐる報道の内外格差にあった。法廷には海外メディア九五社二〇〇人、日本国内四八社一〇五人という取材陣が押し寄せた。海外で大々的に報道されたのに比して、日本では最大部数の新聞が一切報道しなかった。また、法廷の記録映像を放映するはずのテレビ番組「問われる戦時性暴力」（ＮＨＫ、二〇〇一年一月三〇日放映）は、主催者や「天皇有罪」判決等に一切ふれないばかりか、右翼学者の「慰安婦は商行為」発言をたれ流すなど、歪曲した番組に改竄させられた。日本ばかりが問題なのではない。「天皇有罪」を報道したアメリカのマスコミは、自国が「天皇免罪」に荷担したことは一切報道していないという（一月二七日開催の国際シンポジウム「戦後東アジアとアメリカの存在〈ポストコロニアル状況〉を東アジアで考える」での酒井直樹氏の発言）。

(15) 日本の国際法学者・阿部浩己は「法廷は、国家権力と結びついていないからこそ、普遍性と正当性を体現できる」との理解が有効であり、法廷が国際法に内在してきた政治的価値を踏み越える重大な契機を提供しただけでなく、「国際法の市民化」という国際社会の構造転換を示す法的な潮流の一端を反映していると評価した。『週刊金曜日』二〇〇一年一月一九日号。また、註13にある第五巻に所収の阿部浩己「女性国際戦犯法廷が映し／創り出したもの」参照。

(16) 内海愛子「戦時性暴力と東京裁判」VAWW－NETジャパン編『戦犯裁判と性暴力』緑風出版、二〇〇〇年。同前第五巻所収の内海愛子「女性国際戦犯法廷は何を再審したのか」参照。

(17) 拙稿「朝鮮人『慰安婦』問題への視座――フェミニズムとナショナリズム」日本の戦争責任資料センター編『ナショナリズムと「慰安婦」問題』青木書店、一九九八年など。

(18) 日本軍の加害はアジア・太平洋地域の広大な地域にまたがっているが、法廷に加わったのは支援団体や研究組織などがある国・地域に限られている。アジア諸国の民主化や女性運動の広がりが伴えば、東ティモールのように、新たな被害掘り起こしや告発が出てくる可能性がある。

(19) 詳しくは拙稿「河床淑さんのケースにみる漢口慰安所」、金栄「朝鮮・朴永心さんの場合」参照、VAWW－NETジャパン編、金富子／宋連玉責任編集『「慰安婦」戦時性暴力の実態Ⅰ』所収。緑風出版、二〇〇〇年、所収。また、南北分断を反映して韓国在住の韓国人、朝鮮籍・韓国籍の在日韓国人が北朝鮮に入国できない状況（二〇〇〇年五月時点）のなかで、VAWW－NETジャパンが訪朝し西野瑠美子を中心に朴永心への聞き取り調査を行ったことが朴の被害発掘の契機となった。

(20) 「南北起訴状と論考」『挺身隊研究所消息』第二九号、二〇〇〇年一二月。

(21) 西野瑠美子「日本人『慰安婦』」、浦崎成子「沖縄戦と軍『慰安婦』」参照。出典は、註19に同じ。

(22) 藤永壮「朝鮮植民地支配と『慰安婦』制度の成立過程」参照。出典は、註19に同じ。

(23) 駒込武「台湾植民地支配と台湾人『慰安婦』」参照。出典は、註19に同じ。

(24)韓国の民族言説と女性の経験の表象との関係については、キム・ウンシル(中野宣子訳)「民族言説と女性」『思想』No.九一四、二〇〇〇年八月、参照。
(25)宋連玉「公娼制度から『慰安婦』制度への歴史的展開」参照。出典は、註19に同じ。

第7章 「慰安婦」問題と脱植民地主義

(1)上野千鶴子「アジア女性基金の歴史的総括のために」『生き延びるための思想』岩波書店、二〇〇六年。
(2)金貞蘭(訳・解説李順愛)「日本軍『慰安婦』運動にあらわれた民族主義的傾向」『インパクション』一五六号、二〇〇七年二月、における李順愛の解説。
(3)金富子「女性国際戦犯法廷が乗り越えたものと乗り越えなかったもの」VAWW-NETジャパン編『裁かれた戦時性暴力――「日本軍性奴隷制を裁く女性国際戦犯法廷」とは何であったか』白澤社、二〇〇一年所収。
(4)筆者は、朴裕河が関わる「韓日、連帯21」主催の国民基金に関するシンポジウム「韓日相互理解を難しくする要因」(二〇〇五年一二月二日、於ソウル。韓国から金哲・金恩實・朴明圭、日本からは和田春樹・上野千鶴子・小森陽一出席)への参加依頼、及び朴裕河の同書を取り上げた東京外国語大学WINC4月例会《歴史認識と討議する公共空間の可能性》への書評依頼を断っており、気になっていた。これらに対する筆者なりの見解と応答を述べることが、本章の目的の一つである。
(5)日本では若宮啓文「風考計」(朝日新聞二〇〇六年一二月二五日付)で「日韓双方の主張を公平に紹介・分析」と紹介し、「歴史と向き合う」朝日新聞二〇〇七年二月二八日付で朴裕河のインタビュー「ナショナリズムを超える　朴裕河さんに聞く」が写真入りで取り上げられている。ほかに木村幹書評「読書空間」『論座』

二〇〇七年五月号など。

(6) 上野千鶴子「あえて火中の栗を拾う——朴裕河『和解のために』に寄せて」前掲『和解のために』所収。

(7) 金富子「『慰安婦』問題へのバックラッシュ」『インパクション』一五五号、二〇〇六年。

(8) 日本の歴史教科書の〝現実〟に関しても同様である。朴は日本の歴史教科書を「反省的な教科書」であるとして「戦後日本の歴史教育の現場で大きな力をもっていた」と述べるが、①歴史教科書にも歴史性があり、最初から「反省的」だったわけではない。とくに朝鮮に関する部分は、金達寿ほか『教科書に書かれた朝鮮』（講談社、一九七九年）などがその欠落を指摘している。また、現在でも在日朝鮮人の「戦後史」はほとんど出てこない。②日本の学校教育を受けた筆者も体験者であるが、歴史教育の現場では近現代史が十分に教えられていない〝現実〟を無視している。近年では高校で『日本史』は必修ではないし、必修のはずの高校『世界史』でも二〇〇六年に大規模な未履修問題が発覚した。

(9) 吉田裕『日本人の戦争観』（岩波書店、一九九五年、文庫版二〇〇五年）では、一九五〇年代に東京裁判判決の受諾をめぐって成立したとする。なお同書は韓国語に翻訳されている。

(10) 最近も、在米ロサンゼルス日本総領事館の児玉和夫総領事がロサンゼルス・タイムズ紙へ寄稿し、一九九三年の謝罪に加え、一九九五年にも謝罪の気持ちを込めた首相の手紙を添え「償い金」を提供してきたと述べ（産経新聞二〇〇七年三月一二日付）、「謝罪」を強調した。

(11) 本書七八頁「韓国政府の補償金支給対象」「韓国政府が補償金を支給した人々」「韓国政府から補償を受ける権利」など。

(12) 吉澤文寿「戦後の日韓関係をどのように考えたらよいのか」『日韓　新たな始まりのための20章』二〇〇七年。

(13) アクティブ・ミュージアム「女たちの戦争と平和博物館」編『証言　未来への記憶』（二〇〇六年、明石書店）などで、その一部が日本でも翻訳されている。
（14）吉見義明「『強制』の史実を否定することは許されない」『世界』二〇〇七年五月号。
（15）一九四一年七月に下命が出された関東軍特種演習、すなわち「関特演」（秘匿名称）時に、少なくとも三〇〇〇名の朝鮮人「慰安婦」が大量動員されたこと、動員の際に朝鮮総督府の行政ルートが使われたことを示唆する証言が、企画した関東軍司令部参謀第三課（後方担当参謀）原善四郎、直接的実務を担当した関東軍参謀本部第三課兵站班に勤務した村上貞夫の手紙によって明らかになっている。千田夏光『従軍慰安婦〈正編〉』三一新書、一九七八年、一〇二〜一〇五頁。及びＶＡＷＷ－ＮＥＴジャパン編『「慰安婦」・戦時性暴力の実態Ｉ』緑風出版二〇〇〇年、に村上貞夫氏の手紙の原文参照。
（16）朴玉善（一九二四年生、当時一七歳）の証言によると、日本人男性二人に捕まえられ、そのまま軍用トラックと軍用車両で、軍人とともに中国と旧ソ連の国境地帯・穆稜の慰安所に送り込まれた（四年間の「慰安婦」生活を経て、解放後も帰国できず六〇年目に帰国）。これは明らかな拉致の事例であろう。それ以外には、女子勤労挺身隊として日本の不二越（富山県）に入れられたが、逃亡して日本軍に捕まり「慰安婦」にさせられた姜徳景などのケースがある。朴玉善、姜徳景の証言及び拙文「朝鮮植民地支配と『慰安婦』戦時動員の構図」アクティブ・ミュージアム「女たちの戦争と平和博物館」編、前掲書所収。
（17）同前書所収。
（18）吉見義明／川田文子『「従軍慰安婦」をめぐる30のウソと真実』大月書店、一九九七年。
（19）大沼保昭『「慰安婦」問題とは何だったのか』中公新書、二〇〇七年、二一〇〜二一一頁。
（20）山崎ひろみ「被害者への補償をどう考えるか」『インパクション』一〇七号、一九九八年。在日韓国人元「慰安婦」の宋神道さんの裁判を支える立場から、国民基金について本質的な批判を加えた同論文は、現在も有効な示唆を与えている。

(21)「慰安婦」決議に関するホンダ議員の議会記録声明、二〇〇七年一月三一日、http://www.house.gov/list/press/ca15_honda/COMFORTWOMEN.html（二〇〇七年五月八日取得）、wam（女たちの戦争と平和資料館）訳。
(22) 宋連玉「日本の植民地支配と国家的管理売春」『朝鮮史研究会論文集』No.32、一九九四年。藤永壮「朝鮮植民地支配と『慰安婦』制度の成立過程」VAWW・NETジャパン編『「慰安婦」戦時性暴力の実態Ⅰ』緑風出版、二〇〇〇年など。
(23) 吉見前掲、九二頁など。
(24) 永原陽子「『植民地責任論』試論」『歴史評論』No.六七七、二〇〇六年九月号。
(25) 西野瑠美子『戦場の「慰安婦」——拉孟全滅戦を生き延びた朴永心の軌跡』明石書店、二〇〇三年。
(26) 土金富之助『シンガポールへの道』一九七七年、石出法太ほか『「日本軍慰安婦」をどう教えるか』梨の木舎所収、一三三頁。
(27) たとえば、日中韓三国共通歴史教材委員会編『未来を開く歴史——日本・中国・韓国＝共同編集 東アジア3国の近現代史』高文研、二〇〇五年（韓国語版・中国語版がある）。日韓「女性」共同歴史教材編纂委員会編『ジェンダーの視点からみる日韓近現代史』梨の木舎、二〇〇五年（韓国語版がある）。歴史教育研究会『日韓歴史共通教材日韓交流の歴史——先史から現代まで』明石書店、二〇〇七年など多数。
(28) 上野は、「金富子氏への反論」（『インパクション』一五九号、二〇〇七年九月）において、これとは逆に「朴氏の論点に全面的に賛同しているわけではない」と記したが、この二枚舌にはあきれるばかりである。上野は、朴著作の解説で朴の「議論の多くに同意」と言明しており、そのうえで付け加えた「論点」は、①「慰安婦」問題での韓国女性団体と日本の女性運動との関係、②小泉首相の靖国参拝解釈の二点だけである。つまり朴と意見が異なると表明した①②以外は、朴の議論に「同意」したことになるではないか。なお、他の上野の反論に対し、本章4節では第一点目の論点や幾つかの註を追加したが、他の論旨は変えなかった。上野の反論には十分だからである。

(29) 上野より〈帝国のフェミニズム〉という小見出しをつけたことに関して、説明を求められた(上野前掲「金富子氏への反論」一五二頁)ことへの応答である。

(30) 藤目ゆき『性の歴史学』不二出版、一九九七年、三五〜三六頁。

(31) 金富子「朝鮮人『慰安婦』問題への視座」日本の戦争責任資料センター『ナショナリズムと「慰安婦」問題』青木書店、一九九八年、一九四頁及び二〇一頁。

(32) たとえば、上野氏は「郵便貯金訴訟で知られる文玉珠さんの下関裁判が、判決で文さんの請求を退けながら『立法不作為』の文言を示したことは重要であろう」(上野前掲文、二〇〇六年、二二四頁)などと記しているが、次の二つの点で明らかな間違いである。①日本国に対し「立法不作為」による国家賠償を命じたのは、一九九二年一二月に山口地裁下関支部に提訴した裁判(釜山「従軍慰安婦」女子勤労挺身隊公式謝罪等請求事件、関釜裁判と呼ばれる)に対して下された一審判決(下関判決と呼ばれる)のことである。しかも②原告は文玉珠ではなく、河順女、李順徳、朴頭理の元「慰安婦」三名(ほかに元女子挺身隊を含む計一〇名)である。この裁判は二〇〇一年三月広島高裁で「逆転敗訴」、二〇〇三年三月最高裁で上告棄却・上告受理破棄、敗訴が確定したが、それでも一審の下関判決は「慰安婦」問題や裁判に関心がある人なら誰もが知る画期的な判決である。「慰安婦」問題に「関わった」(上野、朴裕河解説文二〇〇六年、二四七頁)と表する上野氏ほどの研究者が、なぜ裁判名や原告という初歩的事実を知らないのであろうか。さらに、上野は「VAWW-NETという女性の国際連帯による女性国際戦犯法廷」「わたしはVAWW-NETの周辺的なメンバー」とする(同前文、二二五頁)が、これも間違いである。VAWW-NETという組織は存在しない。VAWW-NETジャパンなら存在するが、国際連帯ではなく一九九八年に結成された日本の女性団体である。法廷の主催者という意味なら、被害国日本（ＶＡＷＷ－ＮＥＴジャパン）、被害国（韓国、フィリピンなど六カ国の支援団体）、国際諮問委員会（前二者以外の国際法の専門家）で構成された「女性国際戦犯法廷」国際実行委員会である。上野が自らメンバーである所属団体と参加した法廷の基本的な事実について、しかも法廷を「積極的に評価」すると表明しながら、幾重にも誤解しているのは残念である。他にも法廷に関し、誤解・曲解に基づく批判が多い。誤情報の垂れ流しという点では、上野は朴と同じレベルといえまいか。むしろ上野は「慰安婦」問題に「関わった」と表明するがゆえに、朴以上に読者に誤解と混乱を招いているといわざるをえない。

（33）上野千鶴子『ナショナリズムとジェンダー』青土社、一九九八年、一四七～一四九頁、及び一五二頁。

（34）尹貞玉「『女性国際戦犯法廷』を共に創って」『女たちの21世紀』No.34、二〇〇三年五月。

（35）筆者のこの反論に対し、上野は「拡大解釈」「過剰反応」と再反論（上野前掲、二〇〇七年、一四九頁）をした。しかし「拡大解釈」をしたのは上野の方である。上野は、何の留保もつけずに（たとえば日本の女性運動が提案した女性国際戦犯法廷にも一切言及せず）、一方的に①両国間の対立を招いたのは韓国女性運動のナショナリズムに一因があり、②日本の女性団体はそれに「全面的に同調することを選んだ」と断じたが、この〝全面的な歪曲〟がどうして「ひかえめな運動批判」（上野、同前）といえるのか。

（36）上野前掲「アジア女性基金の歴史的総括のために」。

（37）厚生労働省「ハンセン病に関する情報ページ」http://www.mhlw.go.jp/topics/bukyoku/kenkou/hansen/index.html（二〇〇七年五月八日取得）

第８章　在日朝鮮人女性と日本軍「慰安婦」問題解決運動

（１）ここでの在日朝鮮人女性とは、主に日本による朝鮮植民地支配の産物として渡航した者、及びその後続世代の女性をさす。

（2）徐阿貴『在日朝鮮人女性による「下位の対抗的な公共圏」の形成――夜間中学、及び「従軍慰安婦」をめぐる運動事例から』お茶の水女子大学大学院博士学位論文、二〇〇七年、がある。

（3）戦後補償運動とは日本によるアジアの侵略戦争の被害者が日本政府に対し（当該政府へも含むが）謝罪・補償、真相究明、現状回復などを求めた運動をさす。〈ハンドブック戦後補償〉編集委員会編『ハンドブック戦後補償』梨の木舎、一九九二年、など参照。

（4）一九八七年に民主化宣言後に民主化への道を歩み出した韓国社会にとっては、「慰安婦」問題解決運動が、その後の米ソ冷戦崩壊を経て金大中・盧武鉉政権下で本格的に始まった「過去事清算」の先駆的運動であった側面も見逃せない。

（5）その一つである韓国教会女性連合会は、一九七〇年代から民主化運動や女性労働者の生存権運動に取り組み、外貨獲得のためのキーセン観光の実態を調査し、現代版〝挺身隊〟（ここでは「慰安婦」をさす）としてこれを奨励する韓国政府に抗議した。一九八八年には済州島で外国人観光客による売買春問題を主題にした「国際観光妓生セミナー」を開催し、八〇年代から「慰安婦」問題をアジア各地で取材してきた尹貞玉（当時、梨花女子大学教授）が講演を行い、日本を含む参加者に衝撃を与えたとされる。また韓国女性団体連合も、民主化要求デモに参加した女子大生への性的暴行事件（八四年）や、偽装就業女子大生への性拷問事件（八六年富川警察署性拷問事件）などに取り組み、女性による民主化運動を主導した女性団体である。

（6）たとえば一九九一年一月「従軍慰安婦」問題を考える会（山崎ひろみ、西野瑠美子、川田文子ら）が、実態究明と日本人の責任としての被害者への謝罪・補償の実現などを目的に結成された。一方、前年九〇年一二月に日本の戦後責任をハッキリさせる会（臼杵敬子ら）が、韓国の太平洋戦争犠牲者遺族会の支援などを掲げて結成された。

（7）読書会は、①「在日」と「女性」という同胞女性に共通する問題を自由に話し合える場、②朝鮮女性の歴史から学ぶとともに女性の歴史を掘り起こす主体となる、ことを目的に結成された。山下英愛「『通信』創刊にあたって」『朝鮮女性史読書会』（のち『女性通信』）創刊号、一九八五年八月。
（8）パンフ作成に携わった金英姫、朴潤南、金薫子、金富子に加えて、尹貞玉、朴和美、梁澄子、山下英愛は、のちに尹貞玉ほか著『朝鮮人女性がみた「慰安婦問題」』（三一新書、一九九二年）を出版した。
（9）従軍慰安婦問題ウリヨソンネットワーク『この「恨」を解くために』（一九九二年三月）参照。「しみわたる『恨』　元従軍慰安婦金さんの話を聞く集会」朝日新聞一九九一年一二月一四日付。日本各地で計七回の証言集会が開かれた。
（10）従軍慰安婦一一〇番編集委員会編『従軍慰安婦一一〇番——電話の向こうから歴史の声が』（明石書店、一九九二年）。
（11）メンバーが重複したため、ヨソンネットが解散するまで支える会と共同行動をすることも少なくなかった。また同会の活動は、在日の慰安婦裁判を支える会編『オレの心は負けていない——在日朝鮮人「慰安婦」宋神道のたたかい』樹花舎、二〇〇七年。映画「オレの心は負けていない」（安海龍監督、二〇〇七年）参照。
（12）VAWW‐NETジャパンの目的は、①日本軍性奴隷制被害者の名誉と正義の回復と、日本の戦争・戦後責任を果たす、②沖縄からの基地撤去、③世界各地の武力紛争下の女性への暴力をなくすための連帯行動、である。初代代表・松井やより、同副代表・西野瑠美子、中原道子、同事務局長・金富子であった。運営委員には、大阪から東京に移住した宋連玉が加わり（法廷後に辞任）、梁霊芝も協力した。
（13）法廷に関しては『日本軍性奴隷制を裁く二〇〇〇年女性国際戦犯法廷の記録』緑風出版、全六巻等参照。
（14）それらの調査や研究成果は『慰安婦・戦時性暴力の実態I——日本軍性奴隷制を裁く二〇〇〇年女性国際戦犯法廷の記録三』緑風出版、二〇〇〇年を参照。

（15）宋連玉「日本の植民地支配と国家的管理売春」『朝鮮史研究会論文集』No.32、一九九四年。山下英愛「朝鮮における公娼制度の実施」、尹貞玉ほか前掲書所収、など。

（16）宋連玉「朝鮮「新女性」にみるジェンダー」、三宅義子編『日本社会とジェンダー』明石書店、二〇〇一年。同「『在日』女性の戦後史」『環』第一一号、藤原書店、二〇〇二年、など。

（17）山下英愛『ナショナリズムの狭間から――「慰安婦」問題へのもう一つの視座』明石書店、二〇〇八年。

（18）金富子『植民地期朝鮮の教育とジェンダー』世織書房、二〇〇五年。

（19）ハリエット・ギルバード（朴和美ほか訳）『性の女性史』現代書館、一九九五年、ほか。

（20）李順愛「『新たな連帯』への序奏」『インパクション』一〇七号、一九九八年、など。

（21）尹明淑『日本の軍隊慰安所制度と朝鮮人軍隊慰安婦』明石書店、二〇〇三年。

（22）日本の戦争責任資料センター編『ナショナリズムと「慰安婦」問題』青木書店、一九九八年、など。

（23）ヨソンネット・メンバーのその後は十分にフォローできていないので、連絡や情報をお願いします。

（24）金栄／金富子「第二次世界大戦（解放）直後の在日朝鮮人女性運動」一九九三年度東京女性財団研究活動助成研究報告書。また宋連玉「『在日』女性の戦後史」藤原書店編集部編『歴史のなかの「在日」』藤原書店、二〇〇五年、参照。

（25）ヨソンネット発足趣旨文（一九九一年一一月三日）で「……植民地支配の清算がなされずに、再生産される民族差別と抑圧。加えて、男性中心の家父長的社会構造の中で過去と同じ様に縛られている女性たち。……この問題をないがしろにしたまま、私たちの解放はありうるのでしょうか」。ヨソンネット前掲パンフレット所収。また、金富子「慰安婦問題が問いかけるもの」アジア太平洋資料センター『日本を変える女たち（ＰＡＲＣブックレット２）』一九九五年、など。

（26）梁澄子「同胞女性ネットワークに寄せて」『統一日報』九一年一〇月二六日。前掲ヨソンネット所収。

(27) 無記名「従軍慰安婦問題(ウリー欠落している)ヨソンネットワーク」「アクティブ・ウィメン」より。『ふぇみん』(一九九一年、号数不明)だと思われる。
(28) 朴和美「ヨソンネット各チームの仕事」『ヨソンネット年次報告(一九九二年度)』より。「ウリヨソン」には「(留学生も含め)日本に在住する同胞女性」、ネットワークには「個人と個人の横のつながりを大事にしたい」という想いが、日本語・韓国語・英語をチャンポンにした名前には「在日の実態」が反映されているとしている。
(29) 沈光子「発刊のご挨拶」会報『ヨソンネット・アルリム(お知らせ)』創刊号、一九九二年二月二九日。
(30) 慎民子「貴女はなに色ですか」同前。
(31) そのため会報の色を毎号変えていた。一九八頁の〈写真〉参照。
(32) べ平連(「ベトナムに平和を!市民連合」)は日本の一九六〇年代を代表する市民運動であったが、その有名な三原則が「何でもいいから、好きなことをやれ」「行動を提案したら、必ず自分からやれ」「他人のすることにとやかく文句を言うな」であった。
(33) 会報「ヨソンネット・アルリム」は一七号(一九九六年一二月一〇日付)まで発刊している。
(34) 二〇〇七年七月アメリカ下院、一一月オランダ下院本会議、カナダ下院、一二月欧州議会本会議での「慰安婦」謝罪要求決議、二〇〇八年に入って韓国国会本会議決議(一〇月二七日)、台湾立法院(国会に相当)決議(一一月一一日)を参照。日本でも〇八年三月以降、宝塚市議会(三月二八日)、清瀬市議会(六月二五日)、最近では札幌市議会(一一月七日)で日本政府への真相究明、公式謝罪や賠償などを求める意見書が採択された。また、同年一〇月三〇日に国連・自由権規約委員会による第五回日本政府報告書への審査結果(最終見解)において、日本政府への公式謝罪、補償、責任者処罰、教科書への記載、被害者を傷つける発言への適切な対応などを求めた。以上は「『慰安婦』決議に応え今こそ真の解決を!」のHP http://www.jca.apc.

org/ianfu_ketsugi/（二〇〇八・一一・八取得）など参照。

引用・参考文献（五十音順）

〈日本語〉

アクティブ・ミュージアム「女たちの戦争と平和資料館」編 二〇〇六『証言 未来への記憶 アジア「慰安婦」証言集I――南・北・在日コリア編〈上〉』明石書店

――二〇一〇『証言 未来への記憶 アジア「慰安婦」証言集I――南・北・在日コリア編〈下〉』明石書店

――二〇〇六 パンフレット『置き去りにされた朝鮮人「慰安婦」展』

浅野千恵 一九九八「セックスワーカーを搾取しないフェミニズムであるために」河野貴代美編『シリーズ〈女性と心第2巻 セクシュアリティをめぐって』新水社

阿部浩己 二〇〇二「女性国際戦犯法廷が映し／創り出したもの」VAWW-NETジャパン編『女性国際戦犯法廷の全記録〔I〕』緑風出版

安秉直 二〇〇五「キャッチ・アップ過程としての韓国経済成長史」『歴史学研究』八〇二

安里彦紀　一九八三『近代沖縄の教育』三一書房
網野善彦　一九九七『日本社会の歴史（下）』岩波新書
池田恵理子　二〇〇〇「旧日本軍兵士の性行動――現代にも引き継がれる買春意識」VAWW－NETジャパン
編『加害の精神構造と戦後責任』緑風出版
板垣竜太　二〇〇四「〈植民地近代〉をめぐって」『歴史評論』第六五四号
石田勇治　二〇〇二『過去の克服――ヒトラー後のドイツ』白水社
石田米子／内田知行編　二〇〇四『黄土の村の性暴力――大娘たちの戦争は終わらない』創土社
石出法太／金富子／林博史　一九九七『「日本軍慰安婦」をどう教えるか』梨の木舎
伊藤悦子　一九八三「大阪における『内鮮融和期』の在日朝鮮人教育」『在日朝鮮人史研究』12
伊藤桂一　一九九二「慰安婦と軍隊」金一勉編著『軍隊慰安婦』徳間書店
稲葉正夫編　一九七〇『岡村寧次大将資料（上巻・戦場回想編）』原書房
井上薫　二〇〇〇「日帝下朝鮮における実業教育政策」渡部宗助ほか『教育における民族的相剋』東方書店
李練　二〇〇二『朝鮮言論統制史――日本統治下朝鮮の言論統制』信山社出版
李効再　一九九九＝二〇〇四『日本軍慰安婦問題解決運動の展開過程』韓国女性ホットライン連合編（山下英愛
訳）『韓国女性人権運動史』明石書店
岩崎稔／大川正彦／中野敏男／李孝徳編著　二〇〇五『継続する植民地主義』青弓社
宇垣一成　一九七〇『宇垣一成日記Ⅱ』みすず書房
上野千鶴子　一九九八『ナショナリズムとジェンダー』青土社
――――　一九九九「『民族』か『ジェンダー』か？――強いられた対立」『戦争責任研究』第二六号
――――　二〇〇六ａ「アジア女性基金の歴史的総括のために」『生き延びるための思想』岩波書店

――二〇〇六b「あえて火中の栗を拾う――朴裕河『和解のために』に寄せて」朴裕河『和解のために』平凡社
――二〇〇七「金富子氏への反論」『インパクション』一五九号
浦崎成子 二〇〇〇「沖縄戦と軍『慰安婦』」VAWW-NETジャパン編『「慰安婦」戦時性暴力の実態〔I〕』緑風出版
内海愛子 二〇〇〇「戦時性暴力と東京裁判」VAWW-NETジャパン編『戦犯裁判と性暴力』緑風出版
――二〇〇二「女性国際戦犯法廷は何を再審したのか」VAWW-NETジャパン編『女性国際戦犯法廷の全記録〔I〕』緑風出版
大蔵省管理局 一九四八〜一九五〇『日本人の海外活動に関する歴史的調査（朝鮮篇）』（ゆまに書房から復刻版）
大野謙一 一九三六『朝鮮教育問題管見』前掲『史料集成』渡部学・阿部洋監修『日本植民地教育政策史料集成（朝鮮篇）』龍渓書舎、一九八七―一九九一年、第二八巻所収
大沼保昭 二〇〇七『「慰安婦」問題とは何だったのか』中公新書
小川正人 一九九七『近代アイヌ教育制度史研究』北海道大学図書刊行会
岡本真希子 一九九六「アジア・太平洋戦争末期における朝鮮人・台湾人参政権問題」『日本史研究』四〇一
――一九九七「戦時下の朝鮮人・台湾人の参政権問題」『早稲田大学大学院文学研究科紀要』第四二輯
小熊英二 一九九八『〈日本人〉の境界：沖縄・アイヌ・台湾・朝鮮植民地支配から復帰運動まで』新曜社
小野沢あかね 一九九五「大正デモクラシー期の廃娼運動の論理――長野県を中心として――」『歴史学研究』六六八号
加納実紀代 一九八七『女たちの〈銃後〉』筑摩書房

姜徳相　一九九七『朝鮮人学徒出陣――もう一つのわだつみのこえ』岩波書店
韓国挺身隊問題対策協議会・韓国挺身隊研究会編（従軍慰安婦問題ウリヨソンネットワーク訳）一九九三＝一九九五『証言――強制連行された朝鮮人軍慰安婦たち』明石書店
――（山口明子訳）一九九五＝一九九六『中国に連行された朝鮮人慰安婦』三一書房
韓国女性ホットライン編（山下英愛訳）二〇〇四『韓国女性人権運動史』明石書房
金井塚康弘　一九九五「在日コリアンと年金差別」空野佳弘／高賛侑編『在日朝鮮人の生活と人権』明石書店
清宮四郎　一九四四『外地法序説』有斐閣
金貴玉　二〇〇二「朝鮮戦争と女性――軍慰安婦と軍慰安所を中心に」『東アジアの平和と人権国際シンポジウム　冷戦・国家暴力と日本（第5回日本大会）』
金恩実（中野宣子訳）二〇〇〇「民族言説と女性」『思想』No.九一四
金貞蘭（李順愛訳・解説）二〇〇七「日本軍『慰安婦』運動にあらわれた民族主義的傾向」『インパクション』一五六号
金栄　二〇〇〇「朝鮮・朴永心さんの場合」ＶＡＷＷ－ＮＥＴジャパン編『「慰安婦」戦時性暴力の実態〔Ｉ〕』緑風出版
金栄／庵逧由香　二〇一〇「咸鏡北道の軍都と『慰安所』と『遊廓』」宋連玉・金栄編著『軍隊と性暴力――朝鮮半島の二〇世紀』現代史料出版
金栄／金富子　一九九三「第二次世界大戦（解放）直後の在日朝鮮人女性運動」東京女性財団研究活動助成研究報告書
金富子　一九九二「韓国女性運動からみた朝鮮人慰安婦問題」尹貞玉他著『朝鮮人女性がみた「慰安婦問題」』三一新書

――一九九四「『従軍慰安婦』問題――運動とその意味」原ひろ子ほか『ジェンダー』新世社
――一九九八「朝鮮人『慰安婦』問題への視座」日本の戦争責任資料センター編『ナショナリズムと「慰安婦」問題』青木書店
――二〇〇〇「河床淑さんのケースにみる漢口慰安所」VAWW-NETジャパン編『「慰安婦」戦時性暴力の実態〔I〕』緑風出版
――二〇〇一「『複数のカテゴリーの輻輳』はあったか」『現代思想』Vol.29―9
――二〇〇三「植民地期朝鮮における普通学校『就学』とジェンダー規範の変容――一九二〇年代の女子教育論と『賢母良妻』という規範の構築をめぐって――」『青丘学術論集』第二二号
――二〇〇五『植民地期朝鮮の教育とジェンダー～就学・不就学をめぐる権力関係』世織書房
――二〇〇六「『慰安婦』問題へのバックラッシュ」『インパクション』一五五号
――二〇一〇「朝鮮南部の植民地都市・群山の性売買――遊廓・アメリカタウン・性売買集結地――」前掲宋連玉／金栄編著所収
金英達 一九九一「第二次大戦中の朝鮮人戦時動員について」（戦後補償問題研究会編『在日韓国・朝鮮人の戦後補償』明石書店（『朝鮮人強制連行の研究――金英達著作集Ⅱ』明石書店、二〇〇三年に所収）
――二〇〇三『在日朝鮮人の歴史――金英達著作集Ⅲ』明石書店
倉沢愛子ほか編集 二〇〇五『岩波講座 アジア・太平洋戦争』全8巻、岩波書店
栗原純 二〇〇四「日本植民地時代台湾における戸籍制度の成立――戸口規則の戸籍制度への転用について――」台湾研究部会編『日本統治下台湾の支配と展開』中京大学社会科学研究所
古関彰一 一九九五『新憲法の誕生』中公文庫
古庄正 二〇〇三「研究ノート 朝鮮人戦時動員の構造――強制連行に関する一考察」『日本植民地研究』No.15

権仁淑（山下英愛訳）二〇〇三「韓国の軍事主義とジェンダー」『女性・戦争・人権』6
越川純吉 一九四九『日本に存在する非日本人の法律上の地位（特に共通法上の外地人について）』（司法研究報告書第2輯第3号）司法研究所
駒込武 一九九六『植民地帝国日本の文化統合』岩波書店
―― 二〇〇〇「台湾植民地支配と台湾人『慰安婦』」VAWW-NETジャパン編『「慰安婦」戦時性暴力の実態〔I〕』緑風出版
小山静子 一九九一『良妻賢母という規範』勁草書房
―― 一九九九『家庭の生成と女性の国民化』勁草書房
近藤健一郎 二〇〇六『近代沖縄における教育と国民統合』北海道大学出版会
在日の慰安婦裁判を支える会編 二〇〇七『オレの心は負けていない――在日朝鮮人「慰安婦」宋神道のたたかい』樹花舎
従軍慰安婦110番編集委員会編 一九九二『従軍慰安婦110番――電話の向こうから歴史の声が』明石書店
「従軍慰安婦」・太平洋戦争被害者補償対策委員会 二〇〇〇「朝鮮・咸鏡北道清津の日本軍「慰安所」の実態」VAWW-NETジャパン編『「慰安婦」戦時性暴力の実態〔I〕』緑風出版
シソンズ、D・C・S（小菅信子訳）一九九三「オーストラリアによる戦争犯罪調査と裁判：天皇免訴にいたる過程」『近代日本と植民地8　アジアの冷戦と脱植民地化』岩波書店
愼英弘 一九九五a「在日朝鮮人と社会保障」朴鐘鳴編『在日朝鮮人　歴史・現状・展望』明石書店
―― 一九九五b「定住外国人の無年金問題とは何か」空野佳弘・高賛侑編『在日朝鮮人の生活と人権』明石書店

申惠秀（金早苗訳）一九九一＝一九九七『韓国風俗産業の政治経済学』新幹社
スピヴァック、G・C（後藤浩子訳）一九九八＝一九九九「女性史の異議申し立て」『思想』八九八
千田夏光　一九七八『従軍慰安婦　正篇』（三一新書）
戦後補償問題研究会編　一九九一『在日韓国・朝鮮人の戦後補償』明石書店
徐阿貴　二〇〇七『在日朝鮮人女性による「下位の対抗的な公共圏」の形成――夜間中学、および「従軍慰安婦」をめぐる運動事例から』お茶の水女子大学大学院博士学位論文
宋連玉　一九九三「朝鮮植民地支配における公娼制」『日本史研究』三七一号
――一九九四「日本の植民地支配と国家的管理売春」『朝鮮史研究会論文集』No.32
――二〇〇〇「公娼制度から『慰安婦制度』への歴史的展開」VAWW－NETジャパン編『「慰安婦」戦時性暴力の実態〔Ⅰ〕』緑風出版
――二〇〇一「朝鮮「新女性」にみるジェンダー」三宅義子編『日本社会とジェンダー』明石書店
――二〇〇二「『在日』女性の戦後史」『環』第11号、藤原書店
――二〇〇五「『在日』女性の戦後史」藤原書店編集部編『「歴史のなかの「在日」』藤原書店
宋連玉／金栄編著　二〇一〇『軍隊と性暴力――朝鮮半島の二〇世紀』現代資料出版
宋恵媛　二〇〇三「南朝鮮の新聞に見る在日朝鮮人　１９４５年～１９５０年」『在日朝鮮人史研究』No.33
鍾清漢　一九九三『日本植民地下における台湾教育史』多賀出版
高岡裕之／三ツ井崇　二〇〇五「東アジア植民地の『近代』を問うことの意義」『歴史学研究』第八〇二号
高木博志　一九九四「アイヌ民族への同化政策の成立」歴史学研究会編『国民国家を問う』青木書店
竹国友康　一九九九『ある日韓歴史の旅　鎮海の桜』朝日選書６２２

舘かおる　一九九四「女性の参政権とジェンダー」原ひろ子他『ジェンダー』新世社
田中勝文　一九六七「戦前における在日朝鮮人子弟の教育」『愛知県立大学文学部論集』一八
田中宏　一九七四「日本の植民地支配下における国籍関係の経緯――台湾・朝鮮に関する参政権と兵役義務をめぐって――」『愛知県立大学外国語学部紀要』第九号
――　一九九三「日本の戦争責任とアジア」『近代日本と植民地8』岩波書店
――　一九九四「日本の戦後補償と歴史認識」粟屋憲太郎他『戦争責任・戦後責任～日本とドイツはどう違うか』朝日選書506
――　一九九五『在日外国人　新版――法の壁、心の溝――』岩波新書
田中伸尚／田中宏他　一九九五『遺族と戦後』岩波新書
駐韓米軍犯罪根絶のための運動本部　一九九七＝一九九九『駐韓米軍犯罪白書』青木書店
中国「残留孤児」国家賠償請求訴訟弁護団　二〇〇三『中国「残留孤児」国家賠償請求事件・訴状』
鄭大均　二〇〇四『在日・強制連行の神話』文春新書
徳川義寛　一九九七『侍従長の遺言　昭和天皇との五〇年』朝日新聞社
戸塚悦朗　二〇〇四「日本軍「従軍慰安婦」被害者の拉致事件を処罰した戦前の下級審刑事判決を発掘」『龍谷法学』37―3
――　二〇〇六「続　日本軍「従軍慰安婦」被害者の拉致事件を処罰した戦前の下級審刑事判決を発掘」『龍谷法学』38―4
長沢健一　一九八三『漢口慰安所』図書出版会
中野敏男／波平恒男／屋嘉比収／李孝徳編著　二〇〇六『沖縄の占領と日本の復興――植民地主義はいかに継続

したか』青弓社
永原陽子 二〇〇六「『植民地責任論』試論」『歴史評論』No.六七七
中村政則 二〇〇五『戦後史』岩波新書
日韓「女性」共同歴史教材編纂委員会編 二〇〇五『ジェンダーの視点からみる日韓近現代史』梨の木舎
日中韓三国共通歴史教材委員会編 二〇〇五『未来を開く歴史〜日本・中国・韓国＝共同編集 東アジア3国の近現代史』高文研
外村大 二〇〇四『在日朝鮮人社会の歴史学的研究——形成・構造・変容』緑蔭書房
西川祐子 二〇〇〇『近代国家と家族モデル』吉川弘文堂
西野瑠美子 二〇〇〇「日本人『慰安婦』」VAWW-NETジャパン編『「慰安婦」戦時性暴力の実態〔I〕』緑風出版
—— 二〇〇三『戦場の「慰安婦」——拉孟全滅戦を生き延びた朴永心の軌跡』明石書店
—— 二〇〇六「証言にどう向き合うか」アクティブ・ミュージアム「女たちの戦争と平和資料館」編前掲書
日本の戦争責任資料センター編 一九九八『ナショナリズムと「慰安婦」問題』青木書店
VAWW-NETジャパン編 二〇〇〇『日本軍性奴隷制を裁く二〇〇〇年女性国際戦犯法廷の記録 第1巻 戦犯裁判と性暴力』緑風出版
VAWW-NETジャパン編 二〇〇〇『第2巻 加害の精神構造と戦後責任』緑風出版
VAWW-NETジャパン編 二〇〇〇『第3巻「慰安婦」戦時性暴力の実態〔I〕——日本・台湾・朝鮮編』緑風出版

ＶＡＷＷ－ＮＥＴジャパン編　二〇〇〇『第４巻「慰安婦」戦時性暴力の実態〔Ⅱ〕――中国・東南アジア・太平洋編』緑風出版
ＶＡＷＷ－ＮＥＴジャパン編　二〇〇二『第５巻　女性国際戦犯法廷の全記録〔Ⅰ〕』緑風出版
ＶＡＷＷ－ＮＥＴジャパン編　二〇〇二『第６巻　女性国際戦犯法廷の全記録〔Ⅱ〕（起訴状・判決文）』緑風出版
ＶＡＷＷ－ＮＥＴジャパン編　二〇〇一『裁かれた戦時性暴力～「日本軍性奴隷制を裁く女性国際戦犯法廷」とは何であったか』白澤社
秦郁彦　一九九九『慰安婦と戦場の性』新潮選書
旗田巍　一九七九「朝鮮統治美化論と停滞論」『歴史評論』三五五
早川紀代　一九九五「日本社会と公娼制」吉見義明・林博史編著『共同研究　日本軍慰安婦』大月書店
韓洪九（高崎宗司監訳）二〇〇三『韓洪九の韓国現代史』平凡社
〈ハンドブック戦後補償〉編集委員会編　一九九二（増補版一九九四）『ハンドブック戦後補償』梨の木舎
朴裕河　二〇〇五＝二〇〇六『和解のために――教科書・慰安婦・靖国・独島』平凡社
樋口雄一　二〇〇一『戦時下朝鮮の民衆と徴兵』総和社
――　二〇〇五「戦時下朝鮮における女性動員～一九四二～一九四五年を中心に～」早川紀代編『植民地と戦争責任』吉川弘文堂
藤永壮　二〇〇〇「朝鮮植民地支配と『慰安婦』制度の成立過程」ＶＡＷＷ－ＮＥＴジャパン編『「慰安婦」戦時性暴力の実態〔Ⅰ〕』緑風出版
藤目ゆき　一九九七『性の歴史学』不二出版
――（研究代表者）二〇〇三『東アジア冷戦とジェンダー』（平成一三～一四年度科学研究費補助金　基盤

研究（C）研究成果報告書
古川純 二〇〇一『日本国憲法・検証 第4巻 基本的人権』小学館文庫
古屋哲夫／山室信一編著 二〇〇一『近代日本における東アジア問題』吉川弘文堂
古川宣子 一九九三「植民地期朝鮮における初等教育」『日本史研究』三七〇
松岡修太郎 一九三六『外地法』日本評論社
松田利彦 一九九五『戦前期の在日朝鮮人と参政権』明石書店
水野直樹 一九九六・一九九七「在日朝鮮人台湾人参政権『停止』条項の成立〜在日朝鮮人参政権問題の歴史的検討（1）（2）」世界人権問題研究センター『研究紀要』第1号・第2号
——二〇〇一「国籍をめぐる東アジア関係——植民地期朝鮮人国籍問題の位相——」
宮田節子 一九八五『朝鮮民衆と「皇民化」政策』未来社
——一九九一「皇民化政策の構造」『朝鮮史研究会論文集No.29』緑陰書房
百瀬孝 一九九〇『事典 昭和戦前期の日本』吉川弘文堂
山田朗 一九九四『大元帥 昭和天皇』新日本出版社
山田昭次／古庄正／樋口雄一 二〇〇五『朝鮮人戦時労働動員』岩波書店
山田昭次 一九九六『金子文子：自己・天皇制国家・朝鮮人』影書房
山田清吉 一九七八『武漢兵站』図書出版会
山崎ひろみ 一九九八「被害者への補償をどう考えるか」『インパクション』一〇七号
山下英愛 一九九二「朝鮮における公娼制度の実施」尹貞玉他著『もっと知りたい「慰安婦」問題』三一新書

――二〇〇一・二〇〇二「韓国における「慰安婦」問題解決運動の位相――80～90年代の性暴力運動との関連で（上）（下）」『季刊　戦争責任』第34・35号
――二〇〇八『ナショナリズムの狭間から――「慰安婦」問題へのもう一つの視座』明石書店
尹貞玉ほか著　一九九二『朝鮮人女性がみた「慰安婦問題」』三一新書
尹貞玉　二〇〇三「『女性国際戦犯法廷』を共に創って」『女たちの21世紀』No.34。
尹明淑　二〇〇三『日本の軍隊慰安所制度と朝鮮人軍隊慰安婦』明石書店
尹美香（金富子訳・解説）二〇〇九「韓国挺対協は何をめざし、どのように闘ってきたのか」『インパクション』一六八号
吉澤文寿　二〇〇七「戦後の日韓関係をどのように考えたらよいのか」田中宏・板垣竜太編『日韓　新たな始まりのための20章』岩波書店
吉田裕　一九九二『昭和天皇の終戦史』岩波新書
――一九九五『日本人の戦争観』岩波書店（文庫版二〇〇五年）
吉岡増雄　一九八四「在日外国人と生活保護」吉岡増雄他『在日外国人と日本社会――多民族社会と国籍の問題』社会評論社
吉見義明編集・解説　一九九二『従軍慰安婦資料集』大月書店
吉見義明　一九九五『従軍慰安婦』岩波新書
――二〇〇七ａ「米下院『慰安婦』決議案と河野談話」『季刊　戦争責任研究』第56号。
――二〇〇七ｂ「『強制』の史実を否定することは許されない」『世界』二〇〇七年五月号
――二〇〇九「『従軍慰安婦』問題研究の到達点と課題」『歴史学研究』八四九号
――二〇一〇『日本軍「慰安婦」制度とは何か』岩波ブックレット

吉見義明／林博史編著 一九九五『共同研究 日本軍慰安婦』大月書店
吉見義明／川田文子 一九九七『「従軍慰安婦」をめぐる30のウソと真実』大月書店
米山リサ 二〇〇三ａ「批判的フェミニズムの系譜からみる日本占領――日本人女性のメディア表象と「解放とリハビリ」の米国神話」『思想』№九五五
―――― 二〇〇三ｂ『暴力・戦争・リドレス 多文化主義のポリティクス』岩波書店
李順愛 一九九八「『新たな連帯』への序奏」『インパクション』一〇七号
歴史教育研究会 二〇〇七『日韓歴史共通教材日韓交流の歴史――先史から現代まで』明石書店
渡部学・阿部洋監修 一九八七―一九九一『日本植民地教育政策史料集成（朝鮮篇）』東京：龍渓書舎

〈ハングル文献〉

강이수（カン・イス）一九九九「미군정기 공창폐지와 여성운동（米軍政期の公娼廃止と女性運動）」박준식외朴ジュンシク他著『미군정기 한국의 사회변동과 사회사 2（米軍政期の韓国の社会変動と社会史 2）』한림대학교출판부（翰林大学校出版部）
문정란（文ジョンラン）一九九〇「미군정기 한국여성운동에 관한 연구（米軍政期韓国女性運動に関する研究）」이화여자대학교석사논문（梨花女子大学校修士論文）
민경자（閔庚子）一九九九「한국 매춘여성운동사（韓国売春女性運動史）」한국여성의전화연합엮음（韓国女性の電話連合編）『한국여성인권운동사（韓国女性人権運動史）』한울（＊前掲韓国女性ホットライン編（山下英愛訳）『韓国女性人権運動史』に所収）

오누마 야스아키大沼保昭（정현숙역）二〇〇八「일본은 사죄하고 싶다 - 일본군 위안부 문제와 아시아여성기금（日本は謝罪したい――日本軍慰安婦問題とアジア女性基金）」전략과문화

오성철（呉成哲）二〇〇〇『식민지초등교육의 형성（植民地初等教育の形成）』教育科学社

요시미 요시아키（吉見義明）이규태역 一九九八『일본군 군대위안부（日本軍軍隊慰安婦）』소화

정희진（鄭喜鎮）一九九九「죽어야 사는 여성들의 인권（死んでこそ生きる女性たちの人権）」한국여성의전화연합엮음（韓国女性電話連合編）『한국여성인권운동사（韓国女性人権運動史）』한울（＊前掲韓国女性ホットライン編（山下英愛訳）『韓国女性人権運動史』に所収）

박유하（朴裕河）二〇〇五『화해를 위해서（和解のために）』뿌리와이파리

韓国挺身隊問題対策協議会・挺身隊研究会編 一九九三『증언집1―강제로 끌려간 조선인 군위안부들（証言集1――強制的に連行された朝鮮人軍慰安婦たち）』한울

韓国挺身隊問題対策協議会・挺身隊研究会編 一九九五『50년후의증언―중국으로 끌려간 조선인군위안부들（50年後の証言――中国に連行された朝鮮人軍慰安婦たち）』한울

韓国挺身隊問題対策協議会・韓国挺身隊研究会編 一九九七『증언집―강제로 끌려간 조선인군위안부들2（証言集――強制的に連行された朝鮮人軍慰安婦たち2）』한울

韓国挺身隊研究所・韓国挺身隊問題対策協議会編 一九九九『증언집―강제로 끌려간 조선인군위안부들3（同前3）』한울

韓国挺身隊問題対策協議会 二〇〇〇 년 일본군성노예전범여성국제법정한국위원회증언팀編 二〇〇一『강제로 끌려간 조선인 군위안부들4―기억으로 다시 쓰는 역사（強制的に連行された軍慰安婦たち4――記憶で書き直す歴史）』풀빛

韓国挺身隊問題対策協議会 二〇〇〇 년 일본군성노예전범여성국제법정한국위원회・韓国挺身隊研究所編 二〇

○一『강제로 끌려간 조선인 군위안부들5（同前5）』풀빛

あとがき

本書は、二〇〇〇年代以降に執筆依頼に応じて、あるいは自らの企画で書いた論文から構成されている。本書刊行にあたって、加筆・修正をした。初出は以下の通りである。

第1章 「帝国／植民地における「臣民」とジェンダー――兵役義務・参政権・義務教育制――」〈原題は「宗主国／植民地の『臣民』とジェンダー」〉（『季刊 戦争責任研究』第六六号、日本の戦争責任資料センター、二〇〇九年冬季号。二〇〇〇年ドイツ日本研究所主催国際シンポジウムでの発表に加筆・修正）

第2章 「植民地教育とジェンダー――教育版植民地近代化論批判――」〈原題の副題は「教育版植民地近代化論を再考する」〉（『現代思想』青土社、二〇〇五年九月号）

第3章 「戦後日本の「国民／非国民」の再構築とジェンダー」〈原題は「国家を棄てる日――在日朝鮮

人の社会保障・戦後補償問題を中心に――」〉（『現代思想』青土社、二〇〇四年六月号。「日本の〝戦後復興〟を問い直す」中野敏男／波平恒男／屋嘉比収／李孝徳編著『沖縄の占領と日本の復興』青弓社、二〇〇六年の一部を修正・追加した部分も含む）

第4章 「朝鮮植民地支配と『慰安婦』戦時動員の構図」（アクティブ・ミュージアム「女たちの戦争と平和資料館」編・西野瑠美子／金富子責任編集『証言　未来への記憶――アジア「慰安婦」証言集南・北・在日コリア編　上』明石書店、二〇〇六年。『韓日間歴史懸案の国際法的再証明』〈ハングル〉東北アジア歴史財団、二〇〇九年に再録、加筆部分を含む）

第5章 「植民地期・解放直後の朝鮮における公娼認識」〈原題には副題がある。「女性の身体をめぐるナショナリズムとジェンダー」〉（岩崎稔／大川正彦／中野敏男／李孝徳編著『継続する植民地主義』青弓社、二〇〇五年）

第6章 「女性国際戦犯法廷が乗り越えたものと乗り越えなかったもの」（『現代思想』青土社、二〇〇一年五月号）

第7章 「『慰安婦』問題と脱植民地主義――歴史修正主義的な『和解』への抵抗――」〈原題は「『慰安婦』問題へのバックラッシュ」〉（『インパクション』一五五号、インパクト出版会、二〇〇七年七月。一部を割愛・加筆して金富子／中野敏男編『歴史と責任』青弓社、二〇〇八年に所収。本章はインパクション版に拠りながら、『歴史と責任』所収論考に加筆した部分も含む）

第8章 「在日朝鮮人女性と日本軍『慰安婦』問題解決運動――一九九〇年代のヨソンネットの運動経験から――」（『戦争と性〔特集：『在日』女性の視点――『個』の解放と新たな連帯を求めて〕』

第二八号、「戦争と性」編集室、二〇〇九年）

こうして並べてみると、期せずして二〇〇〇年代に関わった研究や活動の集大成的な内容になっている。なお韓国では二〇〇〇年代を通じて、「売春」という用語への批判から「性売買」などの言葉が使われるようになったが、本書出版に際して反映しなかった論考もある。こうした用語なども含めて執筆当時の問題意識が映し出されていると思うからである。その他にも執筆時から内容的に変化したものもあるが、補足は最少限に留めた。また引用のし方も一貫していないが、初出のままである。内容的に未熟な点が少なくないが、ご指摘ご叱咤下されば幸いである。

本書の書名にある「継続する植民地主義」は、わたしが途中から関わるようになった東京外国語大学国際研究プロジェクト「変容する戦後東アジアの時空間」（代表：同大学・中野敏男）で出版した岩崎稔他編著『継続する植民地主義――ジェンダー／民族／人種／階級』（本書第5章所収）及び中野敏男他編著『沖縄の占領と日本の復興――植民地主義はいかに継続したか』（本書第3章所収）に示唆をえたものであるが、わたしの問題意識を言い当てて妙であり、「ジェンダー」というもう一つの重要な研究課題を入れる形で使わせてもらった。メンバーに感謝したい。また写真提供を快く承諾してくれたVAWW－NETジャパン、西野瑠美子さん、金栄さん、柴崎温子さん、故千田夏光さん、日韓共同「日本軍慰安所」宮古島調査団に心から感謝する。

最初の単行本を出版した後に、世織書房の伊藤晶宣さんが本書の出版を勧めてくれてから六年が過ぎた。その間、韓国での三年半に及ぶ大学教員生活、日本に戻ってから始まった大学教員生活の忙しさにかまけて、遅々としてまとめる作業が進まなかったが、気長すぎるぐらい気長に見守ってくれた伊藤晶宣さんに感謝申し上げる。

二〇一一年二月

金　富子

〈著者紹介〉

金　富子（キム・プジャ）
青森県生まれの在日朝鮮人２世。
お茶の水女子大学大学院博士後期課程終了、同大学院にて学術博士号取得(gender history)。現在、東京外国語大学大学院教授。専門は、ジェンダー史・ジェンダー論、植民地期朝鮮教育史。
著書に『植民地期朝鮮の教育とジェンダー――就学・不就学をめぐる権力関係』（第１回女性史学賞受賞、世織書房、2005年)。主な共著に『性と権力関係の歴史』（青木書店)、『裁かれた戦時性暴力』（白澤社)、『継続する植民地主義』（青弓社)、『歴史と責任』（青弓社）などがある。

継続する植民地主義とジェンダー
――――「国民」概念・女性の身体・記憶と責任

2011年９月29日　第１刷発行©

著　者　金　富子
装幀者　M.冠着
発行者　伊藤晶宣
発行所　(株)世織書房
印刷所　三協印刷(株)
製本所　協栄製本(株)

〒220-0042　神奈川県横浜市西区戸部町7丁目240番地　文教堂ビル
電話045(317)3176　振替00250-2-18694

落丁本・乱丁本はお取替いたします　Printed in Japan
ISBN978-4-902163-58-2

金　富子
植民地期朝鮮の教育とジェンダー◆就学・不就学をめぐる権力関係
〈「慰安婦」とされた女性達への真摯な応答〉
4000円

VAWW-NETジャパン・編
NHK番組改変と政治介入◆女性国際戦犯法廷をめぐって何が起きたか
1000円

平岩俊司
朝鮮民主主義人民共和国と中華人民共和国
◆「唇歯の関係」の構造と変容
〈北朝鮮外交の特質を解く〉
4000円

屋嘉比収
沖縄戦、米軍占領史を学びなおす◆記憶をいかに継承するか
〈当事者性の身体化へ〉
3800円

目取真俊
沖縄／地を読む・時を見る
〈揺ぎない沖縄への眼差し〉
2600円

川本輝夫（久保田＋阿部＋平田＋高倉・編）
水俣病誌
〈闘いの下で生涯を閉じた著者の全軌跡〉
8000円

〈価格は税別〉

世織書房